延边足球文化发展及其中国特色

THE DEVELOPMENT OF
YANBIAN FOOTBALL CULTURE
AND ITS CHINESE CHARACTERISTICS

金青云 著

社会科学文献出版社
SOCIAL SCIENCES ACADEMIC PRESS (CHINA)

作者简介

　　金青云　黑龙江省密山市人。获韩国国立首尔大学博士学位。延边大学体育学院原院长、世界一流学科杰出人才等。现为宁波大学三级教授、博士生导师、包玉刚卓越高层次人才、省有突出贡献中青年专家（享受政府特殊津贴专家）。国家社会科学基金项目、国家教育部人文社会科学研究项目通讯评审与鉴定专家；《北京体育大学学报》等国内外重要学术期刊论文审稿专家。长期从事体育人文社会学、民族传统体育学研究。曾先后主持国家社会科学基金项目3项；出版5部学术专著和教材；在《中国体育科技》等CSSCI期刊上发表学术论文30余篇；部分研究成果被人大复印报刊资料全文转载；获吉林省社会科学优秀成果奖二等奖1次、三等奖3次；咨询报告被吉林省人大常委会批准并实施。

目 录

绪　论

在独特的民族文化、地理环境和时代背景下，延边足球文化层层积淀、历久弥新，逐渐形成了独特的文化特性。在延边，上至年长的老人，下至年幼的孩子，都视足球为信仰，始终怀揣着最纯粹的激情与梦想，为自己的家乡而战。足球早已成为延边人民的一张名片和一种民族文化，延边也素有"北国足球之乡"之称。

1952 年 9 月 3 日，延边朝鲜民族自治区正式成立。1955 年 4 月，经国务院批准，延边朝鲜民族自治区改为延边朝鲜族自治州。

延边足球文化是中国足球文化的重要组成部分，也是延边体育史上珍贵的文化遗产和宝贵的精神财富。从 1905 年开始，延边地区便创办了学校，并在学校的教学科目中专门设立了军事体操、足球、田径等传统体育项目。

1908 年，延边和龙县私立明东书塾（后更名为"明东学校"）把体育纳入教学内容，并且在金跃渊校长的指导下，由来自朝鲜的教员向学生传授足球运动，标志着延边足球运动的诞生。

1926 年 6 月 15 日，受朝鲜邀请，龙井东兴中学足球队在金永化（监督）和金九铉（干事）的带领下一行 15 人赴朝鲜平壤参加第二届全朝鲜足球大会，这是延边足球运动第一次走出国门。

1931 年 3 月 1 日，日本帝国主义建立伪满洲国，于 4 月 1 日成立了"大满洲国体育协会"。1934 年 7 月，重新创立了"大满洲国体育联盟"，并取代了"大满洲国体育协会"。"间岛省"（当时日本帝国主义把东北三省划分为 10 省，其中延边地区被称为"间岛省"）也继而成立了"伪满洲国体育联盟间岛事务局"。这个体育组织自产生之日起即在日本帝国主义的操纵下，强行解散了各地区原有的民间体育组织，成立了顺从日本帝国主义的各县、市体育会。

中华人民共和国成立以后，延边足球运动始终拥有广泛的群众基础，足球人才集聚，以延边籍足球运动员为主组成的吉林省足球代表队在全国一直被列入强队行列。

步入 20 世纪 50 年代。1951 年，吉林省专业足球队成立；1951 年，在天津市举行的全国第一届足球运动大会上，东北足球代表队获得亚军（4名球员首次入选国家队）；1951 年，以延边籍足球运动员为主组成的东北足球队获得全国足球比赛冠军；1953 年，延边青年足球队在全国 11 个城市青年足球比赛中获得亚军；1954 年，延边足球队正式进行专业化训练；1955 年，吉林省足球队正式成立；1956 年，延边大学足球队在东北 6 个城市大学生足球比赛中获得冠军。1956 年初，吉林足球队在上海虹口体育场参加集训。集训期间，贺龙元帅专门接见了吉林足球队的全体运动员和教练员，他对勇猛顽强的吉林足球队极为赞赏，并批示："吉林队要学习国家队的技术，国家队要学习吉林队的优良作风。"

步入 60 年代。1965 年，吉林省足球队在全国足球甲级联赛中获得冠军，并荣获"风格奖"。

步入 70 年代。1973 年，延边龙井安民小学足球队在全国 11 个城市小学生足球比赛中获得冠军；1979 年，延边大学体育系成立第一届延边女子足球队。

步入 80 年代。1983 年，延边女子足球队在全国女子足球邀请赛中获得冠军；1985 年，延边大学足球队在全国大学生"长白山杯"足球邀请赛中获得冠军。

步入 90 年代。1993 年，在中华人民共和国第七届全国运动会上，延边足球队在铁帅李虎恩教练的带领下，在全国足坛刮起"长白虎"旋风，其极富激情的打法给中国足坛注入了清新的空气。此后，延边队在甲 A 赛场上屡屡充当"巨人杀手"角色，其坚持全攻全守的鲜明个性给全国球迷留下了深刻的印象。1994 年，延边足球俱乐部正式成立。1997 年，主教练韩国汉阳大学崔殷泽教授把韩国先进的足球理念和管理办法以及技战术融入延边足球队，并率队在当年的甲 A 联赛中取得第四名的佳绩，在中国足坛刮起强劲的"韩国旋风"，使国内诸多球队掀起了引进外教的高潮。1999 年，少帅高珲秉承崔氏风格，高举全攻全守的大旗，屡次创联赛佳绩，为球队赢得"绿茵杀手"的称号。

步入 21 世纪。2003 年，延边青年足球队在第五届全国城市运动会上获得冠军。2015 年，在韩国教练朴泰夏的带领下，延边足球队创造了奇迹（2014 年遗憾降入乙级深渊，但是 2015 年很幸运地取代陕西重返中甲联赛），他带领延边足球队最终获得了 2016 赛季中超联赛的入场券。2016 年中超联赛中，"新军"延边富德足球队继续在朴泰夏教练的带领下，取得了第九名的好成绩，圆满地完成了预定目标。这一时期延边队在朴泰夏教练的带领下，传承老延边队的风格，充分表现出技术细腻、作风硬朗、体能充沛、凝聚力强和永不放弃的意志品质，展现了良好的体育精神和足球职业道德，被公认为是中国足坛的一股清流，是一支富有凝聚力和正能量的队伍。2017 年，在"金元足球"环境的影响下，延边足球的生存条件举步维艰。受资金等主、客观因素的影响，延边足球再一次遗憾地告别了中国足坛最高级别的联赛舞台。近年来，延边足球在青少年后备人才的培养上，存在足球人口骤减、"尖子"不尖、后继无人等诸多问题。

延边足球虽然面临很多困境，但它一直传承独特的足球文化特性，是对民族文化的坚守，也是对中华文化的自信。2017 年，中国共产党第十九次全国代表大会顺利召开，更是将文化自信作为发展中国特色社会主义道路"四个自信"的重要一环。习近平总书记在报告中指出："没有高度的文化自信，没有文化的繁荣兴盛，就没有中华民族伟大复兴。"[①] 中国男足再一次无缘 2022 年卡塔尔世界杯，球队的表现再一次让国人失望和伤心。中国足球应该从延边足球文化中受到启示，要坚信中华民族文化的优秀传统，发挥我们自身的优势，形成属于中国足球的文化符号，从而实现中国足球的再度崛起。

步入 20 世纪 90 年代，学者、研究者们对延边足球运动的研究也渐次展开。例如，1992 年，东北朝鲜民族教育出版社出版了《延边朝鲜民族足

---

① 习近平：《决胜全面建成小康社会 夺取新时代中国特色社会主义伟大胜利——在中国共产党第十九次全国代表大会上的报告》，人民出版社，2017。

球史》；1995 年，由金龙哲、朴京姬主编的《中国延边体育运动史》出版；2010 年，金青云的《中国朝鲜族体育发展战略研究》出版；等等。此外，不少与延边足球相关的学位论文与期刊论文等陆续发表。从上述的成果中可以看出，众多学者、研究者在延边足球运动的研究方面取得了颇为丰硕的成果。这些成果不仅为我们继续探索足球理论奠定了坚实的基础，也给予我们很大的启迪。但我们应该看到，既有的延边足球运动的研究成果大部分还是集中在对时间与事件的简单梳理或者对延边足球人才现状的分析等层面，偏重于研究延边足球本身。在从文化学、历史学的视角分析延边百年足球文化，并对它进行系统性、客观性及科学性的深层次的研究仍然相对较少。同时，在这些方面的研究也存在种种局限，如有的研究人员在论及延边足球运动时仅谈到延边足球后备人才培养问题、延边足球在联赛中的技战术分析等，而关于学术对延边足球运动所产生的实际关联或影响的具体线索，却往往语焉不详。实际上，在目前的相关研究中这种情况并非个例。

本书的撰写，也正是基于以上考虑。我们知道，正是延边足球文化的积累、传播，才有了延边百年足球文化的发展。延边足球正是因与文化、历史的结合与互动而在社会政治、文化、教育、体育各方面发挥了重要作用。本书着眼于延边足球与民族特色、延边足球与社会、延边足球与文化、延边足球与教育等方面的互动关系，试图在充分吸收既有研究成果的基础上，从社会文化史的视角，具体探讨延边足球运动的诞生与发展，中华人民共和国成立以后延边足球运动发展的历程回顾，改革开放以后延边足球运动的发展历程，延边校园足球运动的协调、可持续发展，延边业余足球运动，中国职业足球联赛与延边足球运动，延边足球文化及其特性等方面的问题。希望这些探讨有助于我们在具体的历史脉络中进一步把握延边足球运动与当时社会、文化之间的关系，了解延边足球的功能、作用及历史地位，从而对延边足球文化的深入研究有所推动。

在研究过程中，本书力图吸收历史学、文化学等多种相关学科的研究方法与理论工具的长处，以求对延边足球运动与思想文化、延边足球运动与社会的互动关系有更为准确的描述和更为贴切的解释。当然，由于学养的不足，这种吸收又是相当有限的。

　　此外，需要指出的是，延边足球运动存续时间长达百余年，曾经在社会生活中产生过较大影响，因此有其自身的复杂性。一方面，在百余年的发展演变历程中，延边足球运动在不同的发展阶段表现出不同的特点；另一方面，即使是在同一时期，延边足球运动也存在着地域、民族、文化的差异。正是因为延边足球运动的这种复杂性，我们在研究中必须以动态的、全面的眼光去考察、分析，不能以偏概全、简单化约。作为对延边足球运动进行宏观研究的著作，本书要尽可能细致地考虑延边足球运动在时间、地域、民族、文化、教育等方面的具体差异，避免做出整体式的论断与解释，这无疑是一种需要认真面对的挑战。

第一章

延边足球运动的诞生与发展（1860~1948年）

第一节 铸牢中华民族共同体意识
与延边足球运动的诞生

一 铸牢中华民族共同体意识

一部中国史，就是一部各民族交融汇聚成多元一体中华民族的历史，就是各民族共同缔造、发展、巩固统一的伟大祖国的历史。坚持共同团结奋斗、共同繁荣发展，全国各族人民同心同德、同心同向，形成了勇往直前、无坚不摧的强大力量。

党的十九届四中全会从13个方面系统总结了我国国家制度和国家治理体系的显著优势，一个重要方面就是"坚持各民族一律平等，铸牢中华民族共同体意识，实现共同团结奋斗、共同繁荣发展"。[①] 实现中华民族伟大复兴的中国梦，就要以铸牢中华民族共同体意识为主线，把民族团结进步事业作为基础性事业抓紧抓好，促进各民族像石榴籽一样紧紧地拥抱在一起，推动中华民族走向包容性更强、凝聚力更大的命运共同体。

我国是统一的多民族国家。各族先民胼手胝足、披荆斩棘，共同开发了祖国的锦绣河山，共同书写了悠久的历史，共同创造了灿烂的文化，共

---

① 《图解十九届四中全会精神》，人民出版社，2019，第10页。

同培育了伟大的精神。近代，面对亡国灭种的空前危机，各族人民共御外侮、同赴国难，抛头颅、洒热血，共同书写了中华民族艰苦卓绝、气壮山河的伟大史诗。在百年抗争中，各族人民血流到了一起、心聚在了一起，共同体意识空前增强，中华民族实现了从自在到自觉的伟大转变。

"人心所归，惟道与义。"新中国成立70多年来，我们走出了一条具有中国特色解决民族问题的正确道路。我们党把民族平等作为立国的根本原则之一，确立了民族区域自治制度，开辟了发展各民族平等团结互助和谐关系的新纪元。党的十八大以来，以习近平同志为核心的党中央，就民族工作作出一系列重大决策部署，推动我国民族团结进步事业取得了新的历史性成就。截至2019年，民族地区累计减贫2500多万人，贫困发生率从21%下降到4%，各民族交往、交流、交融广泛拓展，中华民族共同体意识不断增强，平等、团结、互助、和谐的社会主义民族关系不断巩固和发展。中华民族一家亲、同心共筑中国梦，这是新时代我国民族团结进步事业的生动写照，也是新时代民族工作创新推进的鲜明特征。

中华民族是一个命运共同体，一荣俱荣、一损俱损。各民族只有把自己的命运同中华民族的命运紧密联系在一起，才有前途，才有希望。新中国成立70多年来，56个民族手足相亲、守望相助，推动中华民族发生了翻天覆地的历史性巨变。事实证明，在党的坚强领导下，充分发挥我国国家制度和国家治理体系的优势，坚持共同团结奋斗、共同繁荣发展，全国各族人民同心同德、同心同向，形成勇往直前、无坚不摧的强大力量，书写同心共筑中国梦的崭新篇章。

实现中华民族的伟大复兴，需要各民族手挽着手、肩并着肩，共同努力奋斗。党的十九届四中全会强调"坚持和完善民族区域自治制度"，并提出了具体要求：坚定不移走中国特色解决民族问题的正确道路，坚持各民族一律平等，坚持各民族共同团结奋斗、共同繁荣发展，保证民族自治地方依法行使自治权，保障少数民族合法权益，巩固和发展平等、团结、互助和谐的社会主义民族关系。坚持不懈开展马克思主义祖国观、民族观、文化观、历史观宣传教育，打牢中华民族共同体思想基础。全面深入持久开展民族团结进步创建工作，加强各民族交往、交流、交融。支持和帮助民族地区加快发展，不断提高各族群众的生活水平。

坚持中华民族一家亲、同心共筑中国梦，凝聚全体中华儿女的智慧和力量，我们就一定能让各族人民共创美好未来、共享中华民族新的光荣和梦想。

二 延边足球运动产生的历史背景

延边足球文化是中国足球文化的重要组成部分，也是延边体育文化史上珍贵的文化遗产和宝贵的精神财富。

1860~1869 年，朝鲜咸镜北道连年受到灾荒，再加上政府官吏腐败等各种原因，朝鲜农民不顾禁令，跨过图们江、鸭绿江甚至绕过西伯利亚，迁移到我国的东满、南满和北满定居。1881 年，封禁政策废止以后，迁移人数逐渐增加，他们主要从事垦荒种地、开发水田和创办学校。同时，他们常利用端午、中秋等民俗节日开展摔跤、秋千等传统体育项目。

从 1905 年开始，延边地区就创办了学校，并在学校的教学科目中专门设立了军事体操、田径、足球等传统体育项目。1908 年，延边和龙县私立明东书塾（后更名为"明东学校"）把体育纳入教学内容，并且在金跃渊校长的指导下，由来自朝鲜的教员向学生传授足球运动,[①] 标志着延边足球运动的诞生。

20 世纪初，延边地区有日本人创办的普通学校和朝鲜族反日爱国志士们创办的多所私立学校、公立学校和教会学校。各学校的性质和办学目的不同，尤其是与日本人创办的学校之间的体育比赛经常出现打架斗殴的现象，因此，每次举行各类体育比赛的时候体育场周围都布满了持枪的日本宪兵，裁判员也是持枪的日本宪兵，很多比赛经常是在日本人的武力威胁下进行的。

"九一八"事变以后，日本实施了《对华政策纲领》和《田中奏折》战略。[②] 日本帝国主义在文化上实行奴化政策，严禁朝鲜族使用本民族语言文字。在体育领域实行了一系列的"退让"政策来麻痹群众，推行"皇民化"政策，且筹建体育机构，推行奴化体育。

---

① 金龙哲、朴京姬主编《中国延边体育运动史》，延边大学出版社，1995，第 8 页。
② 黄亚玲：《中国体育社团的发展——历史进程、使命与改革》，《北京体育大学学报》2004
年第 2 期，第 155 页。

延边地区的体育运动在日本帝国主义推行的奴化体育迫害下，许多优秀选手使用的都是日本名字，并代表日本参加比赛。

第二节 "九一八"事变之前的延边足球运动

一 "九一八"事变之前的延边校园足球运动

1883~1905年，延边地区的村落建起了旧式私塾，实施书堂教育，以"三纲五常"等封建道德为主要内容，但书堂教育也包括摔跤、蹴鞠等传统体育项目。① 朝鲜族历来崇尚教育，"宁可啃树皮，也要让子女读书"是朝鲜族对待教育的真实写照。19世纪末至20世纪初，由于朝鲜族所处的特殊的历史背景和生活环境，各界人士纷纷创办学校，不仅较成功地完成了从旧式教育向近代教育的转型，而且有力地推动了反日民族运动的发展，担负起反日民族运动的政治使命。②

受朝鲜爱国文化运动的影响，延边地区于1906年创办了我国第一所朝鲜族近代学校，即龙井瑞甸书塾。此后，延边地区的公立学校、私立学校、教会学校、普通学校如雨后春笋般地出现。学校教学科目中，还专门设置了军事体操课，其主要内容包括田径、体操等，最受欢迎的足球项目被安排在课外体育活动中，而且各学校都成立了足球代表队。

1908年初，延吉县创办了昌东书塾、光成书塾，和龙县创办了明东书塾等。1910年，这些书塾发展成为正式的学校。此后，延边地区相继创办了和龙明东学校女学部、龙井村尚贞女学校和明信女学校、延吉吉新女学校等。但是学校所设置的教学内容并不一致。例如，明东学校小学部开设了12门课程，中学部开设了23门课程，其中均开设有体育课（当时称体操课）。这些学校的体操课在欧洲诸国国民教育思潮的影响下，多数以兵士体操为主要内容，大部分教材也是从德国和日本引进的。不仅如此，学

---

① 朴今海：《伪满时期日本帝国主义对朝鲜族的殖民主义教育实质》，《黑龙江民族丛刊》2008年第6期，第106页。
② 朴今海、姜善：《东北朝鲜族近代反日民族教育的兴起》，《东疆学刊》2010年第3期，第12页。

校还组织开展了学校内部之间的联合运动会。另外，每年的端午节，延吉局子街会举行大型的体育运动大会，明东等学校的师生们，不怕艰险，提前一天出发，徒步近50公里前去参会。比赛的项目包括足球、徒手体操、兵士体操、竞走等。运动会的举办不仅增强了学生的体质，而且推动了延边地区学校体育的蓬勃发展。①

从1910年起，每年的春季和秋季，明东学校与智新子乡章洞村章洞学校均开展足球友谊赛。1912年6月，龙井大桥洞举行延边私立学校运动会，运动会设有足球等比赛项目。从1915年开始，足球运动在延边地区广泛盛行。当时所用的足球均是用"破布"制成的，直到1917年高京先生从日本留学回国时才带来了"皮足球"，大部分学生第一次接触到皮制足球。从此以后，足球运动在延边地区广泛普及并深受欢迎。如珲春、延吉等地足球代表队多次在延边地区举行的各类足球比赛中取得佳绩。其中，大荒沟是珲春县足球运动的发源地。珲春县大荒沟举行了包括足球、田径、摔跤、秋千、跳板等项目在内的运动会。

1922~1926年，延边地区相继成立了学校的"学友会"和社会革命青年团。这些社会体育组织频繁地举办足球比赛，同时积极邀请学校代表队融入其中参赛。据统计，1910~1931年，延边地区的学校和民间协会共组织了10余次的大型足球比赛。

1913年6月（端午节），在龙井附近合成祐举行了首届延边地区体育运动大会。此后，每年的端午节逐渐成为延边地区体育运动大会和足球比赛的一个体育文化节。② 此时，反日志士们通过体育运动大会，在提升反日民族意识的同时，培养强壮的反日后备军。

1920年以后，吉林省每年举行一次全省中等学校体育运动会（当时的吉林省省会是吉林市）。随着反日救国运动的高涨，早期共产主义分子受俄国十月社会主义革命和中国新文化运动的影响，加上朝鲜爱国文化运动的推动，反日民族意识增强，强化了军事体育和训练。当时学校体育教员是朝鲜的反日爱国志士和俄国符拉迪沃斯托克的早期共产主义者以及海外的民族激进分子，如和龙县章洞村金炳默（当时章洞学校足球队员，现已

① 金青云：《中国朝鲜族体育发展战略研究》，北京体育大学出版社，2010，第24~25页。
② 朴奎灿等：《延边朝鲜族教育史稿》，吉林教育出版社，1989，第29页。

故）老人说，章洞学校的足球运动是从俄国符拉迪沃斯托克归国的卢相烈
先生带回足球开始的。他在学校一边教体育，一边宣传马克思主义。和龙
县明东学校（现属龙井市）的体育运动是在校长金跃渊和朝鲜的反日爱国
志士们的带动下开展起来的。此外，延边地区的各教会学校也在从海外归
国的民主爱国志士们的带动下开展了各种丰富多彩的体育活动。据了解，
皮革制作的足球一部分是外国传教士和海外留学生归国时带过来的，另一
部分是托商人购买的。然而，对大部分山里的孩子而言，踢上皮制足球简
直是天方夜谭，他们要么踢布球，要么将每逢节日农村宰杀牲畜时要回的
膀胱充气后当作足球来踢。

1922 年，敦化县国立高级小学举办了以年级为代表的体操和足球运动
会，为此次运动会的顺利举办，学校还专门发布公告停课三天。1923 年 5
月 20 日，龙井举行延边七所私立学校足球运动会。在永新学校和恩真学校
之间的比赛中，永新学校运动员不服从裁判员的判罚，采取了罢赛行为，
导致比赛被迫中断。同年 6 月，大碱子举行和龙县小学足球比赛。参赛队
有和龙县第一小学、南坪小学、明东学校、德兴学校、大碱子海星学校、
第七小学（章洞）。最后，和龙县第七小学获得冠军。

1925 年 5 月 8~11 日，延吉市局子街举行了延边足球大会。比赛分青
年、少年两组进行。最终，局子街垦民学生亲睦会获得青年组冠军，龙井
永新学校获得少年组冠军。

20 世纪初，延边足球队多次参加朝鲜足球比赛。例如，1926 年 6 月
15 日，受朝鲜的邀请，龙井东兴中学足球队在金永化（监督）和金九铉
（干事）的带领下一行 15 人赴朝鲜平壤参加平壤关西体育会主办的第二届
全朝鲜足球大会。可以说，此行是延边足球运动第一次走出国门。6 月 22
日，首场比赛以 1∶3 输给朝鲜光成高普学校队。此后与朝鲜的安州、定
州、宜州、新义州等地的足球队也进行了多场足球友谊赛。7 月 10 日，在
汉城（现首尔）微文中学运动场与全朝鲜足球团进行友谊比赛，比赛结果
2∶2 握手言和。足球队在访问新义州时，受到了当地韩正奎等 700 多名教
育界人士的热烈欢迎，并接受了一定的经济补助。运动员有朴春极、朴成
源、尹一铉、尹基玉、金忠俊、郑洙远、刘明远、李根雨、严东源、宋振
浩、朱文钟、宋德满、崔钟浩、南青松、金世一。

1927 年，敦化县民众教育馆举办了足球比赛。比赛结果：敖东中学代表队获得第一名，铁路队获得第二名。同年，延边地区中学生足球比赛参赛队有恩真学校、大成学校、东兴学校、永新学校、吉林省师范学校等。最终，吉林省师范学校获得冠军。1930 年，珲春敬信回龙锋小学足球队与对岸的朝鲜成一小学足球队举行了足球友谊赛。回顾 20 世纪 20 年代，延边足球界的代表人物是外号为"雄犬"的郑寿元和外号为"老虎"的朴周焕。

总之，20 世纪初叶，延边龙井可以说是延边民族解放运动和体育运动的中心。当时，龙井地区中学生在校人数已超过 2000 人。大部分爱国志士和知识分子均活跃在龙井。其中，先进知识分子和进步青年大都集中在大成中学和东兴中学。这两所学校提出的口号是："国民教育首在体育，其次是学育。体育是锻炼身体，培养坚强的精神和意志品质；学育是传授知识，启发知识。"在口号的号召下，延边地区各私立学校的体育运动得到了更加蓬勃的发展。

二 "九一八"事变之前的延边社会足球运动

反日爱国志士们认为，"当前的时局告诉我们，要战胜敌人的重要法宝是应与朝鲜移民联合起来"。带着这种抗日目的，各地区广泛开展了各类体育运动会。1913 年端午节，明东等私立学校就在龙井村附近举行了大型运动会。1914 年端午节，在延吉局子街举行了由明东等 50 多所私立学校参加的大型体育运动会。开幕式上运动员们高唱《光复歌》，比赛开始以后各校啦啦队高唱《声援歌》（爱国歌曲）、《助威歌》和《闲山岛歌》。

助威歌

少年男儿铁骨钢筋身，

发扬光大我民族精魂！

我们祖国早已迎来了，

少年一代逞英豪的时光。

勤练功夫要治一当面，

等到明天定会立奇功，

争做英雄振兴我祖邦！

闲山岛歌

长剑、长剑，寒光逼人，

今我手中一把长剑。

李忠武公，破倭三剑。

祖传长剑，寒光闪闪。

我推长剑，气贯长虹。

救国伟业，定会实现！

运动会结束后，喇叭手吹着喇叭走在前面，后面跟着学生和家长，一起进行街道游行。此次游行，表现出延边人民不屈于日本帝国主义侵略的不屈不挠的意志和坚强的民族精神。1914年，敦化县高级小学举办运动会，各年级参加体操、足球两项比赛，这是吉林省最早的校办体操、球类运动会。

20世纪初，延边学校体育运动的蓬勃开展也有力地推动了社会的体育运动。由于大批学生毕业后涌入社会，这就给社会体育运动带来了生机与活力。1922~1926年，受学校"学友会"等学生团体的影响，社会青年团体也相继产生，进而为延边地区社会体育运动的蓬勃发展提供了坚实的基础，如"青年会""修养会""亲睦会""市民会"等组织，统管各地区体育竞赛活动。

1915年，额穆县（现属敦化市）、东宁县等地区相继成立了足球协会。[①]1931年，龙井又成立了具有民间体育组织性质的机构——"间岛体育会"。这个组织自产生之日起就统管着延边地区各种体育竞赛活动。同年，延吉也成立了相应的体育组织，将延边地区的体育推上了新台阶。龙井、延吉等地体育组织的成立加快了延边各地区体育组织建设的脚步，如图们、珲春、和龙等地也相继成立了体育会。这些体育组织的成员大都由体育爱好者和社会上的中产阶级、知识分子阶层的爱国志士组成，可以说，他们是近代体育运动的宣传者和传播者。总之，延边地区地方体育协会的成立不仅为反日运动提供了有力的保障，也更加激起了延边地区人民的爱国主义

---

① 《延边足球发展概况》，《吉林体育史料》1982年第1期，第3页。

热潮，使得日本侵略者坐立不安。因此，足球运动成了与日本侵略者做斗争的不可缺少的工具。

1925 年 5 月，首届延边足球大会在延吉市局子街举行，在青年组的比赛中局子街垦民学生亲睦会获得了冠军。同年 6 月，在龙井举行了足球运动会，参加的足球队有永信青年队、永信毕业生学友会、东兴校友会、东兴大成联合学友会、东山队、恩真学友会、局子街青年队 7 支社会青年队。但在比赛中屡次出现队员对裁判判定不满或双方队员之间的打架斗殴事件，导致比赛场面非常混乱，最终东兴校友会获得了冠军。同年 6 月 25 日（端午节），在汪清县百草沟也举行了由 13 支球队参加的延边地区社会足球比赛，最终依兰队获得冠军。

20 世纪 20 年代，各乡镇、农村小学的足球比赛由青年会、市民会、校友会来组织。据记载，1926 年 2 月，在和龙县头道沟青年会承办了足球比赛；1926 年 5 月 26~28 日，在龙井市民体育场举行了由"间岛体育会"组织的延边足球大会。参赛队有 10 支少年队和 6 支青年队；1928 年 5 月（端午节），在和龙县多次组织了市民足球运动会；1928 年 5 月 17~18 日，延吉局子街体育会主办延边足球大会，有 4 支少年队和 5 支青年队参加比赛；1928 年 6 月 8 日，在和龙县大砬子（现龙井市智新乡）举办了足球、摔跤运动大会；1928 年 9 月，有 9 支球队参加了由南洋兴街市民会承办的青年联合会足球比赛，通过激烈的较量，最后南洋村队获得了冠军；1929 年 3 月 25 日，以庆祝崇信学校毕业典礼为契机，局子街店员会足球队和垦民学友会足球队应邀进行了比赛，但因双方队员对裁判的判罚不满，比赛被迫中断；1929 年 9 月 16~18 日，延边足球运动会在龙井举行。总之，这一时期延边地区的足球运动不论是在乡镇还是在农村都达到了高潮。但是大部分足球比赛是在反日民族爱国志士们的指导下进行的，其目的就是通过足球比赛提升农村青年的民族自豪感和坚强的意志品质，可以说，体育运动的蓬勃发展为之后中国的革命培养了大量的后备军。

体育组织的产生标志着延边地区体育运动逐渐壮大起来，此后每年的节假日都成为体育的节日。运动会项目包括足球、朝鲜族民族传统体育项目等。1930 年 6 月 1~4 日，延边各地举行了包含足球、田径、摔跤等项目在内的端午节运动大会。此后，接连举行了三伐洞足球运动会，大砬子足球、摔跤运动大会，和龙高领崴子足球运动大会，局子街小营子少年足球运动会，珲春足球、摔跤运动大会等。足球比赛的当天，运动场周围都是穿着节日盛装的观众，尤其是各村的农民，在运动场周围搭好帐篷，宰杀牲畜或准备许多饮食，声援自己的运动员，而且热情招待客人。这种传统美德一直延续到现在。

金京春等（2009）在《日伪时期"间岛"体育的变迁过程研究——以1925~1937年期间的日本〈"间岛"新报〉内容为中心》一文中做了统计，在《"间岛"新报》综合新闻内容中，体育内容的占比由1925年的0.16%提升至1932年的0.34%；而到1936年则达1%。在所有体育新闻报道中，日本人报道最多的体育运动项目是棒垒球（17.36%），其次为柔道（7.1%）、足球（6.7%）等。显然，日本人要在延边地区推广和宣传日本人的传统体育项目。1925~1937年，其组织的980次体育运动中，主要的承办组织依次为"间岛总领事馆"（198次）、"间岛体育会"（185次）、学校（126次）等。此外，日本《"间岛"新报》中还报道"朝鲜人特向日本总领事（警察厅）申请了春节期间举行摔跤比赛的事宜，但遭到了拒绝"等内容。[①] 这一系列举动，充分表明日本帝国主义利用运动会的契机，在大力宣传日本传统体育项目的同时，想尽一切办法破坏和制约各类体育运动会，并泯灭朝鲜族人民的民族意识和反日思想，迫使朝鲜族人民成为日本人所能支配的"忠良国民"。

第三节　抗日战争至解放战争时期的延边足球运动

一　抗日战争时期延边体育界

随着抗日战争的爆发，"为国家而体育，为民族而体育"的反日意识逐渐升华。不论是抗日根据地还是敌占区，延边人民把强身健体作为打击日本侵略者的动力，不仅充分体现了伟大的中华民族精神，也成为打击日

---

① 金京春、金英雄：《日伪时期"间岛"体育的变迁过程研究——以1925—1937年期间的日本〈"间岛"新报〉内容为中心》，《韩国体育科学研究》2009年第4期，第865~875页。

本侵略者嚣张气焰的有力武器。

"九一八"事变以后，日本人的侵华行径激起了中国人民的尚武意识，学界开始对中华民族体育的发展问题进行探索。例如，1932 年，吴蕴瑞在《天津体育周刊》上发表了《今后之国民体育问题》，并对刘长春代表中国参加洛杉矶奥运会为耗费钱财的谬论进行强烈的反驳；此外，在《勤奋体育月报》创刊记词疾声呐喊："强邻压境，国难当头……积极地注重国民体育训练，准备疆场强劲的战士，养成雪耻保国的健儿……这是今后全国体育界的动向，也是全国体育界的责任。"①

1922 年 2 月，延边大学原校长林民镐在和龙县创建了"东球青年会"，并以运动会为契机宣传反日思想，宣传马克思列宁主义。进而，延边地区的延吉、和龙、汪清、珲春等地的爱国青年团体如雨后春笋般建立起来。②

此外，体育界领袖高梓女士在《中国女子体育问题》一文中，驳斥了"体育不适合女子"的观念，并号召妇女用体育来塑造"奋发图强的妇女，能尽天职的妇女……能为国家奋斗为民族牺牲的妇女"。③ 尤其是通过开展秋千、跳板等延边地区妇女们所喜爱的传统体育项目，呼吁反日教育救国运动，提倡女士们走进社会，争取解放的强烈愿望。

二 延边地区抗日根据地足球运动

"九一八"事变以后，在中国共产党的领导下，游击区的体育活动非常活跃，如延边地区 5 个县、市的抗日游击根据地政府特别重视群众性体育活动，尽最大努力使体育趋于大众化，而且要适应武装斗争的现实要求。其主要以军事体育为主，并有机地配合民族体育。特别是在一些纪念日和传统节日，举办人们所喜爱的足球、民族传统体育项目、小型田径等运动会，这既增强了人们体质，又培养了体育骨干。

敌占区的一些反日爱国志士也利用各种体育赛事来进行反日宣传教育和反日斗争。在当时交通、通信设备简陋的环境下，很好地利用了足球项

---

① 马崇淦：《本报旨趣》，《勤奋体育月报》1933 年第 1 期，第 1~2 页。
② 《延边朝鲜民族足球史》编写组编《延边朝鲜民族足球史》，东北朝鲜民族教育出版社，1992，第 23 页。
③ 高梓：《中国女子体育问题》，《教与学》1937 年第 7 期，第 237~243 页。

目的特点，如很好地利用足球比赛规则，传递重要情报，甚至把一些重要情报藏在护腿板里。

抗日根据地举行的各种运动会，与日本帝国主义占领区的运动会不同，很少出现打架斗殴、不服从裁判、罢赛等现象，而是充满着节日般的欢乐气氛。①

三 解放战争时期延边足球运动

1945年8月15日，日本宣布无条件投降，并于9月2日签订投降书。延边人民在党的领导下坚持了14年的抗日战争，终于取得了胜利，获得了民族平等权利。抗日战争的胜利给延边的体育发展，尤其是延边足球运动的蓬勃发展提供了前所未有的机遇。

1945年9月，朝鲜举行了国际足球比赛。延边地区的月晴区、开山屯、龙井等地受到邀请并派代表队参加了比赛。延边三合口足球队在运动服都未准备的状态下参加了此次比赛，没想到却获得了冠军。次年，跨境通行中断，导致延边地区无法继续参加朝鲜举行的足球比赛。

1945年10月10日，龙井体育会在龙井举办了首届延边足球运动大会。比赛分为中学组和社会组。在中学组的冠、亚军比赛中，东兴中学队与永新中学队最终握手言和，大会决定采用抓阄的方式决出胜负。第一个抓阄的东兴中学队的队员因过于紧张把抽中的"败"字看为"胜"字，大声高喊自己队是冠军球队。相反地，这一结果对于永新中学队来说是沉重的打击，队员们个个露出沮丧的表情。但是，在裁判的再三要求下，永新中学队也取了剩余的条子，翻开一看抓的却是"胜"字。结果，场内外出现了骚乱事件，组委会立即采取行动制止，并且取消了双方队员的比赛资格。最终，延吉市电业局队获得社会组冠军，龙井大成中学队获得中学组冠军。

1945年9月15日，延吉开始了中学改编运动。1946年7月23日，依照《延边行政督察专员公署》，做了以下调整。市级留1~2所中心小学，区级只留1所。并且，除公立中心小学以外，均改为民营学校。

---

① 金龙哲、朴京姬主编《中国延边体育运动史》，延边大学出版社，1995，第7~8页。

1945 年 10 月 14 日，延吉市举行了由延吉国民高等学校同窗会主办的延边中等学校亲睦足球运动大会。参赛队有光中、延高、师道、工业学校等。最终，光中队获得冠军，师道队获得亚军。

1945 年 10 月，珲春城北运动场举行了光复后首届全县足球运动大会。同年 11 月，珲春县纯义村（现板石镇）举行了足球运动大会，张六沟（现东兴村）足球队获得冠军，并赴朝鲜参加庆源郡足球运动大会。

1946 年 1 月，延边各地相继创办民营小学和中学，随着"八一五"光复的到来，很多在日本帝国主义侵占时期停办的学校也逐渐恢复办学。学校教学中重新开设体育课，其中最受师生欢迎的体育项目为足球。

1946 年 4 月 5 日，珲春县足球队赴朝鲜参加庆源郡足球运动大会，在决赛中，以 1∶0 战胜了朝鲜雄基队，获得冠军。珲春县足球队的成员有崔松旭、朴南奎、金达权、朴寿兴等人。

1946 年 5 月 1 日，珲春南门外广场举行珲春县首届运动会。比赛项目有足球、篮球、摔跤、秋千、田径等。足球和田径两个项目的冠军均由鸡林中学队包揽。

1946 年 5 月 4~6 日，在龙井体育会的支持下选拔出了访问朝鲜的足球代表队。代表队团长是赵光烈、指导员是柳始俊、队长是朴鲁锡。运动员主要以龙井代表队为主。队员包括：朴鲁锡、崔基男、许竹山、全治权、崔曾男、南曾南、朴松林、李珍基等。但最后未能参加比赛。

1946 年 8 月 15 日，珲春县举行足球运动大会。最终，珲春县运输工人队获得冠军。

1946 年 8 月 25 日，龙井成立了中小学改编委员会，并把龙井的 6 个中学合并成龙井人民中学，于 9 月 9 日正式开学；9 月 7 日，龙井三一小学等 4 个小学合并成规模较大的学校。

1946 年 9 月，延边足球运动大会在图们白风小学运动场举行，朝阳川中学队获得中学组冠军；图们队获得社会组冠军。同年秋天，北鲜足球大会在朝鲜南阳举行，图们中学应邀参加比赛，并获得冠军。

1947 年清明节，"国境足球大会"在图们马牌举行。此次比赛中，图们队获得冠军，马牌队获得亚军。

1947 年 8 月 15 日，鸡林中学运动场举行了珲春县第二届运动会。最终，汽车工会队获得足球冠军、联合中学队获得亚军；板石小学队获得少年组冠军。

1947年10月，延边学生足球运动大会在图们市立小学（现市二小）运动场举行。

1948年春天，足球运动大会在图们市民广场举办。图们铁路队以4∶3战胜图们消防队，获得冠军。

1948年6月，安图县明月镇举行了延边足球运动大会，龙井人民中学队获得冠军。同年9月，苇子沟举行了足球运动会。在参赛的10个队中，图们消防队脱颖而出，获得冠军，苇子沟队获得亚军。

1948年8月15~17日，为庆祝东北解放3周年，延边首届体育运动大会在新落成的延吉市人民体育场隆重举行。参加本届大会的有延边3个市5个县的运动员。担任本届大会筹备委员会主任的是朱德海同志，副主任是董玉昆、崔采、林民镐等同志。本届大会的比赛项目有足球、篮球、排球。参赛的运动员达到12000余人次，观众总数达到10万余人次。比赛分为中学组和社会组。其中足球比赛中，明月沟代表队获得社会组冠军，延吉市队获得亚军；龙井三合队和龙井人民中学队分别获得中学组的冠、亚军。经大会组委会研究决定，对于在比赛中恶意伤害他人的运动员将给予3年内不得参加任何州级体育比赛的处罚。

1949年，延边人民踊跃加入社会主义的各项建设之中。5月1日，为庆祝五一国际劳动节，延吉市举行了足球运动大会，延吉市汽车联合工会获得冠军。此外，5月4日，为庆祝五四青年节，珲春县举行了第四届运动大会，汽车工会队获得青年组冠军，英安队获得亚军；哈达门小学队获得少年组冠军，密江小学队获得亚军。

1949年8月15~17日，为庆祝东北解放4周年，延吉市举行了延边第二届体育运动大会。担任本届大会筹备委员会主任的还是朱德海同志，副主任还是董玉昆、崔采、林民镐等同志。朱德海同志在二万多名观众的热烈欢迎声中致开幕词，延边高级师范学校足球运动员金如松代表全体运动员做了发言。参加本届大会的8个县、市共派出66个代表队的600多名运动员，参赛项目包括足球、排球、篮球、秋千、摔跤等。在足球比赛中，延吉市队获得社会组冠军，延吉县队获得亚军；延边高级师范学校获得中学组冠军,延吉市二中队获得亚军。①

1949 年 9 月 25~29 日,吉林市召开了吉林省体育运动会。足球项目中,延边足球队获得冠军。参加的运动员有玄光胜、崔鸿滨、金石云、李峰春、金学俊、李灿秀、金仕钟、金龙赞、金秉奎、韩龙书、朴金山、金东河、李尚德等。②

解放战争时期,延边也出现了很多优秀的足球运动员,如龙井的朴相福、金文、高峰、金富甲、李振基、玄龙男、玄昌斌、金石云、李峰春、崔太焕、崔曾石;延吉的金东河、金仕钟、李钟赫、李明德、金灿秀;和龙的金东植、金龙虎、韩龙书、玄光胜、李松峰;朝阳川的李秉奎、金兴石、李英福、金镐珠;开山屯的严洙日、尹明振;汪清的金英基、金芳春、金相振、李龙男、申秉权、金汝松、尹德绅、崔明德、许明龙;安图的崔鸿滨、申哲石、金龙华、严正学;珲春的金达权、张汉秀、金俞光;图们的金龙洙、金学秀、曹玉玄等。他们为延边足球运动的发展做出了重要贡献。

总之,解放战争时期,虽然延边足球运动的体制还不够完善,但是各项体育运动异常活跃,尤其是校园足球、社会足球运动,得到了广泛的普及。延边各地一些体育界人士为了大力推进延边的体育事业,还专门成立了各级体育协会,如龙井体育协会、延吉体育协会等。

---

① 《延边朝鲜民族足球史》编写组编《延边朝鲜民族足球史》,东北朝鲜民族教育出版社,1992,第 86 页。
② 《延边朝鲜民族足球史》编写组编《延边朝鲜民族足球史》,东北朝鲜民族教育出版社,1992,第 86 页。

第二章

中华人民共和国成立以后延边足球运动发展
历程回顾（1949~1978年）

第一节　延边足球运动的起步

一　中华人民共和国的成立与延边足球运动的发展

1949 年 10 月 1 日，中华人民共和国举行开国大典，毛泽东在北京天安门城楼上宣告中华人民共和国、中央人民政府成立了。中华人民共和国的成立，标志着少数剥削者统治广大劳动人民和帝国主义奴役中国各族人民的历史结束了，中国人民从此成为国家的主人，中华民族的发展开启了新的历史纪元。

1950 年，延边地区设立了中华全国体育总会延边分会筹备委员会，并于 1951 年正式成立延边分会。此后，各县、市的体育分会相继成立。延边分会的主任是崔采，副主任是林民镐。1952 年 9 月 3 日，延边朝鲜民族自治区政府的文化教育部门主要负责延边的体育运动。1955 年，延边朝鲜族自治州体育运动委员会正式成立。1952 年毛泽东提出"发展体育运动，增强人民体质"[1]；1953 年 6 月 30 日，毛泽东接见中国新民主主义青年团第二次代表大会主席团时，首次提出身体好、学习好、工作好的"三好"。

---

[1]　《毛泽东著作专题摘编》（下），中央文献出版社，2003，第 1650 页。

1949 年 10 月 1 日，图们市政府在"市民广场"举行国庆运动会。主要比赛项目有足球、排球、篮球。1950 年 5 月 1 日，在珲春县人民体育场举行了全县第五届运动会。在足球比赛中裕民社队获得青年组冠军；新安小学队获得少年组冠军。同年 5 月，珲春县体育协会正式成立，县长徐元治兼任体育协会主任，副主任分别为丁台珍、何景山。

1950 年 8 月 15 日，珲春县人民体育场举行了全县第六届运动会。足球比赛的社会组冠、亚军分别被汽车工会队和驻军部队获得；新安小学队获得少年组冠军。

1950 年 8 月 15～17 日，在迎接"八一五"光复五周年之际，延吉市政府在延吉市公园体育场举行了延边第三届体育运动大会。担任本届大会筹备委员会主任的是朱德海同志，副主任是董玉昆、崔采、林民镐等同志。中共延边地委副书记兼延边专员公署副专员董玉昆同志在两万多名观众的热烈掌声中致开幕词。延边地委宣传部副部长崔采致闭幕词。参加本届大会的有 37 支代表队，共 1336 名运动员。其中，社会组有 17 个代表队，共 574 名男、女运动员；中学组有 20 支代表队，共 762 名运动员。比赛项目包括足球、篮球、排球、网球、田径、秋千、摔跤等。比赛共进行 3 天。在足球比赛中，延吉市队获得社会组冠军；延吉县初级中学队获得中学组冠军。①

1950 年 8 月 18 日，为了更好地发展延边的体育事业，经过广泛征求筹备委员会委员、选手代表、部分中学教员、文化馆等部门的意见以后，最终"延边体育会筹备委员会"正式成立。② 大会还选拔了代表吉林省参加东北足球运动会的延边足球运动员。他们是金芳春、高峰、金东河、申千植、金相振、金仕钟、严洙日、金文、金兴禓、李明德、金益神、崔鸿滨、玄昌斌、李钟赫、崔学俊等。此次比赛，吉林省代表队获得东北足球赛亚军，辽宁队获得冠军。比赛结束以后，延边队的崔鸿滨被选入东北代表队，并参加全国比赛。

1950 年，经延边专员公署批准，延边教育出版社组建业余足球队。运动员有金仕钟、崔学俊、金相镇、崔鸿滨、金文、金东河、李钟赫、李龙男、玄昌斌、玄龙男、金兴石、李明德。

---

① 《延边日报》1950 年 8 月 17 日。
② 《延边日报》1950 年 8 月 18 日。

1950年9月14~19日，延边体育代表团参加了在吉林市举行的吉林省第二届体育运动大会。在足球比赛中，延吉县队获得成人组冠军；延边师范学校获得高中组冠军；延吉县初级中学获得初中组冠军。延吉县队的领队、教练及运动员如下。领队为李秀馥，教练为高峰。运动员包括：林根春、许石松、金东河、高峰、尹永珍、李明德、金文、玄龙男、金兴石、金仕钟、朴金山、李钟赫、金昌一。延边师范学校足球队领队及运动员如下。领队为崔东镇；运动员包括：金相国（队长）、金基镐、俞完洦、金昊俊、郑梦虎、许东俊、南世奎、金勋、崔昌贤、杨舜哲、金龙文、金今万、金仁杰。延吉县初级中学足球队领队及运动员如下。领队为曹明燮；运动员包括：金钟学（队长）、金寸柱、罗昌善、金敏善、金万吉、吴昌植、金喜子、张泽龙、金永日、方昌星、金铁风、朴曾哲、黄得胜、赵安极、朴贞缓。

1951年5月1~5日，吉林市举行了吉林省第一届职工体育检阅大会。足球比赛中，汪清县队获得冠军，安图县队获得亚军，和龙县队获得季军；在职工组的足球比赛中，延吉市队获得了冠军，石砚造纸工厂队获得了亚军。汪清县队的运动员有：许明龙、李龙男、金熙吉、金如松、李文杰、崔德英、金松林、李春善、李太白、朴今哲等。安图县队教练员及运动员是：金炳吉（教练员）、金龙华、黄斗秀、黄昌山、黄君钟、金哲秀、金明哲、文秀炯、玄昌永、金哲权、严正鹤、李德华、赵炳烈、李明焕、金龙华等。

1951年9月3日，在抗美援朝保家卫国的形势下，延边专员公署为了增强人民体质，特别是为了提升中、小学学生的体质健康，也为了促进延边的体育运动事业的发展，承办了延边第四届体育运动大会。此次大会在延吉市人民体育场隆重开幕，观众人数达到2万余人次。大会提出"普及和发展体育运动，增强广大人民群众的身心健康，发挥爱国爱劳动的集体主义精神，加强国防和经济建设"的口号。大会有延边的8个县市的铁路、解放军、中学部、州委机关、国营企业、国营商业等45个团体的1832名选手参加，规模很大，从中可以看出延边体育运动的发展状况。参加本次大会的各相关单位足球队20多支，代表中学部参加的学校包括石岘中学、天桥岭中学、光开中学等19支。比赛采用淘汰制，由崔东铉同志担任足球裁判长，朴鲁锡同志担任副裁判长，蔡松哲、崔昌善、俞林、马今春、李光烈、池云弼、金文、姜成哲、李万淑等担任了裁判工作。经过激烈的角逐，延吉市队获得了社会组的冠军；延吉市二中获得了中学组的冠军。① 报道还指出，延边足球的水平已经达到吉林省代表队的水平，但是与足球强省相比还处于初级阶段。虽然在参加范围、人数等方面形成增长趋势，但是离真正的普及还存在一定的差距。大会还选出了领队兼教练——崔东铉；运动员是李明德、金昌日、李龙南、金兴石、辛炳权、金芳春、尹德信等，他们代表吉林省参加了东北区劳动者足球比赛，获得亚军（大连队获得冠军），为延边足球争得了荣誉。

1951年，中华全国体育总会吉林省延边分会正式成立。为了延边体育运动事业的可持续发展，经朱德海同志的同意，延边电力局专门拿出几千元的资金资助延边体育运动的发展。

1951年10月1~6日，吉林省第三届人民体育运动大会在长春市举行。在社会组的足球比赛中，延吉县队获得冠军，安图县队获得亚军；在大学组的足球比赛中，延边大学队获得冠军；在高中组的足球比赛中，延边师范学校队获得冠军，亚军是延边高中队；在初中组的足球比赛中，延吉县初中学校代表队和和龙县初中学校代表队分别获得了冠、亚军。获得社会组冠军的延吉县队的运动员有李龙南、玄龙南、金灿秀、金昌一、崔鸿滨、金相镇、金东河、金文、李强烈、李钟赫、李明德、金兴石、玄昌彬、崔学俊、金仕钟等。获得大学组冠军的延边大学队的运动员有金尚周、俞完、崔斗一、许东俊、吴东奎、金长根、许龙律、许明龙、金浩山、林辉、李哲俊、郑宗君、金芳春、金炼铠、朴龙洙、杨舜哲、于万勇、金联舜等。获得高中组冠军的延边师范学校队领队及运动员有崔东镇（领队）、金重、金基镐、朴政勋、金仁杰、崔豪均、崔昌仑、崔昌贤、金仕钟、郑应烈、金今万、金利珍、南世奎、金钟麟。获得初中组冠军的延吉县初中学校代表队队员有许尚燮、郑明朝、方国玄、南昌树、朴东熙、张洙玉、朴弘根、吕东益、金竹松、金甲伊、金智勇、宋智学、全政信等。同年，沈阳举行了全国足球锦标赛东北地区选拔赛。延边足球队代表吉林省参赛并获得亚军。延边足球队领队及运动员有崔东铉（领队）、李明德、金昌一、李龙南、金兴石、崔鸿滨、金文、金相镇、玄昌彬、金仕

钟、金东河、李钟赫、申彻赫、申秉权、金镒甲、金芳春等。

1951年12月1~9日，在天津市举行的全国第一届足球运动大会上，东北地区足球代表队获得亚军。在闭幕式上，中华全国体育总会筹备委员会秘书长黄中宣布了30名国家队队员名单。东北代表队中，延边籍运动员有：金龙湖、金秉奎、崔曾石、崔泰焕、玄龙男、金东植、崔鸿滨。其中，李逢春、金龙湖、金秉奎、崔曾石等队员被选入国家足球代表队。[①]

图1 吉林省第一批专业足球队（1951年）

资料来源：延边朝鲜民族足球史编写组：《延边朝鲜民族足球史》，东北朝鲜民族教育出版社，1992。

图2 全国足球大会冠军东北队的"全家福"（1951年）

资料来源：延边朝鲜民族足球史编写组：《延边朝鲜民族足球史》，东北朝鲜民族教育出版社，1992。

---

① 《延边日报》1951年12月25日。

二 延边朝鲜民族自治区的成立与延边足球运动的发展

1952 年 9 月 3 日，延吉市隆重举行了吉林省延边朝鲜民族自治区成立大会，朱德海同志被选为延边朝鲜民族自治区人民政府主席。

1952 年 7 月，延边为欢迎中央访问团，在延吉市举行了与中央访问团之间的足球友谊赛，延吉县队赢得比赛。1952 年 9 月 25~28 日，为了庆祝中华人民共和国成立三周年和延边朝鲜民族自治区的成立，在延吉市隆重举行了延边第五届体育运动大会。参加本届大会的延边朝鲜民族自治区各县、市、机关、部队、学校等共有 53 个代表队，总参赛人数达到 2861 名（男、女）。延边朝鲜民族自治区文教处梁政峰处长致开幕词，延边朝鲜民族自治区人民政府董玉昆副主席致欢迎词。本次大会的筹备委员会主任是朱德海同志，副主任是董玉昆、崔采、林民镐、梁政峰等同志。① 足球比赛从 9 月 25 日上午 10 点开始，分别在延吉市第二中学和延边师范学校运动场同时进行。此次大会共有 53 支足球代表队参加了比赛。其中，社会组 27 支、中学组 26 支。经过 4 天的激烈角逐，延吉市队最终获得了社会组冠军；延边高中队获得了中学组冠军。

运动会结束之后，大会筹备委员会讨论在延边文教处专门设立体育部门，并任命在间岛省足球队中具有较高威望的朴鲁锡同志为体育部门负责人。1954 年开始，该部门又增加了负责体育事业的管理人员编制。

1952 年 9 月，东北军区足球队来延边，与延边队进行了友谊比赛。

1952 年 10 月 29 日，在延吉市人民体育场隆重举行了吉林省第四届人民体育检阅大会足球赛。参加本届大会的有 37 支代表队，他们分别代表了铁路、工厂、矿山、学校等 25 个部门和单位。为备战 1953 年的全国比赛，大会还选拔了吉林省足球队运动员。大会由吉林省中等教育科李韶光科长致开幕词，延边朝鲜民族自治区人民政府董玉昆副主席致欢迎词。经过激烈的角逐，社会组的比赛中，延吉县队、安图县队、敦化市队分别获得了冠军、亚军、季军；高中组的比赛中，延边高中队、延边师范学校队分别获得冠军、亚军；初中组的比赛中，延吉县队、吉林市队、和龙县队、汪

---

① 《延边日报》1952 年 9 月 29 日。

清县队依次获得前四名。工业系统比赛中，长春市队、623 工厂、吉林市队依次获得了第一、二、三名。[①] 大会结束后的第二天（30 日），东北足球队与延边队之间展开了一场足球友谊赛。

1952 年 11 月，延边朝鲜民族自治区文教处调配朴鲁锡专管体育工作。

1953 年 2 月 28 日至 3 月 3 日，全国 11 个城市青年足球锦标赛在上海举行，共有 11 支球队参赛。延边队代表吉林省参加了此次比赛。延边队在小组预选赛中，相继击败了广州、重庆、南京等队，最终获得小组第一名。但在淘汰赛阶段，惜败于上海队，最终获得了亚军。延边队的领队、教练员以及队员包括崔成吉（领队）、朴鲁锡（教练员）、朴万福、金昌吉、崔东燮、全万秀、李季春、金钟林、崔豪均、崔曾石、郑梦虎、金鹤山、朴永玉、严虎德、辛载友、金仁杰、张文鹤、朴承龙、朴曾哲等。运动会结束之后，延边队共有 6 名选手被选入国家青年队，并赴匈牙利交流与比赛。这是我国第一批出国深造的足球运动员。入选的运动员分别是：朴万福、金昌吉、崔豪均、崔曾石、金仁杰、朴曾哲。此外，辽宁省足球队的朝鲜族球员张京天也在此次深造队伍中。

图 3　全国 11 个城市青年足球比赛中获得第二名的延边青年足球队（1953 年）
资料来源：延边朝鲜民族足球史编写组：《延边朝鲜民族足球史》，东北朝鲜民族教育出版社，1992。

① 《延边日报》1952 年 10 月 31 日。

1953 年 5 月 1~3 日，在延吉市举行了延边朝鲜民族自治区第一届职工球类运动会。足球比赛中，延边印刷厂队获得冠军，延边橡胶厂队获得亚军。

1953 年 7 月 7 日，吉林省体育运动委员会成立大会上，延边朝鲜民族自治区的林民镐、金灿海、崔东铉、梁政峰、崔成吉被选为吉林省体育运动委员会委员。

1953 年 9 月 3~6 日，为了庆祝延边朝鲜民族自治区成立一周年，在延吉市人民体育场隆重举行了延边第六届体育运动大会。参加本届大会的延边各县市的职员、工人、农民、教员、学生、部队等共有 24 支代表团，1147 名男、女运动员，分别参加了足球、篮球、排球、网球、田径、秋千、摔跤等项目的比赛。选手中包括职工 244 名、农民 58 名、军人 168 名、事业人员 371 名、教师代表 85 名、商人 2 名、其他人员 219 名。其中，各代表队中劳动模范、先进人士等达到 66 名。[1] 运动员有汉族、朝鲜族、满族、回族等，体现了延边各族人民融合、团结、和谐的新气象。大会由延边朝鲜民族自治区体育分会林民镐副主任致开幕词，延边朝鲜民族自治区人民政府崔采副主席讲话，运动员代表金海秀做了发言。此次大会共有 25 支足球队参赛。其中，社会组有 12 支、中学组有 6 支、工业系统有 7 支队伍。经过 4 天的激烈角逐，延吉市队获得了社会组冠军；延边高中队获得了中学组冠军。

1953 年 9 月 28~29 日，延边朝鲜民族自治区举行了延边电业系统第一届体育运动会。参加大会的单位有龙井、图们、珲春、延吉、老头沟电业系统的 8 个单位的 181 名运动员。本次比赛以球类运动为主，决赛中，图们市营业所队以 2：1 的比分战胜延吉营业所队，获得了冠军。[2]

1953 年 9 月，延边教育出版社宣布解散半脱产足球、排球队。

1954 年，是抗日战争胜利的第九周年，也是延边朝鲜民族自治区成立二周年。延边朝鲜民族自治区政府宣布每年举行一次延边体育运动会。1954 年 9 月 3 日上午 10 点，延边第七届体育运动大会在延吉市人民体育场隆重举行。参加本届大会的有延边朝鲜民族自治区 6 个县（市）和延边各地的工厂、矿山、林业、人民解放军、学校等单位的 1480 名运动员。本

---

① 《延边日报》1953 年 9 月 9 日。
② 《延边日报》1953 年 10 月 6 日。

届大会设足球、篮球、排球、网球、田径、自行车、马拉松、武术、跳板、秋千、摔跤等项目。经过 3 天的角逐，最终延吉队和延吉市二中队分别获得社会组和中学组的冠军。①

1954 年 9 月，延边朝鲜民族自治区文教处增加一名体育专职干部杨同顺。

1954 年 9 月 24 日至 10 月 19 日，朴万福、张京天代表中国青年足球队赴民主德国参加足球友谊赛。延边足球队其他运动员代表崔享燮、金仕钟、金东植、玄昌斌等随中国人民解放军队赴保加利亚参加足球友谊赛。

三　延边专业足球队创建与延边足球运动的发展

1955 年 2 月 15~28 日，全国大中城市足球分赛区比赛在旅大市（现大连市）举行。朴鲁锡担任延边队的领队兼教练员。运动员有朴祥福、李光洙、李昌麟、金兴石、吴泳根、朴完植、崔哲风、李明德、金东河、金相熙、李奉石、金镒甲、金龙华、孙中天、林根源、金泰焕、方正勋、全万洙、张龙伯、张成日、赵松春、许东俊。参加比赛的足球代表队包括延边、哈尔滨、长春、沈阳、丽大等。比赛结果：延边队获得了亚军，丽大队获得了冠军。

1955 年 3 月 20 日至 10 月 8 日，朴万福、张京天入选中国青年足球队，代表国家队先后赴保加利亚、罗马尼亚、波兰、苏联等国家参加国际友谊比赛。

1955 年 4 月 16 日至 6 月 8 日，全国足球联赛在天津和武汉举行。联赛分两个阶段举行。第一阶段：4 月 16 日至 5 月 4 日，在天津和武汉举行；第二阶段：5 月 20 日至 6 月 8 日，在武汉举行。共有 11 支队伍参加比赛，比赛采用单循环制。延边队代表吉林省出战，最终获得了第七名。延边队的领队是王泽清，教练是马绍华，后勤管理是朴鲁锡，队员有朴祥福、李光洙、李昌麟、林根源、金芳春、方正勋、金东河、张龙伯、金镒甲、朴完植、崔哲风、李龙男、金相熙、金兴石、赵松春、全万洙、李奉石等。

1955 年 8 月，在青岛举行了全国足球预选赛。1954 年 12 月 26 日开

① 《延边日报》1954 年 9 月 8 日。

始，延边队正式展开集训，集训主要分为实战训练和理论学习。在保持每天 5 小时足球训练的同时，每周要坚持学习党的基本理论知识和足球专业理论知识。另外，在每天晨练之前，所有运动员必须集中学习职业球员道德修养和先进的技战术理论，还要学习《全心全意为人民服务》的理论知识。集训期间，队员们得到了吉林省体育总会下派的专业足球教练员的专业化指导，技术、战术等方面有了很大的提升。经过一段时间的训练与实践，运动员们的整体素质有了明显提升。[①]

四 吉林省足球队的成立与延边足球运动的发展

1955 年 8 月 1 日，吉林省足球队正式成立。当时，延边足球队的水平在省内还是比较高的，所以吉林省体育运动委员会研究决定以延边足球队为班底，组建吉林省足球队。吉林省足球队的领队是王泽清，教练员是马绍华，运动员有朴祥福、李光洙、李昌麟、金相镇、金芳春、金东河、方正勋、崔哲风、朴光淳、池青龙、朴完植、金基东、张龙伯、朴承天、金镒甲、宋智学、许鹤根、孙中天、全万洙、金明国、金昌河、金千锡、许明龙、金河荣等 20 余人。吉林省足球队成立初期，队员们克服各种困难，通过刻苦训练，在有限的时间内，技术、战术、身体素质、精神面貌等综合素质有了快速提升。可以说，吉林省足球队的成立，带动了延边足球运动的普及与发展。

1955 年 8 月 14 日，吉林省足球队在延吉市人民体育场与来访的中央体育学院（国家队）足球队进行了友谊赛。比赛场面非常激烈，攻守转换速度也非常快，一些球员体力严重透支。最终，双方以 0∶0 的比分握手言和。其他的比赛结果，国家队 6∶3 的比分战胜延吉县队。[②]

1955 年 8 月 14～16 日，在延吉市人民体育场举行了延边供销合作社第三届球类运动大会。参加单位及运动员包括：延边供销社，延边供销合作干部学校，各县、市供销合作社的 183 名运动员。足球比赛结果：延吉县队获得冠军。

1955 年 9 月 13～15 日，为庆祝抗战胜利十周年暨延边朝鲜族自治州成

---

① 《延边日报》1955 年 1 月 15 日。
② 《延边日报》1955 年 8 月 19 日。

立三周年，在延吉市人民体育场隆重举行延边第八届体育运动大会，包括
53个参赛单位的715名运动员。比赛项目有足球、篮球、排球、网球。

1955年11月22日，吉林省足球队与苏联的列宁格雷德足球队踢了一
场友谊赛（在此前的友谊赛中，列宁格雷德足球队曾以8∶0的悬殊比分
战胜东北体育学院）。面对这支历史悠久、球风硬朗的球队，吉林省足球
队虽然以0∶1惜败于对手，但吉林省足球队也展现出不服输、不放弃、拼
到底的精神面貌。

吉林省足球队成立3个月以来，不断地展现着自己顽强的生命力，并
通过刻苦训练，取得了较好的成绩。吉林省足球队的进步，离不开延边球
员们的团结拼搏精神。球员们在场上所表现出来的斗志昂扬、顽强拼搏的
精神和延边足球的独特风格给球迷们留下深刻的印象。

贺龙元帅曾专门邀请吉林省足球队，在北京与公安部足球队进行一场
友谊赛，切磋球技。赛后，贺龙元帅与吉林省足球队的每一名球员深情地
握手。国家体育运动会还向每一位球员赠送一件毛衣作为留念。此后，吉
林队的李光洙、孙中天、金芳春被选入国家集训队。其中，孙中天还代表
中国参加了1956年的第十六届奥林匹克选拔赛。

五　延边体育运动委员会的成立与延边足球运动的发展

1955年11月28日，在延吉市成立了延边朝鲜族自治州体育运动委员
会（设2名编制）。它的成立标志着延边各项体育事业在延边体育组织机
构的直接领导下逐渐向规范化、系统化、科学化方向发展。

1956年6月3~16日，在青岛举行了全国大中城市足球锦标赛。参赛
队伍有1955年全国大中城市分组赛的冠军球队和西藏自治区队，共9支球
队。此次比赛中，吉林省足球队在小组赛中仅获第二名，小组未能出线。
此次比赛的领队是朴鲁锡，教练是李钟赫，管理员是金龙伍，运动员有朴
龙宪、黄龙洙、李昌洙、金利珍、南廷允、黄斗洙、郑熙麟、朴尚赫、宋
昌彬、金兴石、全龙浩、尹升万、李珍基、文贞伍、金昌一、金英技、裴
基烈等。

1956年6月8日，朴万福、张京天、崔曾石等代表国家足球队赴印
度、缅甸、苏联、南斯拉夫等国家进行了友谊比赛。

1956 年 7~9 月，全国青年足球比赛分别在北京、沈阳、南京、武汉、重庆、西安 6 个城市举行。参赛队伍共 27 支。延边青年队在沈阳赛区的比赛中仅列第三名，痛失参加总决赛的资格。此次比赛的领队是朴祥福，教练是朴泰成，运动员有崔尚允、李白禄、朴龙玄、金洙哲、李昌福、徐洙宪、李尚华、金连洙、董京春、洪曾福、池英植、刘炳甲、安尚哲、崔镇泰、余成根、朴炳权、李万松等。

1956 年 7 月，西藏青年足球队访问了延边，并与延边足球队进行了一场足球友谊赛。他们说，"在青岛举行的全国足球大会中第一次看到了技术出众、作风硬朗的延边队，期待有朝一日与延边队比赛"。[①] 本次比赛算是圆了梦。

1956 年 7 月 29 日，延边钟声队代表吉林省参加了在上海举行的全国钟声体育协会足球比赛，共有 23 支球队参赛。延边队运动员是由延边的大、中、小学校的教师组成。他们分别是李昌洙、南廷允、金利珍、李哲俊、朴龙宪、吴东奎、金相国、车钟旭、金德新、张翰洙、姜仁德、车钟玉等。延边队在第一阶段和第二阶段的联赛中均获得了第一名，但在总决赛中惜败于上海队，最终获得了第二名。[②]

1956 年 8 月，俞林被任命为延边朝鲜族自治州体委副主任。同年 8 月，延吉市成立了延边青少年业余体校。1956 年 8 月 18~19 日，和龙县青湖乡举行了第二届乡运动会。大会设有足球、篮球、排球、秋千、摔跤、田径等项目。足球第一名：青湖乡队。1956 年 8 月 19~21 日，和龙县龙水乡举行民族传统体育项目运动会。比赛项目有足球、篮球、排球、秋千、摔跤、田径、象棋等。

截至 1956 年，延边朝鲜族自治州业余足球队数量达到 575 支。此后，延边综合性体育运动会调整为单项运动会。1956 年 9 月 1~3 日，延吉市人民体育场举行了球类运动大会。比赛项目包括足球、篮球、排球、网球等。参赛队包括足球 37 支，男排 40 支、女排 18 支、男篮 41 支、女篮 6 支，网球 18 支，共 160 支 1853 名运动员。

1956 年 9 月 3 日，延边青少年业余体校正式开学。体校设了 4 个足球

---

① 《延边日报》1956 年 7 月 18 日。

② 《延边日报》1956 年 8 月 2 日。

班（90 余名学生）。首届校长为韩秀殷；足球教练员有金镒甲、金东河、金泰焕、李钟赫等。

1956 年 10 月 4~10 日，在北京举行了中、朝、越三国足球对抗赛。延边籍运动员金智荣、孙中天、崔泰焕等代表国家队参加了比赛。

1956 年 10 月 16 日，在长春市劳动者体育场，朝鲜民主主义人民共和国分别与中国国家队、吉林省足球队举行了友谊比赛。吉林省足球队与朝鲜民主主义人民共和国足球队最终以 0：0 握手言和。

1956 年 10 月 27 日至 11 月 7 日，在北京举行了全国 8 个县的足球锦标赛。延边 5 支球队的总领队为朴鲁锡。延吉县、安图县、汪清县、珲春县、和龙县分别获得了第一名、第三名、第四名、第五名、第八名。

1956 年 11 月 2 日至 12 月 14 日，延边足球运动员崔享燮随中国人民解放军足球队赴捷克斯洛伐克参加国际友谊赛。

1956 年 11 月 20~11 月 25 日，延边队的金智荣、崔泰焕等队员参加了北京足球队，并赴阿尔巴尼亚参加国际友谊赛。同年，崔东铉入选中国足球协会委员，朴鲁锡入选中国足球协会裁判委员会委员。

1956 年 12 月 2 日，吉林足球队与刚从匈牙利集训回国的中国国青队踢了一场友谊赛。结果，吉林队 2：1 获得胜利。

1957 年初，吉林省足球队在上海虹口体育场参加冬训。集训期间，贺龙元帅专门接见了吉林省足球队的全体运动员，他对勇猛顽强的吉林队极为赞赏，并批示，"吉林队要学习国家队的技术，国家队要学习吉林队的优良作风"。冬训结束后，吉林省足球队分别在西安和沈阳参加全国足球联赛。在西安赛区的预选赛中获得第五名。此次比赛，领队是俞林，教练是马绍华，运动员有李光洙、李昌磷、金昌振、金芳春、金东河、方正勋、崔哲风、许明龙、朴光淳、金基东、张龙白、金镒甲、宋智鹤、许鹤松、孙中天、池青龙、朴胜天、全万洙、金明国、金昌河、金千锡等。

第二节　延边足球运动的兴盛

社会主义建设新时期，延边足球得到了迅速的发展。1957 年，延边少年足球队两次参加全国性的比赛，分别获得第二名和第三名的佳绩。

1957 年 2 月，苏联莫斯科斯巴达克足球队访问中国，在北京与长春队（吉林省队）进行了比赛，客队 1：0 获胜。1957 年 3 月 16 日，朝鲜国家足球队访问中国，在长春与吉林省队进行友谊赛，双方以 0：0 握手言和。

1957 年 3~12 月，改制后的全国足球甲级联赛开始举办，共有 12 支球队进行双循环比赛。第一循环赛在 3~6 月举行；第二循环赛在 9~12 月举行。吉林省队最终获得了第七名。领队是邹志凯、郑风勋，教练是马绍华、金仕钟，管理是田洪惠、金基东，运动员包括李光洙、金相镇、董良一、金荣技、张龙伯、金增福、崔哲风、方正勋、许明龙、朴光淳、崔龙哲、宋智学、许学松、朴祥福、全万洙、池云峰、孙中天、李光宇、文贞伍、李昌麟、金仕钟、朴完植、池青龙。

1957 年 3 月 31 日，在延吉市正式成立了延边足球、篮球、排球、网球协会。足球协会由崔东铉担任主任一职，副主任分别由朴鲁锡、蔡松哲、马今春担任，秘书长由朴鲁锡兼任。

1957 年 4 月，延边朝鲜族自治州文教部组织了体育系统座谈会。会议由李喜日主持，围绕今后延边体育事业的跨越式发展问题召开了座谈会。

1957 年 7 月，原由延边代管的吉林省足球队归长春市代管。

1957 年 7 月 5~8 日，延边银行和林业系统球类运动会在延吉市人民体育场举行。有 16 个单位 500 余名运动员参加大会。经过 4 天的角逐，汪清森工局获得林业系统足球比赛冠军，八家子森工局获得亚军。[①]

1957 年 7 月 28 日至 8 月 15 日，延边青年足球队参加了在天津市举行的全国 12 个单位青年足球锦标赛。延边队与天津、重庆、沈阳、南京、武汉等强队分在一组。延边队以小组第二名的成绩进入了决赛，最终获得了总决赛亚军。延边队的领队是朴鲁锡，教练员是李钟赫，运动员有朴龙宪、崔相允、金周哲、李白禄、金链柱、董景春、李相和、崔振泽、蔡洙云、俞成根、安相哲、池永植、柳炳甲、诸葛范植、崔相玉、李万松、朴炳权、洪增福、朴光哲、李曾松等。

1957 年 7 月 28 日至 8 月 26 日，全国 16 个单位的少年足球锦标赛分成

---

① 《延边日报》1957 年 7 月 10 日。

两个阶段进行。采用分组循环制，小组前两名直接参加决赛阶段的比赛。第一阶段在长春和杭州举行（7月28日至8月11日）；第二阶段在北京举行（8月18~26日）。比赛结果，延边少年队以小组第二名的成绩晋级决赛。在北京举行的第二阶段决赛中延边少年队获得了第三名的佳绩。延边少年足球队的领队是俞林，教练是金泰焕。

1957年8月16日至9月1日，延边足球队运动员崔享燮随北京足球队赴阿富汗、苏联等国家参加国际友谊赛。

1957年8月25日，阿尔巴尼亚地拉那市足球队访问中国，在长春市与吉林省队进行了一场友谊赛。比赛结果以2：2握手言和。

1957年9月1~5日，为了迎接延边朝鲜族自治州成立5周年，在延吉市人民体育场举行了体育运动大会。延边各级机关、企业等17个单位的800余名运动员参加了比赛。观众人数达到2万余人次。经过5天243场比赛的激烈角逐，延边商业足球队获得第一组的冠军，延边大学足球队获得第三组的冠军，延边印刷厂足球队获得第四组的冠军。此次比赛还选拔了参加国庆节决赛的代表队。

1957年9月30日至10月3日，为了庆祝中华人民共和国成立8周年，延吉市人民体育场举行了延边球类运动大会。共有36个单位的足球、篮球、排球代表队参加了比赛。观众人数达到8万余人次。经过4天115场比赛的激烈争夺，延边商业足球队获得冠军，延边钟声足球队获得亚军。

1957年，崔长允、具录松被国家体委授予足球健将称号。

延边解放后，延边体育在党和政府的正确领导下，得到了迅速的发展，尤其是足球运动得到最广泛的普及。原延边队足球运动员朴万福、崔政硕，辽宁省足球运动员张京天，以国家队主力身份参加了第十六届奥林匹克运动会足球预选赛。1956年，延边足球运动员朴万福被国家体委授予首批"体育运动健将"称号；崔东贤当选为中国足球协会委员。为吉林省和延边地区的足球运动发展做出突出贡献的朴鲁锡当选为中国足球协会裁判委员会委员。

延边地区从1953~1957年，共举办了75次各种体育运动会，参加比赛的运动员达到3万余名。

1958年，延边共成立了279个基层体育协会。协会总人数高达32521

名，其中 11181 名运动员获得运动员等级证书、504 名裁判员获得裁判员等级证书。其中，延边籍国家级足球裁判员有蔡松哲、马今春；国家级排球裁判员有金龙哲。①

1958 年 2 月 26 日，苏联国家足球队访问中国，在广州与吉林省队进行了友谊赛，最终客队以 4：0 获得了胜利。吉林省队的领队是郝文举，教练是金仕钟、朴祥福、李光洙，运动员有李光洙、董良一、李珍奎、徐德惠、朴光淳、崔哲风、许明龙、金荣技、方正勋、文贞伍、崔龙哲、许学松、金锡珠、朴祥福、宋智学、池青龙、池云峰、孙中天、蔡洙云、金仕钟、全万洙、董景春、郑址胜、罗山默、俞成根、崔仁哲、朴完植、付仰昌。

1958 年 3 月 12 日，延边朝鲜族自治州体委和延边朝鲜族自治州教育处合署办公，处内设体育科，对外保留名称（设 5 名编制）。

1958 年 3~10 月，全国足球乙级联赛分成两个阶段举行。第一阶段在 3~7 月，在 7 个不同赛区举行。第一赛区，北京和天津；第二赛区，沈阳、丽大、抚顺；第三赛区，长春、延吉、哈尔滨；第四赛区，上海、南京；第五赛区，武汉；第六赛区，重庆；第七赛区，西安。第二阶段在 10 月 12~27 日，在济南举行。第一、二、三、四、五赛区的前两名和第六、七赛的第一名参加第二阶段的比赛。

1958 年 4 月 22 日中午 12 点，在延吉市人民体育场打响了全国足球乙级联赛第一场比赛。开赛前一天球票就已全部售空。本场比赛的两支球队是吉林队与延边一队。在比赛中，延边一队采用"W""M"形阵容和以短传配合为主的技战术打法，给对手施加了很大压力，比赛场面也非常激烈。最终，延边一队以 2：0 取得胜利。② 经过几轮比赛，延边一队成功晋级第二阶段的比赛。在第二阶段的比赛中，延边一队获得第十名。延边一队领队是韩洙殷，教练是金镒甲、朴承天，运动员有李明德、金兴石、崔云鹤、方泰权、南延允、朴光哲、金文、金镒甲、洪哲、李正植、裴基烈、朴承天、金胜太等。

1958 年 3~11 月，全国足球甲级联赛采用双循环制。第一循环赛在 3~

---

① 《延边日报》1958 年 7 月 16 日。
② 《延边日报》1958 年 4 月 23 日。

6月举行；第二循环赛在9~11月举行。长春队（吉林省队）在第一循环赛中获得第四名。

1958年5月1~4日，延边朝鲜族自治州举办了学生球类运动会。参加本次大会的有延边各个县、市的800余名初中和高中学生（男、女）。比赛项目包括足球、篮球、排球等。经过4天的激烈角逐，延边第二高级中学队获得了高中组冠军；延吉县一队获得了初中组冠军。[①]

1958年6月初，和龙县石仁乡举办了体育运动会。300余名运动员参加了足球、排球、乒乓球、秋千、跳板、田径等项目的比赛。其中，6支队伍参加了足球比赛，9支队伍参加了排球比赛，可见延边各县市和乡镇对体育的重视程度和群众对体育运动的热爱。[②]

1958年6月14日，蔡松哲（延边大学教师）、马今春（延吉县体委科员）被国家体委授予"国家级足球裁判员"称号。金龙哲（延边青少年业余体校教练员）被国家体委授予"国家级排球裁判员"称号。

1958年6月21日，为迎接端午节，长春市工人体育场举行了长春市朝鲜族体育运动会。比赛项目包括足球、朝鲜族摔跤、朝鲜族秋千等，共有400名运动员参加了此次比赛。[③]

1958年7~8月，延边青年足球队参加了全国青年足球锦标赛。此次比赛分两个阶段进行。第一阶段，7月13日起在成都市举行；7月27日起在天津市、长春市、太原市、杭州市、长沙市举行。第二阶段，8月17~31日，在天津市举行。各赛区第一名参加第二阶段比赛。在第一阶段的比赛中，延边队获得了第一名，并顺利晋级决赛。总决赛中，延边队获得了第三名的佳绩。延边青年足球队领队兼教练员是朴承天，运动员有李民珍、李泰铉、金京俊、崔振择、俞成根、郑址胜、金学洙、许京秀、朴云直、朴昌吉、崔洪哲、金银哲、朴完希、金凤天、金钟哲等。

此外，延边少年足球队也参加了7~8月在沈阳举行的全国少年足球锦标赛。比赛也分为两个阶段举行。第一阶段在重庆、保定、沈阳、郑州、南京、武汉等城市举行。第二阶段在北京举行。延边少年队在第一阶段获

---

① 《延边日报》1958年5月6日。
② 《延边日报》1958年6月27日。
③ 《延边日报》1958年6月27日。

得了赛区第一名，并成功晋级决赛。在总决赛中，延边少年队获得了第三名的佳绩。

1958 年 7 月 29 日至 8 月 28 日，长春足球队（吉林省队）访问苏联，先后在伊尔库茨克等地进行了 7 场友谊赛。长春队获得 4 胜 2 平 1 负的佳绩。

1958 年 7 月，汪清县足球队在与长春市足球队的比赛中出现辱骂裁判、犯规动作恶劣等行为。在汪清队与珲春队的比赛中，汪清队的多名球员不服裁判的判罚，煽动本方球员，故意制造矛盾，导致出现了群架事件。当时，延边朝鲜族自治州体委副主任黄泽均在延边朝鲜族自治州范围内提出："今后的体育比赛中，要严肃处理体育竞赛中体育道德败坏的运动员及团体。"①

1958 年 8 月，吉林省足球比赛在四平市举行。最终，珲春县队获得冠军，和龙县队获得亚军，延吉市队（延边青年队代表延吉市参加）获得季军。

1958 年 9 月，延边大学体育系创建。它的成立意味着延边体育运动事业进入了崭新的阶段，开始培养和输送一大批体育师资、体育人才和体育骨干。②

1958 年 8 月 26 日至 9 月 4 日，在延吉市人民体育场隆重举行了吉林省少数民族文艺公演暨体育运动大会。此次运动会共有 53 所学校的 1886 名演员和 2283 名运动员参加了开幕式。此次运动会体育项目包括田径、足球、篮球、排球等，其中足球比赛共有 20 支球队参加。③

1958 年 9 月 20~28 日，崔培吉、李松风、崔享燮、李顺泰入选了八一足球队，并赴民主德国参加首届社会主义国家友军夏季运动会。

1958 年 10 月，延边青少年业余体校更名为延边体育学校。

1958 年 10 月 12~27 日，在济南举行全国足球乙级联赛，共有 65 支参赛球队。最终，延边队获得第七名。延边足球队领队是韩洙殷，教练是金镒甲、朴承天，运动员有李明德、金兴石、崔云鹤、方泰权、南廷允、朴光哲、金文、金镒甲、洪哲、李正植、裴基烈、朴承天、金升泰。

---

① 《延边日报》1958 年 8 月 23 日。
② 金龙哲、朴京姬主编《中国延边体育运动史》，延边大学出版社，1995，第 9 页。
③ 《延边日报》1958 年 9 月 5 日。

1958 年 10 月 28 日，延边朝鲜族自治州委召开体育工作会议。会议讨论通过延边朝鲜族自治州体育工作方案，各县、市的 80 多名校长和体育教师参加。

1958 年 11 月 7 日，延边大学体育系和延边体育学校合并成立为延边体育学院，并举行开学典礼，蔡松哲同志任党支部书记兼行政负责人。

1958 年 11 月 16~30 日，全国各甲级足球队预备队联赛在重庆举行，参加比赛的共有 12 支球队。此次比赛，延边队获得第六名。延边队的领队是崔东摄，教练是金龙淳，运动员有朴龙宪、李昌福、金周哲、李基芳、池永植、许春渊、朴健焕、朴春日、金基河、李白禄、金英哲、申仁甲、崔东摄、崔仁奎、李享基、徐周铉、千光录等。

1958 年 11 月 28 日，苏联塔什干棉农足球队访问中国，在北京与长春队（吉林省队）进行友谊赛。客队以 1：0 取得了胜利。长春队（吉林省队）队员有李光洙、金荣技、方正勋、朴光淳、崔哲风、许明龙、宋智学、池云峰、孙中天、董景春、蔡洙允、董良一、李敏、崔龙哲、文贞伍、金锡珠。

1959 年 3 月 8 日至 11 月 22 日，全国青年足球冠军赛分两个循环阶段进行。第一循环阶段，3 月 8~20 日，在长沙举行；第二循环阶段，10 月 18 日至 11 月 22 日，在杭州、南昌、南京等地举行。参加比赛的共有 9 支球队。比赛结果，延边青年队获得第三名。延边青年队领队是崔风镐，教练是金仕钟、金龙湖，运动员有金炳勋、朴长寿、洪钟友、崔根泽、李泰铉、文胜鹤、许京秀、朴昌吉、徐炳哲、金哲希、李正烨、申仁甲、金银哲、权钟植、李始德、吴铁权、金升泰。

1959 年 3 月 9~12 日，延边青少年足球锦标赛在延吉市举行，汪清县、延吉市、敦化县、延吉县足球队分别获得第一名至第四名。

1959 年 3 月 27 日至 6 月 5 日，全国足球甲级联赛分两个阶段进行。第一阶段：3 月 27 日至 4 月 24 日，分别在成都、广州、上海、北京等地举行；第二阶段：5 月 8 日至 6 月 5 日，分别在北京、天津、沈阳、旅大、武汉等地举行。参加比赛的共有 25 支球队（其中北京体院一队和一机队、火车头联队只参加一部分表演比赛，不计名次）。比赛结果：吉林队获得第四名。吉林队领队是崔风镐，教练是朴祥福、金仕钟、李光洙，运动员是朴长寿、付仰昌、董良一、朴光淳、方泰权、方正勋、金荣技、宋智学、池青龙、柳镇锡、文胜鹤、金锡珠、董景春、郑址胜、文贞伍、孙中天、蔡洙云、崔哲风、金明国、洪钟友、金升泰、李光洙、金仕钟、朴祥福。

1959年4月5日，苏联列宁格勒泽尼特足球队访问中国，在天津与吉林省队进行比赛。客队以2：0获得胜利。

1959年4～5月，玄光松、金智荣入选沈阳足球队，先后赴波兰、德国等国家进行友好访问比赛。

1959年4月12日，在延吉市人民体育场举行了国防体育运动表演大会。13：30开始，举行了足球、篮球、排球邀请赛。足球比赛中，延边队与参加中国甲级联赛的长春队进行了比赛，最终延边队以0：1惜败于长春队。其他比赛结果：延吉市队以5：0战胜了吉林市队；延吉县队以7：1战胜了9089部队。①

1959年5月1日，延吉市体育馆正式开馆。5月，延边体育学院更名为延边体育专科学校。

1959年5月13～15日，朝鲜民主主义人民共和国咸境北道文艺体育代表团访问延边。这对于延边来说是第一次国际体育交流，吉林省人民委员会副省长兼书记兼延边朝鲜族自治州州长朱德海等10多位领导亲临比赛现场。朝鲜足球队与延边足球队进行了一场足球友谊赛，延边队以5：2取得胜利。② 5月15日下午，在延吉市人民体育场举行了咸境北道文艺体育代表团与延边学生队的排球、足球友谊赛。排球比赛中，延边队以0：3输给对手；足球比赛中，延边队以0：5输给对手。③ 此次朝鲜代表团的访问不仅提升了双方竞技运动水平，而且进一步巩固和加强了两国之间深厚的友谊。

1959年5月16～22日，吉林省第六届体育运动大会在延吉市人民体育场举行。磐石、会德、德惠、舒兰、永吉、敦化、和龙、延吉市等8个县、市的120余名运动员参加了此次比赛。经过5天28场比赛的激烈角逐，最

---

① 《延边日报》1959年4月14日。
② 《延边日报》1959年5月14日。
③ 《延边日报》1959年5月16日。

终延吉市队以七战全胜的战绩获得第一名，和龙县队获得第二名，敦化县队获得第三名。① 同时，以上三支球队均晋级到下一轮的决赛，并代表延边参加吉林省足球比赛。

1959 年 7 月 4~30 日，以刘永年（吉林省体委副主任）、郝文举为正、副团长的吉林省足球队访问苏联，先后在符拉迪沃斯托克等地进行了 6 场足球友谊赛，成绩为一平五负。

1959 年 7 月 8 日，延边体委设立体育运动和国防体育两个科室（设 9 人编制）。

1959 年 8 月 2~4 日，延边朝鲜族自治州体委主办首届延边儿童类球类运动会。此次大会除安图县以外的 310 名小学生参加了比赛。大会受到相关领导的高度重视。经过 4 天的激烈角逐，最终延吉县队获得第一名，延吉市队获得第二名。②

1959 年 9 月，延边体育专科学校又更名为延边大学体育系，从东盛涌迁至延吉。延边朝鲜族自治州体委副主任黄泽均兼任体育系主任，蔡松哲任副主任。

1959 年 8 月开始，全国青年足球锦标赛分别在长沙、杭州、南昌、南京等城市举行，共有 9 支球队参加比赛。代表延边参赛的延边青年足球队最终获得第三名的佳绩。延边青年队的领队是崔风镐，教练员是金仕钟、金龙湖，运动员有全炳勋、朴长寿、洪钟友、崔根泽、李泰铉、文胜鹤、许京秀、朴昌吉、徐炳哲、金哲希、李正烨、申仁甲、金银哲、权钟植、李始德、吴铁权、金升泰。

1959 年 9 月 1~8 日，为了庆祝延边朝鲜族自治州成立七周年，延边职工体育运动大会在延吉市人民体育场举行。参赛队有延边各厂、矿、企事业单位及延边大学等 59 支。比赛项目包括足球、篮球、排球等。经过激烈的角逐，足球比赛中，延边橡胶工厂队获得冠军，延边农具工厂队获得亚军。③

1959 年，延边队参加了在北京和天津举行的第一届全国运动会的足球

① 《延边日报》1959 年 5 月 22 日。
② 《延边日报》1959 年 8 月 7 日。
③ 《延边日报》1959 年 9 月 9 日。

比赛，最终获得第八名。延边队的文正伍、池青龙两名球员入选国家队；池云峰入选国家青年队。同年，吉林省足球队的李光洙光荣地参加了全国英雄聚会。

新中国第一届全国运动会于 1959 年 9 月 13 日至 10 月 3 日在北京隆重举行，开幕式在新建的工人体育场举行。

1959 年 10 月 1~5 日，为了庆祝中华人民共和国成立十周年，在延吉市人民体育场举行了延边朝鲜族自治州体育运动大会。此次运动会分为两个部分举行：一是球类（足球、篮球、排球）运动会；二是田径运动会。足球比赛中，延吉县队和延吉市队分别获得儿童组的冠、亚军；延吉市二中、延吉县智新初中分别获得初中组的冠、亚军；延大附中、延边高中分别获得高中组的冠、亚军；延边大学、延边大学体育系分别获得大学组的冠、亚军；延边橡胶工厂队、延边农具工厂队分别获得工矿组的冠、亚军；安图县石门人民公司、和龙县崇善人民公司分别获得农民组的冠、亚军；某部队、延边军分区队分别获得部队组的冠、亚军。球类比赛还进行了联赛制。足球比赛中，延边大学和延边橡胶工厂队并列获得了冠军。[①]

1959 年 10 月 22~28 日，李享远、崔培吉、李松风等入选中国国家足球队，并赴朝鲜参加了在平壤举行的中、朝、越三国足球对抗赛。

1959 年 11 月 4 日，苏联托姆斯克人足球队访问中国，在天津与吉林省队进行了比赛，吉林省队以 3∶1 获胜。吉林省队的领队是郝文举，教练是朴祥福，队员是李光洙、许明龙、朴光淳、董良一、付仰昌、崔哲风、金锡珠、孙中天、池青龙、池云峰、宋智学、董景春、黄龙洙、文武学、李昌麟、金千锡、朴完植、朴风吉、金基河、金升泰、金明国、申天植。

1959 年，崔哲峰、李光洙、孙中天三名延边足球运动员被国家体委授予"足球运动健将"称号。

1960 年 4 月 1 日至 11 月 3 日，全国足球锦标赛分两个阶段进行。第一阶段是 4 月 1 日至 9 月 15 日进行各省、自治区、直辖市比赛；第二阶段是 9 月 25 日至 11 月 3 日进行各省、自治区、直辖市的冠军 26 支球队比赛。第二阶段采用淘汰制，延边队在第二阶段第二轮的比赛中，被天津队淘汰

---

① 《延边日报》1959 年 10 月 6 日。

出局，痛失进入前四名的机会。延边队的领队是许明龙，教练是金仕钟、金龙湖，运动员是池青龙、孙中天、朴应吉、金荣技、金升泰、朴长寿、李昌麟、黄龙洙、金明国、申天植、洪钟友、文胜鹤、金哲希、许京秀。

1960年5月15~21日，全国乙级足球联赛第一阶段的比赛在延吉举行。来自全国各地14支足球队的350余名球员参加了此次联赛。延边朝鲜族自治州委第一书记朱德海、副书记金明汉、延边军区副政委陈彪、延吉市委书记金基勋等党政领导参加了此次开幕式。参加初赛的有哈尔滨市、牡丹江、沈阳青年、抚顺、沈阳体育学院、吉林前卫、延边、旅顺等队。比赛分两个阶段进行。预选赛时间为5月15~21日，共进行了42场比赛。预选赛中，延吉县、全国动力、旅大、沈阳青年、延边、旅顺等6支球队进入了第二阶段的比赛。第二阶段比赛在5月23~31日进行。最终，延边队获得第一名，沈阳青年队获得第二名。① 延边队领队是许明龙，教练员是金龙湖；运动员有朴长寿、全炳勋、朴光淳、许学松、金基河、金升泰、黄龙洙、徐炳哲、文武学、朴健焕、朴风吉、许京秀、李昌麟、申天植、金明国、金哲希、洪钟友、金千锡、朴春日、金河泳、金芳春。

1960年6月15~22日，吉林省职工足球锦标赛在延吉市举行。参赛队有长春、吉林、白城、辽源、四平、延吉等6个市和延吉、汪清、和龙、安图、珲春等5个县的代表队。

1960年6月，在北京召开的全国文教群英会上，延边朝鲜族自治州敦化县二中被评选为"全国体育先进单位"。延边朝鲜族自治州优秀足球运动员李光洙被评为"全国体育工作先进工作者"。

1960年7月16日，苏联纺织工人足球队访问中国，在长春与延边林业工作队进行比赛，客队以2∶1获胜。

1960年7月24日，捷克斯洛伐克赫拉德茨-克拉洛韦市斯巴达克足球队访问中国，在长春与吉林省队进行比赛，客队以4∶1获胜。

1960年8月，吉林省足球队访问朝鲜，在咸镜北道、两江道、慈江道等地进行了6场友好访问比赛，吉林省队获得了3胜2平1负的战绩。

1960年12月20日，李松风、朴光哲、李顺泰、金英杰、全龙虎等入

---

① 《延边日报》1960年6月1日。

选中国人民解放军足球队（八一队），并赴缅甸进行了友好访问比赛。同年，重新恢复了延边青少年业余体校；延边朝鲜族自治州体委成立了由黄泽均、韩洙殷、崔风镐三人组成的党组，由黄泽均任书记。

1961年2月，吉林省足球队的训练基地迁移至延边。吉林省足球队主要以朝鲜族球员为主，再加上1~2名汉族球员做补充。

1960年4月23日至5月21日，全国足球分区赛分别在京津、武汉、沪宁、哈尔滨4个赛区举行，共有31支球队参赛。吉林省队参加了哈尔滨赛区的比赛，最终获得第三名。

1961年7月16日，在延吉市人民体育场举行了两场友谊赛。对手分别为天津二队、上海队。最终，天津二队2∶1战胜吉林省队；吉林省队以3∶1击败了上海队。①

1961年9月3日至11月18日，全国足球甲级联赛分两个阶段进行。第一阶段是9月3~24日，分别在长春、长沙、上海举行；第二阶段是10月15日至11月18日，分别在北京、天津举行。参赛队共有32支。吉林省队最终获得第八名的成绩。吉林省队的领队是黄泽均，教练是金仕钟、朴祥福，运动员是李光洙、朴长寿、全炳勋、方正勋、洪钟友、金荣技、金升泰、李昌麟、徐炳哲、郑址胜、池青龙、宋智学、金锡珠、许京秀、金哲希、柳镇锡、朴光淳、金千锡、董景春、孙中天、金仕钟、朴祥福。

1961年11月，吉林省足球队由延边代管。

1961年，池云峰、方正勋等被国家体委授予"足球运动健将"称号。

1962年5月6日至10月17日，全国足球甲级联赛分两个阶段进行。第一阶段：5月6~27日，分别在上海、武汉、天津举行；第二阶段：9月23日至10月17日，分别在北京、西安、旅大举行。参加比赛的共有29支球队。吉林省第一阶段参加了天津赛区的比赛，第二阶段参加了北京赛区的比赛。最终比赛结果：吉林队获得第五名，上海队获得第一名。吉林队的领队是崔风镐、许明龙，教练是朴祥福、朴万福，运动员是李光洙、朴长寿、罗山默、方正勋、洪钟友、金荣技、徐炳哲、柳镇锡、金锡珠、郑址胜、池云峰、朴光淳、董景春、文胜鹤、金官善、金钟仁、孙中天、

---

① 《延边日报》1961年7月18日。

金哲希、金升泰、许京秀、李昌麟、郑钟燮、朴成奎、朴万福。

1962 年 6 月 17 日至 7 月 2 日，东北区足球乙级联赛在延吉市人民体育场举行（延吉赛区）。本次比赛共有 11 支球队参加。其中，辽宁省有 4 支，吉林省有 4 支，黑龙江省有 3 支。通过 15 天 36 场比赛的激烈角逐，辽宁工人队以 8 战全胜的战绩获得第一名，旅大青年队获得第二名，吉林青年队获得第三名，延边队获得第四名。延边队领队是俞林，教练是金镒甲、朴承天、崔哲风，运动员是金芳春、李长录、方泰权、朴应吉、姜今石、朴龙宪、朴春日、金千锡、黄龙洙、李正烨、金明国、金河泳、玄允德、李始德、李满福、金荣技、金学洙、崔哲风、赵锡万、李允模、朴承天。①

1962 年 8 月 30 日至 9 月 4 日，延边朝鲜族自治州庆 10 周年运动会在延吉市举行。开幕式上，延边自治州副州长李浩源同志致开幕词，延边各县、市的 1000 余名运动员和裁判员参加了检阅仪式。检阅结束后，延边实验中学的 200 余名学生表演了哑铃体操，1500 余名的小学生手举花束表演了民族团结舞蹈。随后，延吉市公园小学和新兴小学足球队进行比赛，由州委第一书记、延边朝鲜族自治州州长朱德海同志亲自开球。经过 6 天的激烈角逐，最终获得冠、亚军的球队如下。社会组：延边军分区、延边农具工厂；青年组：延吉县和延吉市队；少年组：延吉县和延吉市队；儿童组：延吉市新兴小学和延吉市公园小学。②

1962 年 10 月 17 日，《北京晚报》举办的全国十佳最佳射手评选活动揭晓，延边运动员池云峰、李松风被评选为最佳射手。

1962 年，延边朝鲜族自治州体委由单独机构合并于延边朝鲜族自治州教育处体育运动科。

1963 年 5 月 1~3 日，在延吉市举行延边高等学校足球、篮球、排球锦标赛。在足球比赛中，延边大学体育系获得第一名，延边农学院获得第二名，延边大学获得第三名，延边医学院获得第四名。

1963 年 5 月 5 日至 10 月 20 日，全国足球锦标赛分两个阶段进行。第一阶段：5 月 5~29 日，分别在上海、南京、天津、合肥、郑州等地举行，共 39 支球队参赛；第二阶段：9 月 15 日至 10 月 20 日，在北京、武汉、广

① 《延边日报》1962 年 7 月 4 日。
② 《延边日报》1962 年 9 月 4 日。

州、杭州等地举行，共 34 支球队参赛。吉林省队获得第十三名，遗憾降入乙级队。吉林省队的领队是许明龙，教练是朴万福、朴祥福，运动员是李光洙、朴长寿、罗山默、洪钟友、徐炳哲、柳镇锡、郑址胜、池云峰、李昌麟、董景春、文胜鹤、金官善、金钟仁、许京秀、金升泰、朴云直、郑钟燮、朴成奎、唐凤翔、金雄秀、池青龙、金哲柱、朴万福、金锡珠。

1963 年 7 月 27~31 日，延边中小学足球锦标赛在延吉市人民体育场举行。参加小学组比赛的学校有龙井小学、延吉市河南小学、珲春镇二小、敦化镇一小、和龙县头道一小、汪清县百超区二小、龙井东山小学、延吉市二完小、安图石门小学；参加中学组比赛的学校有和龙二中、延吉市二中、安图二中、珲春二中、汪清二中、敦化二中、延边农业学校等。

1963 年 8 月 11 日，全国青少年足球分区对抗赛正式启动。第四分赛区第一回合比赛于 8 月 14 日在长春市胜利公园体育场举行，延吉市队以 1：0 战胜长春市队。1963 年 8 月 19 日，在延吉市人民体育场举行了全国青少年足球分区对抗赛第四分赛区第二回合的比赛，最终双方以 0：0 握手言和。经过两个回合的较量，延吉市队以 1：0 的总比分获得最终胜利。①

1963 年 9 月 3~8 日，东北三省足球对抗赛在延吉市人民体育场举行。参赛队包括：旅大市青年队、吉林省青年三队、延边队、吉林青年队、黑龙江省队和湖南队 6 支球队。其中，湖南省队不计成绩。经过 15 场激烈的角逐，最终旅大市青年队获得第一名，吉林省青年三队获得第二名，延边队获得第四名。延边队领队是俞林，教练是朴承天、朴光淳，运动员是李学洙、池秀吉、方正勋、李始德、朴炳录、方泰权、李允模、文学吉、崔三炳、李正烨、崔长允、孙中天、具录松、金明录、黄昌杰、韩正基、李东哲、李昌福、崔昌洙、朴光淳、朴承天。

1963 年 9 月 29 日至 10 月 2 日，吉林省青少年足球、排球比赛在延吉市举行。足球比赛共有 4 支球队参加。经过 4 天的角逐，最终延边队以三战全胜的战绩获得冠军，吉林队获得亚军。②

1963 年，效力于八一队的朝鲜族足球运动员朴光哲被国家体委授予"足球运动健将"称号。

---

① 《延边日报》1963 年 8 月 21 日。
② 《延边日报》1963 年 10 月 3 日。

1963 年，延边足球队不幸降入乙级，但是全队上下没有失去信心，及时从失败中吸取教训、找出问题症结、重整旗鼓，从严、从难、从实际出发，科学地规划中长期发展目标，改变技战术打法，并通过各方努力，于 1964 年全国足球乙级联赛中取得了第二名的佳绩，又重新加入了甲级队的行列。

1964 年 3 月 29 日至 11 月 18 日，全国足球乙级联赛分两个阶段进行。第一阶段是 3 月 29 日至 10 月 11 日，分别在广州、北京、上海、东北、中南、联合、华东、天津等八个赛区举行，共有 86 支球队参赛。第二阶段比赛是 11 月 1~18 日，在重庆举行。第一阶段各赛区的冠军队参加第二阶段比赛。决赛中吉林省足球队获得第二名。南京部队与吉林省队分别晋级甲级队。吉林省队的领队是许明龙，教练是朴万福，运动员是朴长寿、罗山默、洪钟友、徐炳哲、柳镇锡、金锡珠、郑址胜、池云峰、李昌麟、董景春、朴光淳、文胜鹤、许京秀、郑东权、石秀哲、郑钟燮、朴成奎、唐风翔、金雄秀、池青龙、金景俊。

1964 年 4 月 3 日，延边朝鲜族自治州体委黄泽均被选为中国足球协会委员。

1964 年 6 月 13~17 日，延边少年足球选拔赛在延吉市举行。参赛的有延边 6 个县、1 个市的少年足球队。延吉市二中队获得冠军，延吉县二中队和和龙一中队分别获得亚军、季军。最终，延吉市二中足球队获得全国青少年足球锦标赛的参赛资格。①

1964 年 8 月 1~16 日，全国二十个单位少年足球锦标赛在青岛举行，共有 20 支球队参赛。延吉市二中足球队获得了冠军（广东省梅县东山中学足球队获得冠军，但因违反比赛规则，成绩被取消）。在北京还受到叶剑英、贺龙元帅的接见。9 月 5 日晚，回到延吉又受到延边朝鲜族自治州委、市委党政领导的亲切接见并合影留念。② 延吉市二中足球队的领队是权秉春、许明龙，教练是朴承天、李正烨、黄范石；运动员是曹成勋、林明友、金京春、金海洙、李斗焕、韩得洙、李秀山、权明律、金忠义、南基万、崔永吉、金吉福、蔡星海、车哲九、李仙哲、黄明国、朴光录。

1964 年 8 月 2~23 日，在哈尔滨和延吉市举行全国乙级联赛东北赛区

---

① 《延边日报》1964 年 6 月 18 日。
② 《延边日报》1964 年 9 月 6 日。

第三阶段的比赛，共有 12 支球队参赛。延边工人足球队获得第六名。延边工人足球队的领队是黄千洙，教练是朴鲁锡、孙中天；运动员是金柱哲、尹在昕、金官善、李东哲、李享远、朴成奎、文学吉、全万洙、李柱元、崔秀吉、金芳春、李允模、朴秉录、崔三烦、孙中天。

　　这一时期，延边的校园足球发展神速。其中，大学足球也不甘示弱，取得了骄人的成绩。1964 年 8 月 17 日，沈阳举行了东北三省 6 个城市 12 支大学生代表队参加的足球联赛。6 个城市包括：沈阳、旅大、长春、吉林、哈尔滨、延吉。此次比赛，延边大学足球队获得第一名，沈阳机电学院队、吉林工业大学队、延边农学院足球队分别获得第二名至第四名。[①] 延边大学足球队的领队是严任龙，教练员是崔东摄、李白禄，运动员是金仁根、黄相夏、李炳模、金抬龙、安昌旭、徐永基、李东熙、崔风石、池龙山、严泰松、金风淳、韩元三、李元益、申正浩、李松熙、玄万一、金淳山、李钟熙、金泽洙、方正男。延边农学院足球队的领队是蔡辉星、张正植，教练员是朴龙宪，运动员是李相燮、孙熙山、崔相益、吉镐燮、桂龙济、崔日顺、安吉山、金永吉、田洪春、全文益、李成春、林炳天、孙文永、金永万、金英豪、沈龙泽、崔冲吉、姜龙权、李良洙、朴明仁。

图 4　东北六个城市大学生足球比赛中获得冠军的延边大学足球队（1964 年）

资料来源：延边朝鲜民族足球史编写组：《延边朝鲜民族足球史》，东北朝鲜民族教育出版社，1992。

---

① 《延边日报》1964 年 9 月 4 日。

　　1965年3月14~18日，延边朝鲜族自治州体委会和延边朝鲜族自治州总工会在延吉市联合承办了延边地区职工足球选拔赛。延边运输公司足球队获得第一名，并且获得了从4月7日开始在沈阳举行的全国足球乙级联赛的参赛资格。①

　　1965年4月4~28日，全国足球甲级联赛分两个阶段进行。第一阶段，4月4~13日，在南京、杭州举行，参赛队共有12支；第二阶段，4月16~28日，在上海举行。吉林省队获得了冠军。吉林省队的领队是韩洙殷，教练员是朴万福、李昌麟、朴祥福；运动员是朴长寿、罗山默、洪钟友、金钟友、金贞湜、郑址胜、柳镇锡、金锡珠、池云峰、董景春、郑东权、许京秀、文胜鹤、唐风翔、池青龙、文学吉、池秀吉、郑钟燮、朴成奎、崔成龙、文享德、崔昌国、郑顺道、李龙云、金允哲。

图5　全国足球甲级联赛获得冠军的吉林省足球队（1965年）

资料来源：延边朝鲜民族足球史编写组：《延边朝鲜民族足球史》，东北朝鲜民族教育出版社，1992。

　　1965年5月25~29日，延边朝鲜族自治州教育局、体委和州委共青团联合举办了参加吉林省中、小学足球比赛的延边选拔赛。中学组是延吉市二中获得第一名，汪清县二中获得第二名，和龙县一中获得第三名；小学

---

　　① 《延边日报》1965年3月24日。

组是安图县明月镇第一小学获得第一名，和龙县第三小学获得第二名，延吉市中央小学获得第三名。这些球队均获得 7 月 25 日开始在延吉举行的吉林省中、小学足球比赛的参赛资格。①

1965 年 7 月 1 日至 9 月 26 日，第二届全国运动会足球分区预赛于 7 月 1～15 日分别在贵阳、沈阳、青岛、延吉举行，决赛于 9 月 1～26 日在天津、北京举行。吉林省队在决赛中获得第四名。吉林省足球队的领队是黄泽均，教练是朴万福、朴祥福，运动员是朴长寿、罗山默、洪钟友、金贞湜、郑址胜、柳镇锡、金锡珠、池云峰、董景春、郑东权、许京秀、文胜鹤、唐风翔、池青龙、朴成奎、文学吉、郑钟燮。

1965 年 7 月 25 日，几内亚足球队访问中国，在北京与吉林省队进行友谊赛。比赛结果：双方以 1∶1 握手言和。

1965 年 7 月 25 日至 8 月 1 日，吉林省中、小学足球运动大会在延吉市举行。参加比赛的中学组有 9 支球队，小学组有 5 支球队。比赛结果：中学组是和龙县一中、汪清县二中、延吉县二中分别获得第一名至第三名；小学组是安图县明月镇第一小学、吉林市龙潭朝鲜族小学、长春拖拉机厂子弟小学分别获得第一名至第三名。

1965 年 7 月 30 日，阿尔巴尼亚狄纳摩足球队访问中国，在沈阳与吉林省足球队进行了友谊赛。客队以 2∶1 获胜。

1965 年 8 月 1～24 日，全国少年足球对抗赛在呼和浩特市举行，共有 14 支球队参赛。比赛结果：延边少年队获得第四名。延边少年队的领队是姜成龙，教练员是李光洙，运动员是权明律、张汉哲、俞东洙、金龙善、黄淳锡、全永春、许泰烈、金龙俊、李斗锦、金海洙、金永棋、申在龙、李光伍、金吉福、梁春锡、李永模。

1965 年 8 月 8～21 日，全国少年足球锦标赛在旅大市举行，共有 28 支球队参赛。延吉市二中足球队代表吉林省参加了比赛，并获得第三名。延吉市二中足球队的领队是姜寿元，教练员是朴承天、李正烨、黄范石，运动员是曹成勋、池成默、金正镐、尹胜勋、金成哲、金昌根、方仁明、金周章、李相夹、李秀福、俞成录、金吉福、李东淳、林明友、金京镐。

---

① 《延边日报》1965 年 5 月 30 日。

1965 年 10 月 1~10 日，延边中、小学足球锦标赛在和龙、图们、龙井等地分别举行。参加比赛的有高中、初中、小学各 9 支队，共 27 支球队。比赛结果：高中组是延吉市二中队获得冠军；小学组是珲春县英子小学队获得冠军。

总之，这一时期延边各中、小学对足球的重视程度大幅提高，校园足球具有较强的群众基础，其整体足球水平也得到了迅速的提升。[①]

1965 年 10 月 13 日，吉林省足球队参加第二届全运会后回到延吉，与延边运输公司足球队进行了表演赛。

1965 年 10 月 18~27 日，延边十个单位职工足球锦标赛在延吉市举行。比赛结果：延边运输公司、延边电业局、延边体育训练班分别获得第一名至第三名。

1965 年 11 月 4~23 日，全国足球乙级联赛决赛在南宁举行。比赛结果：福建队获得冠军，吉林青年队获得亚军，黑龙江省队获得季军。预赛于 4 月 7~28 日分别在沈阳、青岛、长沙、大同举行。延边工人足球队参加了沈阳赛区的比赛，该赛区共有 12 支球队参赛，最终延边工人足球队获得该赛区的第六名。

总之，这一时期的吉林省足球队不仅获得了全国甲级联赛冠军（1965年），而且获得了体育道德风尚奖。当时的吉林省足球队被外界称为德甲的"凯泽斯劳滕"。此外，其在 1965 年举行的第二届全运会上还获得了第四名的佳绩。这批队员中，许京秀入选国家队；唐风翔、郑钟燮入选国家青年队；朴长寿、郑址胜、唐风翔、许京秀等球员取得足球健将资格（1981 年批准为足球健将）。

第三节　延边足球运动的停滞

1966 年 7 月开始，各省、地、市级体委都停止了正常的工作。1967 年 3 月，"军宣队"进驻各级体委；1968 年，"革命委员会"掌握各地的体育

---

① 《延边日报》1965 年 10 月 12 日。

系统，成为临时的权力机构。可以说，体育工作陷入了瘫痪状态。这种环境严重影响了延边体育的发展。

1966 年 3～11 月，延边朝鲜族自治州足球运动员许京秀入选国家队，先后随访几内亚、阿尔巴尼亚、柬埔寨等国家，并参加了足球友谊赛。

1966 年 5 月，孙中天被任命为延边体校副教导主任；1966 年，全勇虎被国家体委授予"足球运动健将"称号。

1966 年（上半年），全国足球甲级联赛分两个阶段举行。吉林省足球队参加旅大赛区预赛并获得第二名。后因"文革"联赛停止。吉林省足球队的领队是朴秉哲，教练是李光洙、朴祥福，运动员是朴长寿、罗山默、金锡珠、董景春、郑钟燮、朴成奎、洪钟友、池云峰、柳镇锡、金贞湜、郑址胜、郑东权、池秀吉、俞东洙、崔成龙、文享德、崔昌国、李龙云、张汉哲、郑顺道、李斗锦、权明律、许泰烈、金元哲、金龙俊、申在龙、全永春、黄淳锡、李彩云、金银成、崔洛铉、梁春锡、柳明福。

1966 年 5 月，全国少年足球锦标赛的选拔赛在延吉市人民体育场举行。延边各县、市的冠军球队均参加了此次比赛。比赛结果：延边一中队获得冠军，并准备代表延边参加在山西省大同市召开的全国少年足球锦标赛。后因各种原因被迫取消。

1969 年 5 月 1 日，延吉市举行庆祝"五一"节足球运动大会。参加比赛的共有 13 支球队。

1969 年 10 月，吉林省足球队被迫解散。

1970 年，在经过了 5 年沉睡后苏醒的吉林省足球队在长春重新组队。同年，其参加了在广州举行的全国足球邀请赛，并获得了第十一名。吉林省足球队的领队是吉林省体工队政工组军代表，教练是朴万福、丛安庆，运动员有郑钟燮、郑址胜、权明律、梁春锡、金海洙、俞东洙、柳明福、金贞湜、董景春、朴成奎、李斗锦、许京秀、孙俊、董仁、刘培臣、高洪亚、赵林春、孙守岩、尹文义等。1971 年又增补了姜正国、许正国、李万兴、安吉南、黄承活、朴昌烈、禹根河、王宝昌等球员。

1970 年 7 月，北京体育学院（国家队）一队和二队来延进行了足球友谊赛。比赛结果：国家一队以 1∶1 平吉林省队，国家一队以 4∶1 战胜图们铁路队；国家二队以 0∶1 输给吉林青年队。

1970年9月，延边朝鲜族自治州体育办公室成立，办公室设在延边军分区，主任是姜永模，副主任是朴秉哲（设13名编制）。

1971年5月，重新组建的吉林省足球队归省体工队接管，延边只代管吉林省足球三队。

1971年5月，吉林省足球队参加了在旅大举行的全国足球分赛区比赛。吉林省足球队的领队是朴万福、毕庶茂、王世隆，教练是朴万福（兼），运动员有董景春、许京秀、俞东洙、金海洙、梁春锡、禹根夏、朴成奎、金贞湜、郑钟燮、姜正国、许正国、李万兴、安吉南、贾洪臣、黄承活、郑址胜、孙俊、权明律、刘培臣、朴昌烈、王宝昌。

为了进一步落实毛泽东同志"发展体育运动，增强人民体质"的无产阶级革命体育路线，促进群众体育的广泛开展，石家庄、西宁、青岛、贵阳、延吉等地同时开展了"全国少年足球集训"。主要训练分为：学习和批判阶段、互相学习阶段、交流经验中共同成长的阶段、总结和强化阶段。[①]

1971年7月15日至8月2日，全国少年足球队（延吉赛区）集训，共集训19天。集训比赛成绩第一名至第七名依次为：辽宁、黑龙江、延边、北京体院、吉林、天津、内蒙古。延边少年队的领队是陈学荣，教练是孙中天、郑东权，运动员是姜正国、白成吉、崔龙哲、朱正云、李基哲、全锡基、李光洙、朴元相、吴相德、池承龙、崔龙吉、金龙德、崔相吉、方哲俊、任成范、金钟哲、廉胜必、吴相权、文光洙。

1972年3月，在昆明举行的全国足球邀请赛上，吉林省足球队获得第四名。

1972年4月，延吉市足球协会成立。

1972年6月10~17日，延吉市举行延边中学生四项球类运动会。在足球比赛中，延吉县队、图们市队分别获得第一名和第二名。[②]

1972年7月，延边体育办公室改称延边体育运动委员会，归属于延边革委会政治部。

1972年8月，吉林省足球队访问朝鲜，在咸镜北道、慈江道等地进行

---

① 《延边日报》1971年7月19日。
② 《延边日报》1972年6月17日。

了七场足球比赛。吉林省足球队一胜三平三负。吉林省足球队的团长是魏继统，副团长是刘挽澜，教练是丛安庆、郑址胜，运动员是俞东洙、孙秀奇、郑钟燮、高洪亚、赵君臣、刘培臣、李万兴、孙俊、李棋祥、曲晓光、尹文义、金海洙、梁春锡、朴昌烈、权明律、金贞湜、赵春林、李胜文。

1972 年 9 月 15 日，首届延边朝鲜族自治州职工足球比赛在汪清举行。经过 6 天的激烈角逐，最终图们市队获得第一名，延吉市队、和龙县队、延吉县队分别获得第二名至第四名。

1972 年 10 月，在西安举行的全国足球分区赛上，吉林省足球队获得冠军。吉林省足球队的领队是刘挽澜，教练是丛安庆、郑址胜，运动员是俞东洙、孙守岩、李万兴、孙俊、赵君臣、曲晓光、刘培臣、梁春锡、李棋祥、金海洙、姜鲁、朴昌烈、权明律、尹文义、高洪亚、李盛文、郑钟燮、金贞湜、赵春林、朴成奎。

1972 年 10 月，朝鲜咸镜北道足球队访问吉林省，在长春、吉林、延吉等地进行了 4 场友谊赛。比赛结果：客队 2 胜 1 平 1 负。此次参赛的吉林省足球队运动员与西安分赛区比赛时的参赛运动员相同。

1973 年 1 月，朝鲜二八足球队在广州与吉林省足球队进行了 3 场友谊赛。成绩为客队 1 平 2 负。

1973 年 4 月 8~26 日，全国足球分赛区比赛在西安举行，吉林省足球队获得第二名。

1973 年 5 月 5~21 日，全国青年足球赛第一阶段的比赛在延吉市举行。经过 17 天 28 场单循环赛的角逐，最终吉林队获得了冠军。北京队、天津队、广西队、宁夏队、黑龙江队、浙江队分别获得了第二名至第七名。本次比赛中延边队只计分不计名次。①

1973 年 6 月，朴万福同志被任命为延边朝鲜族自治州体委主任，荣卯兰同志被任命为延边朝鲜族自治州体委副主任（编制设 7 人）。

1973 年 7 月 7~31 日，在杭州举行的全国足球邀请赛中，吉林省足球队获得第四名。1973 年 7 月，在全国青年足球赛第一阶段比赛中，吉林青

---

① 《延边日报》1973 年 5 月 24 日。

年一队获得第二名，在第二阶段比赛中获得第七名。

1973年8月5~9日，延边中学生足球比赛在珲春举行，延吉县队获得第一名，和龙县队获得第二名。[①]

1973年9月1~10日，全国11个单位小学足球赛在四平举行。龙井安民小学足球队代表延边出战并获得冠军。龙井安民小学足球队的领队是沈洁，副领队是金长武；教练是金升泰、金春山；运动员是朴享锡、朴光赫、李春植、李龙男、李春吉、金哲、朴泰龙、蔡龙善、李永、朴铉国、崔圣龙、张珍镐、张青山、崔今哲、崔光一、李享范、朱虎建。

图6 全国11个单位小学生足球比赛中获得冠军的龙井安民小学足球队（1973年）

资料来源：延边朝鲜民族足球史编写组：《延边朝鲜民族足球史》，东北朝鲜民族教育出版社，1992。

1973年9月26日至10月15日，在北京举行的全国足球分赛区比赛中，吉林省足球队获得第七名。

1973年11月，朴秉哲被任命为延边业余体校校长。

1973年，在山西省大同市举行的全国青年足球赛决赛中，吉林省青年一队获得第七名。

1974年4月，延边朝鲜族自治州体委归属于延边朝鲜族自治州革委会

---

① 《延边日报》1973年8月14日。

文教办公室。

1974 年 4 月，恢复了业余体校，并开始招生。学校设足球、速度滑冰、排球等项目。韩洙殷被任命为延边朝鲜族自治州业余体校副校长。

1974 年 4 月，金秀吉被任命为延边体委副主任。

1974 年 6 月 10～14 日，延边朝鲜族自治州小学足球比赛在延吉市举行。比赛结果：珲春县第二小学获得第一名，延吉市第二小学获得第二名，龙井新安小学获得第三名。

1974 年 6 月，延边朝鲜族自治州足球裁判员培训班在延吉市举办，参加培训的学员共有 28 名。

1974 年 6 月，沈阳部队足球一队和二队来延边进行友谊比赛。比赛结果：沈阳部队一队与延吉市联队的比分为 1∶1，沈阳部队二队与吉林青年队比分为 0∶0，沈阳部队二队与延边大学队比分为 1∶4。

1974 年 6 月，牡丹江足球队来延边进行比赛。

1974 年 6 月，吉林省第七届体育运动会足球赛延边地区选拔赛在安图县松江镇举行。参加比赛的有 8 个县、市的足球队和吉林青年二队（吉林青年二队计分不计名次）。比赛结果：和龙县队获得第一名，第二名和第三名分别是延吉县队和延吉市队。

1974 年 7 月 3～12 日，在敦化镇、松江镇、和龙镇、延吉市分别举行了参加第七届运动会的选拔比赛。选拔项目包括篮球、排球、足球、乒乓球、象棋、摔跤等。

1974 年 7 月 6～12 日，吉林省小学足球比赛在龙井举行。比赛结果：延吉县安民小学队获得第一名，长春地区代表队获得第二名。[①]

1974 年 7 月 15～19 日，吉林省军区足球赛在延吉市举行。参加比赛的有延边军分区等 5 支部队足球队。最后，延边军分区足球队获得冠军。

1974 年 8 月 27 日，塞内加尔国家足球队访问中国，在长春与吉林青年足球队进行比赛，客队以 4∶2 获胜。

1975 年 3 月 13～27 日，延边朝鲜族自治州小学生足球、篮球、排球比赛在延吉市举行。参赛单位是各县、市基层冠军队，共有 39 支队伍、461

---

① 《延边日报》1974 年 7 月 16 日。

名运动员参加。比赛结果：龙井镇安民小学获得第一名，和龙县东城公社普城小学获得第二名。①

1975 年 4 月 22~28 日，吉林省少年、儿童足球比赛在延吉县龙井镇举行。参赛队来自吉林、通化、四平、白城、延边、长春、吉林铁路、延吉县、省体育学校等 10 个地区，共有 144 名少年球员和 180 名儿童球员。经过 7 天 80 多场次的激烈比赛，最终延边队、省体育学校队、延吉县队依次获得少年组比赛的前三名；长春市队、延边队、延吉县队依次获得儿童组比赛的前三名。②

1975 年 4 月 27 日，延边朝鲜族自治州革委会在延吉市召开延边朝鲜族自治州体育工作会议。

第三届全运会足球成年组比赛于 1975 年 6 月 10~26 日分别在郑州、沈阳、上海进行预赛，共 30 支球队参加。各赛区前四名球队将参加 9 月 7~27 日在北京举行的决赛。吉林省足球队在预赛中获得赛区第二名，赢得直接参加决赛阶段比赛的资格，最终获得第十一名。吉林省足球队的领队是刘挽澜，教练是丛安庆、王守山，运动员是孙守岩、孙俊、曲晓光、李兴伟、金民善、全锡基、禹根夏、黄承活、姜昌武、李钟基、张洪顺、朴龙哲、廉胜必、金光浩。

1975 年 7 月 1~12 日，全国青年足球比赛分五个赛区进行。吉林青年足球队参加了沈阳赛区的比赛，最终获得亚军。

1975 年 7 月，中国中学生足球代表队参加了在土耳其伊兹密尔举行的第三届世界中学生足球锦标赛，最终获得第六名。代表队中延边籍运动员有方仁权、姜学铉、李仁亭、周庆戴。

1975 年 9 月 12 日，全国运动会在北京召开，共 7302 名运动员参加了 23 个项目的比赛。

1976 年 3 月 21 日至 4 月 10 日，在四川成都举行的全国足球联赛中，吉林省足球队仅参加了第三阶段的比赛，第二阶段比赛因故未进行。

1976 年 3 月，延边航校（设 50 名编制）恢复，校址在龙井县东盛涌。

1976 年 5 月 23 日，在延吉市举行的全国 16 个单位少年足球赛上，延

---

① 《延边日报》1975 年 4 月 3 日。
② 《延边日报》1975 年 5 月 6 日。

边少年队获得冠军。延边少年队的领队是孙中天，教练是郑钟燮、李斗锦，运动员是李京山、俞东求、李龙男、李春日、张龙彬、金光辉、金虎范、金东浩、朱龙昌、李华、方京泰、金泰龙、廉龙植、崔光日、金寿学、安建秀、李东善、崔云弼、李兴律。

1976 年 6 月，朝鲜慈江道足球队访问吉林省，与吉林省队进行国际足球友谊赛。客队以 1∶0 胜吉林省队，以 1∶0 胜吉林省青年队，以 0∶3 负吉林省队。最后客队战绩为 2 胜 1 负。吉林省足球队的教练是丛安庆、王守山，运动员是刘培臣、姜传武、冯志新、张洪顺、金民善、李钟基、禹根夏、李棋祥、全锡基、黄承活、曲晓光、李胜范、河涌泉、贾洪臣、姜学铉、吴相德、权明律。吉林省青年足球队的领队是俞林，教练是许京秀、金海洙，运动员是崔龙哲、金东俊、金永日、崔春虎、金龙成、任成范、廉胜必、朴元相、方哲俊、李龙镐、金光洙、金应镐。

1976 年 7 月 18~22 日，图们市举行吉林省少年足球比赛图们赛区比赛。参赛的有吉林市、四平地区、通化地区、延边等 4 个地区少年组和儿童组的运动员。但是，比赛未进行排名。此次比赛第一考察的是政治标准；第二考察的是技术标准的原则。最终延边队获得"先进集体"称号。①

1976 年 7 月，全国 16 个单位少年足球分区赛延吉赛区比赛在延吉市举行（7 月 7 日闭幕，但是在《延边日报》的报道中却没有记载参赛队伍及比赛成绩）。

1976 年 9 月，吉林省体委决定，将延边的省足球三队收回省里统筹管理。

可以说，这一时期的延边地区群众体育活动因各种原因骤然降温。不论是规模还是内容都已经大大萎缩了。

1970 年 9 月 6 日，党的九届二中全会召开以后，学校体育、群众体育都有了一定的恢复和发展。学生的军体课中开始加入球类项目，各种参差不齐的业余体校也开始出现。从 1971 年开始，全国各地专业运动队开始重新组建，各省、市召开了不同规模的运动会，打破了竞技体育的沉寂局面。广大教练员、运动员和工作人员进行了有计划的严格训练，因此，大

———————————
① 《延边日报》1976 年 7 月 24 日。

多数项目的运动技术水平在恢复的基础上也得到了提升。体育工作者通过艰辛的努力，克服了重重困难，将我国的竞技体育推向了新的高度。

1977年4~9月，全国足球甲级联赛中，吉林省队名列第十七名，遗憾地被降为乙级队。

1977年5月8~24日，延吉市举行全国青年足球比赛（延吉赛区）。吉林青年二队获得第二名。吉林省青年二队的领队是朴完植，教练是郑钟燮、李斗锦、金海洙，运动员是李春日、崔京、李京山、金昌道、林春权、李延根、朱勇男、林基德、朴健、沈钟虎、韩正学、林永万、高哲龙、金哲浩、韩承哲、任守学、金基浩、李在浩、廉龙根、任承范。

1977年6月，高兴民、黄泽均被任命为延边航校副主任。

1977年8月7日至9月1日，全国少年足球赛分别在襄樊、厦门、牡丹江举行。延边少年队参加了牡丹江赛区的比赛。比赛结果：北京队获得第一名，延边队获得第二名，辽宁队获得第三名。延边少年足球队的领队是池景和，教练是李昌麟、许京秀，运动员是崔今范、朴东烈、韩浩哲、李龙男、朴吉虎、吴雄虎、朴昌植、金硕洙、金泰龙、赵光石、金哲、朴铉国、金成波、金哲吉、张春植、金春善、金永秀、郑成男、宋红根、崔光日。

1977年11月20日，延边朝鲜族自治州体育工作座谈会在延吉市召开。参加会议的有各县市文教书记、革委会副主任、体委主任以及业余体校负责人。

1978年3月10日至11月16日，全国足球乙级联赛在内蒙古包头市举行。比赛采用全年循环制，前四名将晋级甲级队。吉林省队获得第三名，重新加入甲级队行列。吉林省足球队的领队是王庆善，教练是丛安庆、王守山，运动员是金民善、全锡基、廉胜必、李胜范、黄承活、吴相德、金光洙、河涌泉、金东浩、李钟基、姜昌武、冯春新、刘培臣、张洪顺、曲晓光、权明律、贾洪臣、张国良。

1978年4月，国家体委批准恢复蔡松哲、马今春的国家级足球裁判员称号和朴英根的国家级垒球裁判员称号。

1978年4月，免去朴万福、金秀吉的体委正、副主任职务，任命黄泽均为延边朝鲜族自治州体委负责人。

1978 年 7 月 22 日至 8 月 15 日，全国足球甲级联赛第二循环第一阶段比赛在延吉市举行。

1978 年 7 月，延吉市举办吉林省足球裁判员培训班。参加培训的学员有 49 名。

1978 年 8 月 8~14 日，在延吉市举行延边朝鲜族自治州职工足球邀请赛。参加比赛的有图们铁路队、延边橡胶厂队、开山屯化学纤维浆厂队、龙井化工厂队、长春拖拉机厂队、长春柴油机厂队、延边食品公司队、延边农具厂队、延边建筑公司队、延边军分区队、延边队等。比赛结果：延边建筑公司队、延边食品公司队分别获得了冠、亚军（延边军分区队和延边队只计分不计名次）。

1978 年 8 月 15~30 日，全国 20 个单位小学足球比赛在西安举行。延边朝鲜族自治州和龙县兴城小学足球队获得第五名。和龙县兴城小学足球队的领队是金东勋，教练是姜吉福，运动员是孙享华、延南日、金成国、孙哲洙、李明善、安成龙、车永俊、金学吉、许东镐、朴龙洙、许明南、朴成福、金光石、金学洙、金昌善、池龙华、李奉男、金光柱。

1978 年 8 月 20 日至 9 月 1 日，全国业余体校足球分区赛分别在旅大、南通、贵阳举行。延吉县业余体校队代表吉林省参加旅大赛区的比赛。本次比赛各队的排序规则主要分为比赛（60%）、身体素质和技术测验（40%）。旅大赛区最终比赛结果：辽宁队获得第一名，吉林队获得第二名，北京队获得第三名。延吉县业余体校队的领队是尹在彬，教练是李秀龙、吴秀松，运动员是李明学、张春山、金哲焕、徐刚日、金春植、韩正虎、朴相浩、郑国山、崔成信、许云龙、姜汉道、崔基哲、李龙洙、金龙范、尹光日、崔今哲、朴风兴、金钟元、李一、朴相虎。

1978 年 9 月 15 日，延边队参加了在上海举行的全国青年足球冠军赛。

1978 年 9 月，吉林省足球队访问朝鲜，在慈江道与主队进行了 4 场友谊赛。吉林省足球队获得 1 胜 3 负的成绩。吉林省足球队的领队是倪惠，教练是丛安庆、王守山，运动员是姜昌武、刘昌伟、刘培臣、张洪顺、廉胜必、金民善、赵玉林、贾洪臣、吴相德、黄承活、崔龙哲、全锡基、崔日成、孙国长、金东浩、金光洙、河涌泉、许志坚。

第三章

改革开放以后延边足球运动的
发展历程（1979~1993年）

第一节　延边足球运动的恢复发展

1979 年 3 月，宋文泉被任命为延边朝鲜族自治州体委副主任。

1979 年 3~10 月，在全国足球甲级联赛中，吉林省足球队获得第 15 名，遗憾降为乙级队。吉林省足球队的领队是王守山，教练是王守山、董仁，运动员是姜昌武、刘昌伟、张洪顺、廉胜必、金在善等 20 人。

1979 年 4 月 5~12 日，延吉市举行第八届吉林省运动会暨三大球选拔赛。大会规定，对于前三名球队授予锦旗。延边朝鲜族自治州八个县、市队进行了激烈的角逐。比赛结果：延吉市足球队、延吉县足球队、和龙县足球队分别获得第一名至第三名。① 本次比赛中被选中的运动员将参加 6 月在白城市、吉林市、通化市和公主岭等城市举行的吉林省第八届运动会。吉林省第八届运动会足球比赛上，延边代表队以 6 战 5 胜 1 平的战绩获得冠军。②

1979 年 6 月 6 日，延边被国家体委列为全国 16 个足球重点地区之一。

1979 年 6 月 15~22 日，吉林省中学生"三好杯"足球选拔赛在延吉市举行。经过 28 场激烈角逐，最终延吉县一中足球队获得冠军，长白朝鲜

---

① 《延边日报》1979 年 4 月 26 日。
② 《延边日报》1979 年 6 月 24 日。

族自治县第二中学队获得亚军。大会组委会向冠、亚军球队授予锦旗。第三名至第七名分别为吉林市朝中队、长春朝中队、东丰县善鸣中学队、乌兰浩特第四中学队、通辽师范学院附属中学队。延吉县一中足球队代表吉林省参加全国中学生"三好"杯足球锦标赛。[①]

1979年6月，朴秉哲被任命为延边朝鲜族自治州体训班主任。

1979年7月3~8日，东北三省足球邀请赛在延吉市举行。参赛队包括：牡丹江队、辽宁青年一队、延边家具厂队、延边一中队、延边青年队、图们铁路队、图们橡胶厂队、延边二队、延边大学体育系队，共9支球队。

1979年7月22日至8月3日，在西安举行的全国中学生"三好杯"足球赛上延吉县一中足球队获得冠军。延吉县一中足球队的领队是柳基天，运动员有李龙洙、李光哲、尹光日、李松宽、朴风兴、韩正善、金春植等19人。

1979年8月7~13日，东北三省体育院系足球邀请赛在延边大学举办。沈阳体育学院队获得第一名，[②] 延边大学体育系一队和二队分别获得第二名和第三名。

1979年8月16日，1979年度全国青年足球联赛鞍山赛区第二阶段的比赛落幕。参赛的球队有：辽宁、吉林、延边、黑龙江、沈阳、沈阳部队、旅大、旅大二队、北京部队、吉林二队等。延边队以7胜1平1负的佳绩最终获得亚军，获取了参加青岛市举行的全国总决赛的资格。[③]

1979年8月18~30日，全国22所小学足球锦标赛在辽宁省金县举行。在第一阶段的比赛中，延吉市第二小学队代表延边出战并获得第一名。延吉第二小学队的领队是李钟律、崔基哲，教练是金学哲，运动员是李文、宋永旭、南文昊、朱哲洙、金明国、张延平、全奎春、金哲等16人。

1979年8月，延边体训班增设体育运动项目，包括：足球、速度滑冰、冰球、女子垒球等项目，运动员共计96名。

1979年11月4日，全国16个足球重点地区青年足球比赛在成都举行。延边青年队获得第五名。

① 《延边日报》1979年6月24日。
② 《延边日报》1979年8月15日。
③ 《延边日报》1979年8月22日。

1979年9月，女足运动在延边大学蓬勃发展。

图7　延边大学体育系第一届女子足球队（1979年）
资料来源：延边朝鲜民族足球史编写组：《延边朝鲜民族足球史》，东北朝鲜民族教育出版社，1992。

1979年9月，韩洙殷被任命为延边朝鲜族自治州体校校长。

1979年12月，吉林省足球队下放，由延边代管。

1979年，世界杯中学生足球锦标赛暨国内选拔赛在厦门市举行。延边队获得第三名。延边队的领队是金文哲，教练是郑钟燮、李斗锦，运动员有韩浩哲、金锡洙、吴应浩、吴光浩、金哲吉、崔云弼、金春善、朴昌植等14人。

1979年，孙中天被任命为延边朝鲜族自治州体校副校长。

1979年，孙中天被选为中国足球协会足球教练委员会委员。

1980年3月16日至10月，全国足球乙级联赛在长春、西安等地举行。吉林队最终获得第五名。吉林队的领队是郑址胜，教练是郑址胜（兼）、朴祥福、郑东权，运动员有李哲权、金荣日、李延根、韩正学、沈钟虎、张春山、韩承哲、李龙浩、林春权等18人。

1980年4月3日，延边朝鲜族自治州体委召开了"大力开展足球运动"的动员部署大会，并成立了延边足球协会。

1980年4月，延边朝鲜族自治州成立了延边足球运动科研小组，归属于延边朝鲜族自治州体育训练班。俞林任组长，李昌麟任副组长。

1980 年 5 月 10～25 日，在重庆举行的全国 16 个足球重点地区青年足球联赛中，延边队最终获得第 14 名。

1980 年 6 月 8 日，延边足球协会召开第一次全体委员会会议，讨论研究 1980 年工作重点及副主任和秘书长的补选等问题。

1980 年 6 月 15～19 日，全国重点地区中学生"希望杯"足球赛暨延边选拔赛在延吉市举行。最终，珲春五中队、和龙二中队、延边一中队分别获得第一名至第三名。

1980 年 7 月 30 日至 8 月 5 日，在延吉市举行了首届延边朝鲜族自治州女子足球锦标赛。

1980 年 7 月，金镒甲被任命为延边朝鲜族自治州体育训练班副主任。

1980 年 8 月 10～27 日，吉林省足球队参加了在长春、延吉举行的全国足球乙级联赛。全国足球乙级联赛第二循环赛第一阶段（延吉赛区）在延吉圆满落幕。经过激烈的角逐，吉林省队最终获得第四名。第一名至第三名分别是：四川队、空军队、湖北队。[①] 进入总决赛之后，吉林省队积 26 分，最终获得了第五名，遗憾未能晋级全国足球甲级队。但是本次联赛中，金光洙被评为全国优秀守门员，并入选国家足球队。

1980 年 8 月 1～7 日，延边朝鲜族自治州职工足球邀请赛在延吉市举行。第一名至第八名球队分别为图们铁路队、延吉市建筑公司队、延边建筑公司队、延边家具厂队、开山屯化学纤维浆厂队、图们粮库队、省青年队、延边体育运动学校队。

1980 年 8 月 1～12 日，全国"希望杯"足球决赛在北京举行。代表延边参赛的珲春县五中足球队最终获得第三名。延边足球代表队（珲春五中足球队）的领队是金汉中，教练是郑永日、朴河哲、崔铉泽，运动员是金龙云、朴龙范、金英、柳光珍、金光龙、李松德、吴锡浩、金日、安正锡等 16 人。[②]

1980 年 8 月 10 日，全国"萌芽杯"足球赛（北方赛区）在旅大市举行。共有 7 支各县、市第一名的球队（共 84 名小球员）参加了本次比赛。

① 《延边日报》1980 年 8 月 28 日。
② 《延边日报》1980 年 8 月 15 日。

和龙县建设小学队获得第一名。[①] 他们将代表延边队参加 10 月 10 日在旅大市举行的全国"萌芽杯"比赛。全国"萌芽杯"比赛中，延边队以 6 胜 1 负（7 战）的战绩最终获得了冠军。[②] 和龙县建设小学队的领队是朴基洗，教练是姜吉福、赵国男，运动员有金永松、许东浩、李哲山、金光洙、权仁洙、金光春、车永俊、金明哲、李风男、朴根燮、黄昌浩。

1980 年 8 月，延边青少年业余体校改称为延边体育运动学校。学校设足球、冰球、速度滑冰、女子排球等项目，并首次招生师资班。

1980 年 9 月 4~15 日，全国业余体校"跃进杯"足球比赛在徐州举行。延吉县体校队代表吉林省参加比赛，最终获得第八名。

1980 年 9 月 8 日，延边体育运动学校成立庆典暨开学仪式在延吉市举行。延边体育运动学校开设运动班和师资班。延边朝鲜族自治州党政领导及有关单位负责人参加了庆典仪式。

1980 年 9 月 19~24 日，延边朝鲜族自治州职工足球赛（一组）在珲春县举行。参赛的有 8 支球队 120 名运动员。图们粮食局队、延边建筑公司队分别获得冠、亚军。

1980 年 9 月 19~24 日，在珲春县举行延边朝鲜族自治州职工足球赛（二组）。参赛的有 7 支球队 100 名运动员。延边家具厂队、延吉市建筑公司队分别获得冠、亚军。

1980 年 10 月 6~8 日，长春、延边两地小学足球流动杯赛在延吉市举行。和龙建设小学、龙井新安小学、长春宽城区朝鲜族小学、长春气象仪器厂小学队分别获得第一名至第四名。

1981 年 1 月，国家体委和教育部联合评选全国 1000 名优秀体育教师。延边朝鲜族自治州的张仁石、郑泰福、金大锋老师被评为"全国千人优秀体育教师"。

1981 年 3~10 月，在全国足球乙级联赛中，吉林省队最终获得第三名，并成功晋升为甲级队。吉林省队的领队是郑址胜，教练是郑址胜（兼）、朴祥福、郑东权，运动员有崔今范、金英日、崔春虎、李延根、韩正学、

---

① 《延边日报》1980 年 5 月 25 日。
② 《延边日报》1980 年 8 月 19 日。

孙铁明、张春山、韩承哲、李在浩等 18 人。

1981 年 4 月 17～21 日，吉林省大学生"三好杯"足球赛暨延边选拔赛在延吉市举行。此次比赛中，获得前两名的球队将参加吉林省足球比赛。比赛结果，延边大学队、延边医学院队、延边农学院队分别获得第一名至第三名。

1981 年 5 月 8～13 日，在龙井举行"攀高峰杯"足球比赛（参赛年龄规定为 1965 年、1966 年出生的运动员）。延吉县队、汪清县队分别积 25 分和 20 分。

1981 年 5 月 10～18 日，国家体委在延边举办了足球教练员培训班。

1981 年 5 月 10～27 日，全国青年足球联赛第一阶段的比赛在延吉市举行。前两名球队将直接参加 10 月 11～28 日在洛阳举行的决赛阶段的比赛。延吉赛区成绩第一名至第九名的球队分别是：辽宁、天津、北京、山西、吉林、延边体校、河北、内蒙古、黑龙江。

1981 年 5 月 15～22 日，在延吉市举行吉林省"三好杯"大学生足球比赛。长春、吉林、延边、通化等地的 27 所高等院校代表队参加了此次比赛。延边大学队以 6 战全胜的战绩获得冠军。获得第二名至第六名的球队分别是延边医学院、东北师范大学、吉林工大、四平师范学院、吉林化工学院。①

1981 年 5 月 15～21 日，在和龙举行"新苗杯"足球比赛。比赛分为身体素质和技术达标测试。和龙县建设小学足球队以 35 分的成绩获得第一名，延吉县小学足球队以 28 分的成绩获得第二名。6 月 8～14 日，在延吉举行的第二阶段的比赛中，和龙县建设小学队以不败战绩获得了冠军，图们市第二小学足球队获得亚军。和龙县建设小学足球队将代表延边参加全国足球比赛。②

1981 年 6 月 6～14 日，吉林省业余体校足球赛在九台县举行。参加比赛的共有 8 支球队。第一名至第八名的球队分别是：延边体校、延吉县体校、长春二道河子体校、汪清体校、通化县体校、九台县体校、吉铁体校、长春市体校。

1981 年 6 月 8～14 日，全国小学"萌芽杯"足球比赛暨延边选拔赛在

---

① 《延边日报》1981 年 5 月 23 日。

② 《延边日报》1981 年 5 月 24 日。

延吉市举行。和龙县建设小学足球队以 7 战全胜的战绩获得冠军，图们第二小学足球队以 6 胜 1 负的战绩获得亚军。① 同年 8 月，和龙县建设小学足球队代表延边朝鲜族自治州参加了 1981 年度全国足球重点地区小学"萌芽杯"总决赛。和龙县建设小学足球队获得了亚军，获得冠军的球队是大连长江路小学足球队。②

1981 年 6 月 17~21 日，延边朝鲜族自治州职工足球比赛在龙井举行。延吉县队获得了冠军，延边建筑公司队获得了亚军，和龙县队获得风格奖。此外，延吉市、汪清县、开山屯化学纤维浆厂队晋升延边朝鲜族自治州职工足球甲级队行列。

1981 年 6 月 19 日，全国重点地区"希望杯"足球赛（延边赛区）在延吉市举行。参赛队有延吉县一中队、汪清县二中队、和龙县三中队、珲春县五中队、安图县四中队。

1981 年 6 月 22 日至 7 月 20 日，吉林省足球队运动员金光洙入选中国国家足球队，并跟随球队出访西德、葡萄牙等国家，参加了国际足球友谊赛。

1981 年 7 月 3~6 日，延边首届女子足球邀请赛在延吉市举行。获得第一名至第五名的球队分别为和龙县头道二中队、珲春县一中队、和龙煤矿子弟中学队、延吉县一中队、延吉市四中队。③

1981 年 7 月 8~10 日，在延吉围绕延边足球运动的改革方案议题召开了延边足球协会全体委员扩大会议。会议还选举产生了足协正、副主席，补选了委员。

1981 年 7 月 10~20 日，在延吉市举行足球邀请赛。参赛队有空军部队队、江苏队、吉林队。

1981 年 7 月 21 日，董京春、许京秀、朴长寿等运动员被国家体委授予"足球运动健将"称号。

1981 年 7 月 30 日至 8 月 4 日，在延吉县开山屯举行了建军 54 周年足球邀请赛。参赛队有：延边安全区队、长春柴油机厂队、延边建筑公司队、石岘造纸厂队、延吉县供销社队、开山屯化学纤维浆厂队。比赛结

① 《延边日报》1981 年 6 月 16 日。
② 《延边日报》1981 年 8 月 26 日。
③ 《延边日报》1981 年 7 月 4 日。

果：延边安全区队获得第一名，开山屯化学纤维浆厂队获得第二名，延边建筑公司队获得第三名。

1981 年 8 月 1~10 日，全国"希望杯"足球比赛在天津举行。龙井一中队获得第三名。龙井一中队的领队是柳纪天，教练是文胜鹤、李龙虎，运动员有严东日、许昌镇、孙享华、金允虎、许正洙等 12 人。

1981 年 8 月 4~11 日，吉林省中学生女子足球比赛在长春市举行。和龙县头道二中女队以 6 战全胜的战绩获得了冠军，长春大巴工厂子女中学队获得亚军，和龙煤矿子女中学队获得季军。①

1981 年 8 月 5~14 日，全国大学生"三好杯"足球比赛在成都进行。全国 24 个省份的球队参加，包括上海纺织学院、昆明工学院、宁夏大学、天津大学、贵阳工学院、延边大学等高校球队。延边大学队以 4 胜 1 负的战绩获得冠军。② 延边大学队的领队是崔廷国，医生是韩惠英，教练是李正烨、李光洙、金明洙、权泽民，运动员有金春锡、金哲焕、金哲洙、李明学、李龙男等 18 人。

1981 年 8 月 9~17 日，全国铁路系统足球联赛在图们市举行。图们铁路分局足球队获得第一名。

1981 年 8 月 14~17 日，吉林省"春花杯"足球比赛在四平市举行。龙井小学队获得第一名、图们市第二小学队获得第三名。龙井小学队的安万哲和图们市第二小学队的洪龙吉被评为优秀运动员。③

1981 年 8 月 19 日，在全国"萌芽杯"足球比赛中，和龙县建设小学队获得第二名。和龙县建设小学队的领队是许元郁，教练是姜吉福，运动员有黄昌浩、李风男、李根、金虎哲、金昌善、严哲、姜长男、尹虎永、金龙山、玄虎岩、朴风学、金光春。

1981 年 8 月 22~31 日，在延吉市举行的全国业余体校足球分区赛中，延边体育中学队获得第二名。

1981 年 9 月 4~21 日，武汉举行全国 16 个足球重点地区青年足球比赛。延边队以 5 胜 6 平 4 负的战绩最终获得了第六名。前五名球队依次为

---

① 《延边日报》1981 年 8 月 14 日。
② 《延边日报》1981 年 8 月 14 日。
③ 《延边日报》1981 年 8 月 20 日。

大连队、重庆队、上海队、广州队、武汉队。[①]

1981年9月，吉林省足球队的金光洙运动员被评为"1981年度全国足球最佳射手"。

1981年10月24日，全国足球乙级联赛圆满落幕。广州队、上海队分别以48分和46分的成绩获得前两名。吉林队和天津队同积44分，但吉林队以5个净胜球优势最终获得了第三名，天津队获得了第四名。这四支球队成功晋级甲级队。河南省、山西省、福建省和江西省队降到了丙级队。[②]

1981年，吉林省教委、《吉林体育报》、《吉林体育科技》联合举办了吉林省100名优秀体育教师评选活动。延边朝鲜族自治州12名体育教师被授予"吉林省优秀体育教师"称号。

1982年2月，延边体育运动学校改称为延边体育中学，学校内设立女排、速度滑冰、冰球、女篮、足球等项目。韩洙殷任校长，常一民、金文哲任副校长。

1982年4月13~17日，龙井举行全国"三好杯"足球比赛暨延边选拔赛。延吉市二中队获得第一名，延吉县一中队获得第二名，汪清县二中队获得第三名。

1982年4月23~27日，龙井举行吉林省中学生"三好杯"足球比赛。延边第一中学队获得第一名，延吉县第一中学队获得第二名，吉林市朝鲜族中学队获得第三名。

1982年5月11~12日，延吉市举行全国业余体校足球赛暨延边选拔赛。延吉县业余体校队获得第一名，延吉市业余体校队获得第二名，延边体育中学队获得第三名。

1982年5月16~20日，和龙举行延边首届女子足球比赛。参加比赛的运动员共有128名。和龙县头道二中队以不败的战绩获得第一名，和龙煤矿子弟中学队获得第二名，延吉市十中队获得第三名。

1982年5月21~28日，延吉市举行吉林业余体校足球比赛。延吉县业余体校队获得冠军，延吉市业余体校队获得亚军，长春业余体校队获得季军。

① 《延边日报》1981年9月25日。
② 《延边日报》1981年10月27日。

1982年6月5日，延边朝鲜族自治州体委、团委、教委在龙井联合召开了开展小学足球活动的现场会议。

1982年6月5~8日，汪清县举行延边林业系统职工足球比赛。和龙林业局队获得冠军，汪清林业局队获得亚军，八家子林业局队获得季军。

1982年6月10~14日，图们举行延边职工足球邀请赛。延边电业局队获得冠军，图们铁路队获得亚军，图们粮食局队获得季军。

1982年6月12日，延边青年足球队在沈阳举行的全国青年足球赛学院赛区第二小组比赛中获得冠军，并取得决赛权资格。

1982年6月14~19日，开山屯举行延边职工足球邀请赛。比赛结果：延吉县队获得第一名，珲春县队获得第二名，延吉市制药厂队获得第三名。

1982年6月15~20日，延吉市举行全国"希望杯"足球赛暨延边选拔赛。延吉市二中队获得第一名，延吉县一中队获得第二名，汪清县二中队获得第三名。

1982年6月25~29日，延吉市举行全国"萌芽杯"足球比赛暨延边选拔赛。延吉县龙井小学足球队获得冠军。

1982年7月22~30日，西安市举行全国"萌芽杯"足球比赛。延吉县龙井小学足球队获得第三名。

1982年7月，共青团中央、国家体委、国家教委向1981年在县、市级小学足球比赛中获得冠军的学校颁发奖状和奖品。奖状和奖品由团州委分别传达给和龙县建设小学、延吉县龙井小学、珲春县凉水中心小学、图们市第二小学、延吉市第六小学、汪清镇第二小学、安图县明月镇东风小学、敦化县敦化镇第四小学。颁发的奖品是72个足球。其中，延吉县龙井小学和珲春县凉水中心小学额外获得12套运动服。

1982年8月1~5日，延吉市延边大学运动场举行延边朝鲜族自治州优秀足球队邀请赛。参加比赛的队有延边建筑公司队、延边军分区队、延吉市建筑公司队、延边家具厂队、延边大学队、延边一中队等。延边建筑公司队获得冠军，延边军分区队获得亚军，延吉市建筑公司队获得季军。

1982年8月3~10日，石家庄市举行全国"希望杯"足球比赛。延边朝鲜族自治州延吉县一中足球队获得冠军。延吉县一中足球队的领队是柳基天，教练是朴炳伍、张健伟，工作人员有申勇君，运动员有李俊镐、许昌根、李元国、许正洙、李平林、李正录、李相春等16人。

1982年8月12~23日，大连市举行全国业余体校足球赛预选赛。延边体育中学足球队获得亚军。

1982年8月16~19日，汪清县举行延边足球网点小学足球比赛。和龙县建设小学获得冠军，延吉市第三小学获得亚军，汪清县百草沟第二小学获得季军。

1982年8月，延吉市人民体育场正式落成。

图8 延吉市人民体育场施工现场（1982年）

资料来源：延边朝鲜民族足球史编写组：《延边朝鲜民族足球史》，东北朝鲜民族教育出版社，1992。

1982年8月，吉林省九台县举行的吉林省第四届"春花杯"足球赛中，和龙县建设小学足球队获得冠军。该校运动员金昌善在比赛中独进14个球，获得"最佳射手"称号。

1982年9月4~14日，昆明举行全国中学生"三好杯"足球比赛。延边一中足球队获得冠军。延边一中足球队的领队是玄光源，政治辅导员是欧阳浩，教练是金锡哲、元容锡，运动员有崔京春、金成波、郑永男、李文雄、赵勇、崔永哲、朴今哲等17人。

1982年9月22~27日，长春市举行第九届吉林省体育运动大会。延边代表队成绩如下：男足第一名为延边足球队，女足第二名为延边足球队。

1982年10月5日至11月13日，江西省赣州市举行全国足球锦标赛。延边建筑公司足球队获得第六名。

1982 年 10 月 8 日至 11 月 25 日，广西桂林举行全国足球甲级联赛。吉林省足球队获得第 11 名。

1982 年 10 月 20 日至 11 月 4 日，南京举行全国 16 个足球重点地区青年足球比赛。延边青年队获得第五名。

1982 年 12 月 4~5 日，延吉市举行全国女子足球锦标赛暨延边选拔赛。参加比赛的队有：汪清县第一中学队、延吉市第十中学队、和龙煤矿子弟中学队、和龙县头道二中队。和龙县头道二中队获得冠军。

1982 年，吉林省足球队的金光洙队员被授予"全国甲级联赛最佳射手"称号。

1982 年，金海洙被国家体委授予"足球国家级荣誉裁判"称号。

1983 年 1 月 8~16 日，广西梧州举行全国部分城市少年优秀足球队邀请赛。延边体育中学足球队获得冠军。延边体育中学足球队的领队是金文哲，教练是郑钟燮、梁春锡，运动员有韩钟国、高鹤镐、朱哲洙、吴文镐、许东浩、朴文虎、金光洙、崔承基、张延棋等 18 人。

1983 年 1 月 28 日至 2 月 11 日，广州市举行全国女子足球邀请赛，共有 12 支球队参加了比赛。代表吉林省参赛的延边女子足球队，最终获得第三名。延边女子足球队的领队是林德龙，教练是方正勋、李泰权，运动员有孙爱玉、李秋沫、李顺、李花莲、郑明玉等 12 人。

1983 年 2 月 9~22 日，广州举行新春足球邀请赛。参加比赛的队有八一、辽宁、广东、广州、吉林、沈阳部队等。吉林队获得第五名。

1983 年 3 月 13~25 日，重庆举行第五届全国运动会足球分区赛。吉林省足球队获得第四名。

1983 年 4 月 12~14 日，延吉市举行全国足球乙级联赛暨延边地区选拔赛。延边电业局队获得第一名，延边建筑公司队获得第二名，开山屯化学纤维浆厂队获得第三名。

1983 年 5 月 10~14 日，汪清县举行全国业余体校足球延边地区选拔赛。延吉县业余体校队获得第一名，延吉市业余体校队获得第二名，延边体育中学队获得第三名。

1983 年 5 月 12~16 日，龙井举行延边女子足球邀请赛。比赛结果：和龙县获得第一名，延吉市获得第二名，汪清县获得第三名。

1983年5月15~22日，延吉市举行延边朝鲜族自治州州直学校教职工球类运动会。在足球比赛中，延边大学队、延边农学院队、延边医学院队、延边一中队分别获得第一名至第四名。

1983年5月17~31日，图们市举行全国足球乙级联赛分区赛。延边电业局足球队代表吉林省电力系统参赛，最终获得第一名的佳绩。

1983年5~7月，吉林省足球队在全国足球甲级联赛分组赛中，获得第五名。

1983年6月5~9日，汪清县举行全国"希望杯"足球赛暨延边地区选拔赛。龙井一中队获得第一名，延吉市三中队获得第二名，汪清县五中队获得第三名。

1983年6月15~19日，珲春县举行全国"幼苗杯"足球赛暨延边地区选拔赛。和龙县三中队获得第一名，龙井一中队获得第二名，延吉市队获得第三名。

1983年6月22~24日，图们举行全国足球重点地区少年锦标赛延边地区"萌芽杯"预赛。龙井新安小学足球队获得第一名，并获得参加全国16个足球重点地区北方赛区的资格。

1983年8月3~5日，珲春县珲春镇和延吉县开山屯镇举行延边小学足球网点学校比赛。共有20个足球网点学校参加比赛。在珲春赛区比赛中，珲春县第二小学队、安图县石门小学队、延吉市第四小学队分别获得前三名；在开山屯赛区比赛中，和龙县建设小学队、龙井北新小学队、汪清县百草沟第二小学队分别获得前三名。

1983年8月3日，延边大学体育馆开始施工，总面积为1928平方米。

1983年8月9~12日，龙井县朝阳川举行延边朝鲜族自治州中学足球网点学校比赛。珲春县五中队获得第一名，龙井一中队获得第二名，延吉市二中队获得第三名。

1983年8月12日，共青团中央、教育部、国家体育运动委员会联合表彰延边朝鲜族自治州5支小学足球队。表彰的是1982年全国市、县小学足球比赛中获得第一名的710支足球队。其中包括延边朝鲜族自治州龙井县龙井小学、汪清县汪清镇第二小学、安图县东风小学、珲春县马川子公社炮台小学、敦化县敦化镇第四小学。

1983 年 8 月 12～14 日，汪清县百草沟举行延边朝鲜族自治州农村人民公社朝鲜族足球邀请赛。汪清县百草沟公社足球队获得第一名，安图县石门公社足球队获得第二名，龙井县东盛公社足球队获得第三名。

1983 年 8 月 14～16 日，和龙县举行第一届女子足球运动会。汪清县第二小学队获得第一名，延吉市河龙小学队获得第二名，安图县东风小学队获得第三名。

1983 年 8 月 15～22 日，北京举行全国"萌芽杯"足球比赛。龙井县龙井新安小学足球队获得冠军。龙井新安小学足球队的领队是金凤浩，教练是黄昌杰、李成求，工作人员有徐永春，运动员有李泰洙、金成哲、安东镐、金春虎、韩智铉等 12 人。

1983 年 8 月 15～22 日，北京举行全国"幼苗杯"足球比赛。和龙县三中足球队获得冠军。和龙县三中足球队领队是南兴范；教练是崔灿荣、金宪国；工作人员有池边蓉；运动员有朴哲、安万哲、金东河、李学允、任哲洙、李凤男等 16 人。

1983 年 8 月 20 日，山西省大同市举行全国业余体校足球赛大同赛区比赛。延吉市业余体校足球队获得 B 组第一名。

1983 年 8 月 21～28 日，图们铁路广场举行延边职工足球邀请赛。延边电业局队获得第一名，延边建筑公司队获得第二名，延边军分区队获得第三名。

1983 年 8 月 26 日至 9 月 1 日，吉林足球队参加了孟加拉国首都达卡举行的孟加拉国第二届"总统杯"国际足球赛。吉林省队与印度队 2∶2 平、吉林省队与马来西亚队 0∶2 负、吉林省队与英国曼彻斯特队 0∶2 负。吉林省队的领队是黄泽均，教练是郑址胜、郑东权，运动员有金光洙、金东浩、崔龙哲、崔春虎、林春权、具在益等 15 人。

1983 年 8 月，石家庄举行全国中学生"希望杯"足球比赛。汪清县三中足球队获得第三名。

1983 年 9 月 2～6 日，延吉市举行吉林省朝鲜族运动会。全省共有 6 个地区 300 多名男、女运动员参赛。本届大会是一次检阅吉林省体育运动水平，推动群众性体育运动和更加广泛开展、交流经验、增进团结友谊、振奋精神的大会。比赛项目包括：民族传统体育项目秋千、跳板、摔跤、足球、排球等。吉林省委书记兼延边朝鲜族自治州委第一书记赵南起等党政领导接见了大会组织委员会全体成员和各地区代表及运动员。足球比赛中，获得第一名至第三名的球队分别是延边一中队、长春市队、吉林市队。

1983年9月4日，吉林省足球队在全国足球甲级联赛（北方赛区）中，获得第四名的佳绩。

1983年9月10~16日，图们市举行吉林省中学生女子足球赛。和龙县头道二中队获得第一名，吉林市体育中学队获得第二名，延吉市十中队获得第三名。

1983年9月15日，延吉市决定，将每年的9月15日定为延吉市中学生体育节。

1983年10月5~21日，武汉举行全国16个足球重点地区青年足球分区赛。在此次比赛中，延边青年足球队获得第三名。延边青年队的领队是李昌麟，教练是董景春、李昌麟（兼），运动员有董景春、金龙雄、严永日、严哲范等17人。

1983年10月9~17日，武汉举行全国女子足球邀请赛。代表吉林省参赛的延边女子足球队获得冠军。吉林省女子足球队的领队是林得龙，教练是方正勋、李泰权、金永镐，医生是金生今，运动员有金顺福、孙爱玉、金风顺、李顺、金春姬、吕银子等18人。

图9 全国女子足球邀请赛获得冠军的延边女子足球队（1983年）

资料来源：延边朝鲜民族足球史编写组：《延边朝鲜民族足球史》，东北朝鲜民族教育出版社，1992。

1983 年 10 月 20 日至 11 月 2 日，河北省石家庄市举行全国足球锦标赛。代表延边参赛的延边电业局队最终获得第七名。

1983 年 10 月 30 日至 11 月 1 日，湖南省长沙市举行全国"鹿山杯"女子足球邀请赛。吉林省女子足球队获得亚军。

1983 年 11 月 18~29 日，广州举行国际女子足球邀请赛。参加比赛的共有八支足球队。吉林省女子足球队获得第四名。

1983 年 11 月，吉林省足球队的李在浩、金光洙入选北京组建的中国足球集训二队。

1983 年 12 月 1 日，延边朝鲜族自治州体委为在全国性足球比赛中取得优异成绩的学校举行了表彰大会。受表彰的学校有和龙县三中、龙井新安小学、和龙县头道二中、延吉市十中、和龙县松下坪煤矿子弟中学、汪清县一中等。

1984 年 3 月 15 日，延边成立了体育服务公司。

1984 年 3 月 18~28 日，广西桂林举行第二届全国"民族团结杯"足球比赛。吉林省足球队获得第六名。

1984 年 3 月 23 日，广州举行全国足球甲级联赛第一阶段比赛。吉林省足球队获得第四名，吉林省队的金东浩被评选为最佳运动员。

1984 年 3 月 26~29 日，延吉市举行全国业余体校足球赛暨延边地区选拔赛。延吉市业余体校队获得冠军，龙井业余体校队获得亚军，和龙县业余体校队获得季军。

1984 年 4 月 10~28 日，湖南省株洲市举行全国 16 个足球重点地区青年足球赛。延边青年足球队（延边体育中学队）获得第三名。

1984 年 4 月 18~22 日，延吉市延边卫生学校举行首届延边中等专业学校职工足球锦标赛。延边财贸学校队获得第一名，延边银行职工中专队获得第二名，延边林业职工中专队获得第三名。

1984 年 4 月 26~28 日，龙井举行全国"贝贝杯"足球赛暨延边地区选拔赛。龙井县龙井小学队获得冠军。

1984 年 5 月 3~7 日，图们举行延边女子足球赛。和龙县女子足球队获得第一名，延吉市女子足球队获得第二名，汪清县女子足球队获得第三名，龙井县女子足球队获得"精神文明奖"。

1984年5月9~13日，延吉市举行全国"萌芽杯"足球赛暨延边地区选拔赛。安图县队获得第一名。

1984年5月14~16日，延吉市举行延边高等院校元老足球邀请赛。大会规定，在每一场比赛的上场队员中必须有一名校一级领导。延边大学队获得第一名，延边医学院队获得第二名，延边农学院队获得第三名，延边教育学院队获得第四名。

1984年5月15~19日，龙井举行全国"幼苗杯"足球赛暨延边地区选拔赛。龙井队获得第一名，图们队获得第二名，珲春队获得第三名。

1984年5月15~21日，吉林市举行吉林省中学生女子足球赛。长春一队获得第一名，延吉市队获得第二名，和龙县队获得第三名。

1984年5月27日至6月7日，天津举行全国女子"金杯"足球邀请赛。吉林省女子足球队（延边队）在此次比赛中获得第三名。吉林省女子足球队的领队是方正勋，教练是朴祥福、方正勋（兼），运动员有孙爱玉、李顺、李花莲、韩贞兰、吕银子等17人。

1984年6月3~7日，汪清县举行全国"希望杯"足球赛暨延边地区选拔赛。延吉市三中队获得第一名，和龙县三中队获得第二名，龙井一中队获得第三名。

1984年6月13~19日，龙井县开山屯举行延边职工足球邀请赛。延边建筑公司队获得第一名，延吉市制药厂队获得第二名，开山屯化学纤维浆厂队获得第三名。

1984年6月14~16日，延吉市举行延边朝鲜族自治州职业中学、技工学校球类邀请赛。汪清县队获得冠军。

1984年6月15~21日，沈阳铁路局职工足球比赛在图们举行。图们铁路分局队获得第一名，大连铁路分局队获得第二名，丹东铁路分局队获得"精神文明奖"。

总之，1978年党的十一届三中全会以来，延边朝鲜族自治州各县、市的学校课外体育开始全面恢复，并重新开设了足球培训班，开始强化足球后备人才的培养，重视足球训练场、宿舍、食堂等硬件设施建设。

1979年，国家体育运动委员会把北京、上海、天津、广州、沈阳、旅大、延边、重庆、西安、武汉、青岛、南京、长春、昆明、梅县、石家庄等 16 个地区设为足球重点地区，并出台了相应的倾斜政策。因此，延边地区的足球运动重新受到重视，并得到了迅速发展。

第二节　延边足球运动的跟随发展

1984 年 6 月 20 日，延边成立了中共延边体育委员会。

1984 年 7 月 3~7 日，珲春县举行延边小学女子足球比赛。安图县第一小学队获得第一名，汪清县第二小学队获得第二名，珲春县春京小学队获得第三名。

1984 年 7 月 19~25 日，吉林市永吉县举行吉林省"春花杯"足球比赛。延边朝鲜族自治州龙井小学队获得第一名。

1984 年 7 月 29 日至 8 月 3 日，江苏省沙洲举行第二届全国"贝贝杯"足球比赛。代表延边参赛的龙井小学队最终获得第九名。

1984 年 7 月 31 日，在全国足球重点地区北方赛区"幼苗杯"足球比赛中，延边龙井一中队获得第三名。龙井一中队的领队是柳基天，教练是黄昌杰、朴明伍，运动员有李泰洙、金成哲、金永男等 15 人。

1984 年 8 月 1~8 日，沈阳举行全国"希望杯"足球比赛。延吉市三中足球队在比赛中获得第三名。延吉市三中足球队的领队是成玉秋、李玉霆，教练是韩山、金东哲，运动员有李哲浩、尹勇柱、李日男、崔文镐等 16 人。

1984 年 8 月 4 日，大连举行全国女子足球大连赛区比赛。延边女子足球队（吉林省队）获得第二名。

1984 年 8 月 4~8 日，龙井延边农学院举行东北三省农、牧、林、水利系统高等院校足球比赛。延边农学院队获得第一名，吉林农业大学队获得第二名，八一农垦大学队获得第三名。

1984 年 8 月 10~14 日，龙井县开山屯举行延边离退休职工足球邀请赛。图们市队获得第一名，延吉市队获得第二名，开山屯队获得第三名。

1984 年 8 月 13~14 日，延吉市召开延边朝鲜族自治州足球培训工作座谈会。

1984年8月15~18日，延吉市举行延边工商银行系统足球比赛。珲春县银行队获得第一名，安图县银行队获得第二名，龙井县银行队获得第三名。

1984年8月15~19日，龙井县朝阳川举行足球网点学校足球比赛。汪清县百草沟第二小学队获得第一名，敦化县第四小学队获得第二名，龙井县朝阳川小学队获得第三名。

1984年8月15~21日，河北省石家庄市举行全国"萌芽杯"足球赛北方赛区比赛。延边朝鲜族自治州安图县队在比赛中获得第四名。安图县队的领队是柳基天，教练是黄昌杰、朴明伍，运动员有李泰洙、金成哲、金永男等13人。

1984年8月15~21日，长春举行吉林省业余体校足球比赛。延边体育中学队获得第一名，龙井业余体校队获得第二名，延边体育中学二队获得第三名。

1984年8月15~27日，西安举行全国业余体校"跃进杯"足球比赛。延吉市业余体校足球队获得第五名。

1984年8月18~20日，延吉市举行中国人民武装警察部队延边支队第一届军事操练比赛。图们市武装警察大队获得第一名，珲春县武装警察大队获得第二名，珲春县武装警察大队获得精神文明奖。

1984年8月21~24日，龙井县开山屯举行延边朝鲜族自治州足球网点中学足球比赛。开山屯化学纤维浆厂子弟二中获得第一名，汪清县五中获得第二名，珲春县五中获得第三名，龙井一中队获得"精神文明奖"。

1984年9月2~16日，南京举行全国足球锦标赛。吉林省女子足球队（延边队）获得第九名。

1984年9月3~27日，青岛举行全国部分城市优秀少年足球队比赛。延边少年足球队在比赛中获得第三名。延边少年足球队的领队是李昌麟，教练是董景春、李昌麟（兼），运动员有金钟锡、严永洙、李铉燮等15人。

1984年9月8~15日，龙井举行吉林省职工足球比赛。延边建筑公司队获得第一名，长春拖拉机厂队获得第二名，开山屯化学纤维浆厂队获得第三名。

1984 年 10 月 1~3 日，延吉市举行延边朝鲜族自治州第十一届运动大会决赛。在足球比赛中，延吉市队、龙井县队、图们市队分别获得第一名至第三名。

1984 年 10 月 7~25 日，武汉举行全国首届"足协杯"足球比赛。吉林省足球队遗憾未能进入前 16 名。

1984 年 11 月 4~13 日，湖南省株洲市举行首届全国"贺龙杯"女子足球邀请赛。吉林省女子足球队（延边队）获得第四名。

1984 年 11 月 7 日，河南省平顶山举行全国水电系统职工足球比赛。代表吉林省水电系统参加比赛的延边电业局足球队获得第一名。

1984 年 11 月 23~29 日，延边朝鲜族自治州体委在龙井县东盛举行延边朝鲜族自治州农村体育工作经验交流会。13 个乡镇被评为体育先进乡镇。

1984 年 12 月 20~24 日，长春市举行吉林省中小学贯彻执行《中小学体育工作暂行规定》《中小学卫生工作暂行规定》大会暨《国家体育锻炼标准》表彰大会。延边朝鲜族自治州受表彰的学校有：延吉市二中、汪清镇第二小学、和龙县富兴中学、龙井县东盛中心小学。延边朝鲜族自治州受表彰的个人有：延吉市二中校长崔晓星、珲春县教育局干部李栓东、珲春县第五中学二年一班教员金镇淑、延吉市三中校医承英子、龙井一中校医张德宇、图们市第二小学体育教员李秀哲、敦化县实验中学体育教员徐自源、珲春县三家子中心小学校长金光燮、敦化县第二中学教员金昌镇。

1983~1984 年度获得《国家体育锻炼标准》流动红旗的单位有：龙井县五中、和龙县富兴中学、图们市第二小学、龙井县东盛中心小学等。

1985 年 1 月 19 日至 2 月 1 日，广东省永德县举行第二届全国女子"贺龙杯"足球比赛。吉林省女子足球队（延边队）在比赛中获得第三名。吉林省女子足球队（延边队）的领队是孙中天，教练是方正勋、郑相龙、董景春，医生是董莲顺，运动员有李顺、韩贞兰、金顺福等 17 人。

1985 年 2 月 11~18 日，海南省海口市举行全国业余体校足球比赛。延边体育中学队在少年乙组比赛中获得第二名。延边体育中学队的领队是许日峰，教练是朴元相、许京秀，运动员有李红军、洪在兴、金哲学等 16 人。

1985 年 3 月 18~28 日，广西桂林市举行第三届全国"民族团结杯"足球比赛。吉林青年队（延边队）获得第六名。

1985 年 4 月 10~26 日，重庆举行全国女子"雪花杯"足球锦标赛预选赛。吉林省女子足球队（延边队）获得第四名，并获得决赛权资格。

1985 年 4 月 24 日至 5 月 6 日，沈阳举行第二届全国工人运动会足球比赛。延边建筑公司队获得第四名，延边电业局队获得第五名。

1985 年 4 月 25 日，延吉市人民体育场开始修建草皮场（播种）。

1985 年 5 月 9 日至 6 月 6 日，长春举行全国部分城市优秀少年足球比赛。延边体育中学队获得第一名，龙井业余体校足球队获得第六名。

1985 年 5 月 17 日，延边朝鲜族自治州老干部局召开延边老年人体育协会成立大会。

1985 年 5 月 19~23 日，龙井举行全国"萌芽杯"足球赛暨延边地区选拔赛。图们市红光小学队、龙井小学队、安图县第五实验小学队分别获得第一名至第三名。

1985 年 5 月 25~29 日，延吉市举行全国"希望杯"足球赛延边地区选拔赛。龙井业余体校、延吉市业余体校、延边体育中学分别获得前三名。

1985 年 6 月 2~11 日，延吉市举行沈阳军区体育运动大会足球比赛。延边驻军 81076 部队足球队代表延边地区参赛并获得第一名。

1985 年 6 月 5~9 日，图们市举行全国"幼苗杯"足球赛暨延边地区选拔赛。龙井一中、和龙县三中、安图县四中分别获得前三名。

1985 年 6 月 6~8 日，延吉市举行吉林省业余体校足球比赛。和龙业余体校、汪清业余体校、九台县业余体校分别获得前三名。

1985 年 6 月 9 日，图们市体育场进行朝鲜咸镜北道足球队和吉林省足球队的友谊比赛。吉林省足球队以 1∶0 获胜。

1985 年 6 月 12~15 日，和龙县举行延边小学生女子足球比赛。汪清县第二小学、和龙县新东小学、珲春县春京小学分别获得前三名。

1985 年 6 月 27 日至 7 月 1 日，延吉市举行延边朝鲜族自治州中学生女子足球比赛。此次比赛中，延吉市十中队获得第一名，和龙县头道二中队获得第二名，龙井县老头沟二中队获得"精神文明奖"。

1985 年 6 月 28 日，吉林省女子足球队（延边队）在长春迎战美国科罗拉多女子足球队。双方 1∶1 握手言和。

1985 年 7 月 1~8 日，图们铁路分局举办全国足球邀请赛。参赛的球队有延边青年队、延边电业局队、开山屯化学纤维浆厂队、延边中药厂队、延边农学院队、天津铁路分局队、哈尔滨车辆厂队、图们铁路分局队等 8 支球队。延边青年队获得第一名，延边电业局队获得第二名，天津铁路分局队获得第三名。

1985 年 7 月 7~16 日，沈阳举行全国女子"红梅味素杯"足球比赛。吉林省女子足球队（延边队）获得第八名。

1985 年 7 月 19~25 日，国家体委的徐福生在延吉市举办儿童足球学习班。

1985 年 7 月 20~28 日，延吉市延边大学举行全国大学生"长白山杯"足球比赛。参赛高校有北京工业大学、天津大学、上海华东纺织工学院、同济大学、辽宁财经大学、大连海运学院、黑龙江大学、山西大学、西安冶金建筑学院、贵州工学院、延边农学院、延边大学等 12 所高校。此次比赛中，延边大学、上海华东纺织工学院、延边农学院、同济大学分别获得前四名。其中延边大学足球队的领队是崔廷国，教练是李正烨、方仁权，运动员有金永日、崔龙哲、金光镇等 18 人。

图 10　全国大学生"长白山杯"足球邀请赛获得冠军的延边大学足球队（1985 年）

资料来源：延边朝鲜民族足球史编写组：《延边朝鲜民族足球史》，东北朝鲜民族教育出版社，1992。

1985 年 7 月 20～30 日，河北省张家口市举行全国部分城市优秀少年足球队足球比赛。延边朝鲜族自治州和龙县三中足球队获得第七名。

1985 年 7 月 29 日至 8 月 6 日，沈阳举行全国"萌芽杯"足球赛北方赛区比赛。延边朝鲜族自治州图们市红光小学足球队获得第八名。

1985 年 7 月 31 日至 8 月 1 日，北京举行"柯达杯"世界少年足球锦标赛。此次比赛中，延边运动员崔光日、李相杰、严永洙入选中国国家足球队。

1985 年 8 月 1～8 日，长春举行全国"幼苗杯"足球分区赛。延边龙井一中足球队获得第四名。

1985 年 8 月 1～9 日，辽宁省金县举行全国业余体校足球分区赛。延吉市业余体校足球队获得第五名。

1985 年 8 月 5～17 日，贵州省贵阳市举行第三届全国"民族团结杯"足球比赛。吉林省队获得第三名。

1985 年 8 月 12～20 日，上海举行全国"贝贝杯"足球比赛。延吉市新兴小学队获得第十四名。

1985 年 8 月 16～20 日，安徽省蚌埠市举行全国"希望杯"足球比赛。在此次比赛中，龙井一中足球队获得第二名。龙井一中足球队的领队是李秀龙，教练是李虎恩、张健伟，运动员有安万善、安龙海、成基福等 16 人。

1985 年 8 月 18～22 日，图们市举行吉林省"团结杯"足球比赛。延边建筑公司队、延吉市中药厂队、开山屯化学纤维浆厂队分别获得第一名至第三名，吉林市化学工业机械厂队获得"精神文明奖"。

1985 年 8 月 19～23 日，龙井县开山屯举行延边朝鲜族自治州足球重点中学足球比赛。开山屯化学纤维浆厂子弟二中、汪清县五中、开山屯化学纤维浆厂子弟一中分别获得第一名至第三名。

1985 年 8 月 20 日至 9 月 5 日，呼和浩特举行全国青年足球联赛。延边青年队获得第五名。

1985 年 9 月 1～5 日，龙井举行吉林省中学生女子足球比赛。延吉市十中队、龙井县老头沟二中队、长春朝阳区体育学校队、和龙县光兴中学队分别获得第一名至第四名，长春朝阳区体育学校队获得"精神文明奖"。

1985 年 9 月 5～20 日，天津举行第二届全国"足协杯"足球比赛。吉林省队获得第 16 名。

1985 年 9 月 12~24 日，济南举行全国"多得乐杯"优秀少年足球队足球比赛。延边龙井业余体校足球队获得第六名、延边体育中学队获得第十名。

1985 年 11 月 5~7 日，延吉市举行延边朝鲜族自治州农民足球邀请赛。获得第一名至第三名的分别是龙井县东盛涌乡足球队、和龙县东城乡足球队、汪清县百草沟足球队。

1985 年 11 月 5~22 日，南京、蚌埠举行全国足球甲级联赛。吉林省足球队获得第 16 名，被降为乙级队。

1985 年 12 月 23~26 日，延边朝鲜族自治州体委在延吉市召开首次吉林省足球队公开性总结大会。

1985 年 12 月 26 日至 1986 年 1 月 1 日，广东省英德县举行全国农业银行"储蓄杯"足球邀请赛。龙井县东盛涌乡足球队获得第二名。

1985 年 12 月 27 日，延边广播电视台举办以"迅速发展延边朝鲜族自治州足球运动"为主题的足球座谈会。

1985 年 12 月，在印度尼西亚举行的第十四届亚洲中学生足球锦标赛上，延边体育中学队取得了 1 胜 2 平 2 负的成绩。具体比分为：以 1∶0 的比分胜韩国队，以 0∶3 的比分输给泰国队和马来西亚队，以 1∶1 和 0∶0 的比分与中国香港队和新加坡队握手言和。延边体育中学队的领队是王富远，副领队是李钟风，医生是全顺吉，翻译是丁嘉富，教练是郑钟燮、梁春锡，运动员有张延茂、崔承基、方根燮、姜勤、朴勇男、金松林等 17 人。

1985 年，延边朝鲜族自治州运动员李花莲入选国家女子足球队。

1985 年，延边朝鲜族自治州运动员高钟勋入选国家青年队，并参加了在苏联举行的世界青年足球锦标赛。

1985 年，延边朝鲜族自治州运动员吉林省足球队的金东浩、崔龙哲，空军足球队的赵永远被国家体委授予"足球运动健将"称号。

1985 年，金海洙、崔东摄、金哲住、金龙哲、金镇权、蔡基洙等被国家体委授予"足球优秀裁判"称号。

1986 年 2 月 7 日，延边体育中学足球队的玄虎岩、李红军入选国家少年足球队。

1986年3月28日，吉林省体委表彰体育先进单位、先进个人和优秀裁判员。龙井县被评为体育先进县。业余培训先进单位是延吉市业余体校、龙井县业余体校、汪清县业余体校；先进个人是金海洙；优秀足球裁判员是蔡松哲（国家级）。体育传统项目先进学校是延吉市二中、龙井县一中、和龙县实验小学。1986年吉林省体育竞赛最佳足球赛区是延吉市（吉林省业余体校足球赛）、龙井县（吉林省女子足球赛）。新中国体育开拓者（30多名，吉林省体委命名）是：黄泽均、韩洙殷、罗梦增、朴秉哲、孙中天、金镒甲、朴祥福、李昌麟、文政国、徐相敬、李钟风、全今淑、金河英、高日龙、池昌勋、崔槿植、俞林、许河图、李昌洙、黄斗洙、金明国、黄龙洙、金海龙、梁昌翰、郑址胜、郑东权、许京秀、崔玉莲、朱锡享、朴春山、郑勋子、方正勋。

1986年4月9日，延边朝鲜族自治州体委召开延边朝鲜族自治州体育工作会议，重点讨论和研究体育后备人才的培养问题。

1986年4月9日，吉林省体委和龙井县体委联合组成调查组对龙井县部分乡、镇、工厂、学校进行有关"体育人口""体育器材场地"等专项调查。

1986年4月18日，国家体委训练局的张京天被聘为吉林省足球队顾问。

1986年5月11~12日，延吉市召开延边朝鲜族自治州体育工作会议。这次会议是延边朝鲜族自治州有史以来规模最大的一次会议。出席会议的有各县、市主管体育的领导和教委、民委、工会、共青团等系统的负责人以及体育工作者共130多名。

1986年5月15~27日，新修建的延吉市人民体育场草皮球场首次举行中国"足协杯"足球分区赛。吉林省足球队获分区赛第二名，并取得了参加决赛的资格。

1986年5月31日至6月18日，沈阳举行全国青年足球联赛。延边朝鲜族自治州龙井县业余体校足球队获得第四名。龙井县业余体校足球队运动员有李太洙、安万哲、玄龙海、成基福等19人。

1986年6月3日，延吉市成立了延边足球基金会。金成和被任命为名誉理事长，金东基被任命为理事长。

1986 年 6 月 5 日，和龙县举行全国足球乙级联赛预赛。吉林省队获得第二名，并取得了参加决赛的资格。

1986 年 6 月 5～9 日，和龙县举行全国"萌芽杯"足球赛延边地区选拔赛。

1986 年 6 月 5～11 日，全国"希望杯"足球赛延边地区选拔赛在龙井举行。延边体育中学队、龙井县业余体校队、汪清县业余体校队分别获得第一名至第三名。

1986 年 6 月 10～20 日，呼和浩特举行全国女子足球锦标赛。吉林省女子足球队（延边队）获得第六名。

1986 年 6 月 13～16 日，汪清县举行全国"幼苗杯"足球赛暨延边地区选拔赛。汪清县五中队、延吉市三中队、和龙林业局子弟三中队分别获得第一名至第三名。

1986 年 7 月 5 日，延边体育中学举行首届师资班毕业典礼。

1986 年 7 月 9～13 日，延吉市举行全国"贝贝杯"足球赛暨延边地区选拔赛。和龙县龙门小学队、延吉市新兴小学队、安图县第一实验小学队分别获得第一名至第三名。

1986 年 7 月 15～17 日，汪清县举行延边中学生女子足球比赛。延吉市队、和龙县队、汪清县队分别获得第一名至第三名。

1986 年 7 月 27～30 日，珲春县举行延边小学生女子足球比赛。汪清县第二小学队、龙井县东盛小学队、延吉市民主小学队分别获得第一名至第三名。

1986 年 8 月 1～10 日，龙井举行全国业余体校足球分区赛。龙井县业余体校足球队获得第一名。

1986 年 8 月 1～12 日，河北省张家口举行全国"萌芽杯"足球赛北方赛区比赛。延边朝鲜族自治州和龙县实验小学队获得第二名。

1986 年 8 月 1～12 日，山西省大同市举行全国"幼苗杯"足球分区赛。其中延边朝鲜族自治州延吉市三中足球队获得第三名。延吉市三中足球队的领队是张仁锡，教练是金东哲，裁判员是金东哲，运动员有金哲权、金哲松、金光锡、金军、金龙洙等 16 人。

1986 年 8 月 1～12 日，大连举行全国"希望杯"足球分区赛。延边体育中学队获得第三名。

1986年8月3~5日，图们举行延边足球重点小学足球比赛。安图县实验小学队获得第一名，汪清县第二小学队获得第二名。

1986年8月6~12日，刚果红魔足球队访问延吉，在延吉市分别与吉林省队和延边队进行了国际足球友谊赛。客队三场全胜。

1986年8月9~14日，江苏省沙洲市举行全国第四届"贝贝杯"足球比赛。参加比赛的有：17个省市共23支足球队的8~10岁的小学生球员。在此次比赛中，延边朝鲜族自治州和龙县龙门小学足球队获得冠军。和龙县龙门小学足球队的领队是任钟哲，教练是金永日，运动员有黄福龙、金虎哲、金贤哲、金虎龙、李相云、金学哲、李京敏、韩权、申龙哲、崔明奎。

1986年8月15~19日，延吉市举行延边朝鲜族自治州第一届重点中学足球比赛。参加比赛的有汪清县二中、和龙县二中、图们市一中、敦化市二中、龙井高中、延边一中等6所学校的100多名运动员。延边一中足球队、龙井高中队、汪清县二中队分别获得第一名至第三名，敦化县二中队获得精神文明奖。

1986年8月19~25日，延吉市举行全国16个足球重点地区足球比赛。在此次比赛中，延边朝鲜族自治州延吉市三中足球队获得第二名。延吉市三中足球队的领队是崔虎星，教练是金光洙、金东哲，运动员有金哲根、韩浩铉、李钟彬等18人。

1986年8月20~22日，龙井举行第三届延边朝鲜族自治州聋哑球类运动会。珲春县队、龙井县队分别获得冠军、亚军。

1986年8月20日至9月4日，吉林省足球队访问朝鲜慈江道江界市进行了5场友谊比赛。战绩为2胜2平1负。吉林省足球队的领队是孙恩喜，副领队是李钟风，秘书长是张东辉，秘书是王喜文，翻译是崔明华，教练是郑东权，运动员有金光洙、高珲、崔春虎、林春权、韩承哲、郑学龙、金永日等16人。

1986年8月24日至9月4日，延边朝鲜族自治州龙井一中足球队参加了在文莱举行的第十五届亚洲中学生足球锦标赛。战绩为：龙井一中对阵泰国队是0：2，龙井一中对阵新加坡队是0：1，龙井一中对阵印度队是3：2，龙井一中对阵中国澳门队是 3∶0。龙井一中足球队的领队是徐润伍，副领队是宋文泉，翻译是朴金秀，医生是黄昌杰，教练是郑钟燮、崔三炳，运动员有许东浩、韩钟国、李万洙等 17 人。

1986 年 8 月 26 日，吉林省人民政府批准延边体育中学更名为延边体育运动学校。

1986 年 9 月 4~11 日，长春举行第十届吉林省运动会。延边朝鲜族自治州代表队共获 13 枚金牌。足球成绩如下：甲组第一名是延边建筑公司队；乙组第一名是汪清县队；女子足球第二名是延边女子足球队。

1986 年 9 月 21~25 日，延吉市举行全国"智力杯"足球赛暨延边地区选拔赛。龙井县队、延吉市队、开山屯化学纤维浆厂子弟中学队分别获得第一名至第三名。

1986 年 10 月 15~26 日，石家庄举行全国青年足球联赛。延边青年队获得第九名。

1986 年 10 月 22 日，宁夏银川举行全国足球乙级联赛决赛。吉林省足球队获得第二名，并晋级全国足球甲级队。

1986 年 10 月 31 日，吉林省青年足球队的方根燮、鲁池天等运动员入选国家青年足球集训队。

1986 年 11 月 1~10 日，石家庄举行全国"智力杯"足球比赛。延边体育运动学校队和龙井一中足球队分别获得第四名和第六名。

1986 年 11 月 6 日，延边朝鲜族自治州人民政府在延边艺术剧场举行吉林省足球队表彰大会。

1986 年 12 月 2 日，崔光仑被任命为延边朝鲜族自治州体委副主任兼延边体工大队队长。

1986 年 12 月 24 日，延边足球协会进行改组。黄泽均等老同志主动退出第一线。金成和为名誉主席，李钟风任主席，孙中天任专职副主席兼秘书长。

1986 年，龙井县不仅被国家民委、国家体委命名为"全国民族体育先进县"，而且被吉林省人民政府命名为"吉林省体育先进县"。

1986 年，国家体委授予新中国开拓者荣誉奖章以及证书。延边朝鲜族自治州共有 31 人获得。其名单如下：黄泽均、韩洙殷、罗梦增、朴秉哲、孙中天、金镒甲、朴祥福、李昌麟、文政国、徐相敬、李钟风、全今淑、金河英、高日龙、池昌勋、崔槿植、俞林、许河图、李昌洙、黄斗洙、金明国、黄龙洙、金海龙、染昌翰、郑址胜、郑东权、许京秀、崔玉莲、朱锡享、朴春山、郑勋子。

1987年1月15~23日，广东省封开举行全国业余体校足球比赛。在此次比赛中，龙井业余体校足球队获得少年乙组第二名。龙井业余体校足球队的领队是黄昌杰，教练是赵仁哲，运动员有李仁福、郑永学、金日、朱英志、洪日等18人。

1987年1月17日，龙井一中被国家教委、国家体委评为全国体育传统项目学校。

1987年1月20~21日，延吉市延边体育馆举行全国少年足球邀请赛。延吉市延南小学队获得第一名，延吉市新兴小学队获得第二名。

1987年2月3日，吉林省足球队运动员高钟勋、崔光日入选国家足球二队。

1987年2月5日，延边朝鲜族自治州足球协会创办的《足球简报》正式发行。

1987年3月3日，延边朝鲜族自治州体委召开了延边朝鲜族自治州厂矿、企业教育科干部会议，重点研究厂矿、企业子弟学校如何开展体育活动的问题。

1987年3月6日，延边朝鲜族自治州体委召开延边朝鲜族自治州体育训练工作会议。

1987年3月13日，延边朝鲜族自治州体委主任李钟风兼任延边体育运动学校校长。

1987年3月24日，敦化市因订阅《吉林体育报》居全省之首而受到表扬。

1987年3月25~27日，龙井体委和省体委组成联合调查组对市内的6个乡10个镇进行了体育人口、体育场地器材设备的专项调查。

1987年3月28日，龙井市农民体育协会正式成立。

1987年4月7日，金元淳、卜梦鳌被任命为延边体育运动学校副校长，常一民被任命为党总支副书记。

1987 年 4 月 10 ~ 19 日，河南省洛阳举行全国"白花朵杯"少年足球邀请赛。参加比赛的有来自辽宁、湖北、河北、吉林、洛阳、河南、山东、湖南、广西的少年足球队以及国家少年队等 10 支队伍。其中吉林省少年足球队（延边队）获得第一名。吉林省少年足球队的领队是李昌麟，教练是全永春、董景春，运动员有金美龙、李光浩、崔东植、李虎天、崔龙峰、姜日等 17 人。

1987 年 4 月 18 日，龙井市被国家体委命名为全国体育先进县。

1987 年 4 月 23 ~ 30 日，西安举行全国"幼苗杯"足球比赛。在此次比赛中，延吉市三中足球队获得第一名。延吉市三中足球队的领队是许东益，教练是崔昌国、崔在源，运动员有张东禹、申龙德、崔龙权、金泰龙、金学哲等 16 人。

1987 年 5 月 1 ~ 5 日，延吉市举行全国中学生女子足球出国选拔赛。其中和龙县女子足球队代表吉林省获得第二名。和龙县女子足球队的领队是郑龙俊，教练是金宪国、徐义范，运动员有金玉花、金香兰、宋长丽、尹玉兰、金成淑等 16 人。

1987 年 5 月 5 ~ 12 日，河北省张家口举行全国"和平杯"青年足球分区赛。延边面粉厂足球队获得第五名。在辽宁金县举行的全国"和平杯"青年遗珠赛分区赛中，开山屯化学纤维浆厂足球队获得第七名。

1987 年 5 月 12 日，吉林省委副书记王忠禹、副省长刘云昭在延边朝鲜族自治州委书记李德洙、副州长金东基的陪同下视察延边体育馆工程建设。

1987 年 5 月 12 ~ 14 日，延边朝鲜族自治州"希望杯"足球赛在延吉市和龙井县举行。

1987 年 5 月 16 日，和龙县体委主任谭志福离任，郑龙俊任和龙县体委主任。

1987 年 5 月 18 ~ 22 日，汪清县举行延边朝鲜族自治州足球传统项目学校足球比赛。

1987 年 5 月 19 日，在全国甲级联赛 B 组青岛赛区比赛中，吉林省队获得第三名。

1987 年 5 月 26 ~ 30 日，图们市举行全国"贝贝杯"足球赛暨延边地区选拔赛。安图县东风小学队、汪清县第二小学队、延吉县新兴小学队分别获得第一名至第三名。

1987年5月27日，吉林省副省长高文田在副州长金东基的陪同下视察延边体育馆工程建设。

1987年5月27~30日，由延边足球协会主办的首届延边"足协杯"足球赛在开山屯举行。参加比赛的有开山屯化学纤维浆厂队、延边面粉厂队、延吉市电机厂队、安图电焊机厂队、和龙林业局队、图们铁路（火车头）队、延边青年队等。延边青年队获得冠军，图们铁路（火车头）队获得亚军。

1987年6月2日，意大利业余足球队到访延吉，在延吉市人民体育场与吉林省足球队进行了国际足球友谊赛。双方以0∶0的比分握手言和。

1987年6月6~10日，延吉市举行全国"萌芽杯"足球赛暨延边地区选拔赛。和龙县足球队、延吉市足球队、龙井县足球队分别获得第一名至第三名。

1987年6月9~13日，汪清县举行延边足球重点中学足球比赛。龙井一中队、延大附中（延吉市三中）队、和龙县三中队分别获得第一名至第三名。

1987年6月16~20日，珲春市举行全国"幼苗杯"足球赛暨延边地区选拔赛。延吉市队、龙井市队、珲春市队分别获得第一名至第三名。

1987年6月17日，延边朝鲜族自治州13个乡被评为吉林省体育先进乡。

1987年6月19~27日，广东省梅县举行第六届全运会足球分组比赛。吉林省足球队因获得第三名被淘汰。

1987年6月23~30日，延边朝鲜族自治州体委在汪清县举办汉族学校足球教练员培训班。

1987年6月26日，吉林省足球队在广东省梅县赛区最后一场比赛中，被甘肃队逼平，失去参加第六届全运会足球决赛资格。

1987年6月，延吉市成立延边体育记者协会，主席为李钟风，秘书长为高云龙。

1987年7月2日，黑龙江省海林县"贝贝"足球队和延边安图县"贝贝"足球队到汪清县与汪清"贝贝"足球队进行友谊赛。

1987年7月7~9日，龙井市举行延边朝鲜族自治州第十三届运动会少年足球预赛。

1987年7月10~18日，北京举行全国六城市"友谊杯"足球比赛。其中延边朝鲜族自治州开山屯化学纤维浆厂足球队获得第二名。开山屯化学纤维浆厂足球队的领队是森炳善，教练是吴哲林、严永镐，运动员有尹范植、崔春桂、金成哲、李相春等17人。

1987年7月13日，朱锡享调任延边体育馆副馆长。

1987年7月13~26日，吉林省足球队副教练秋鸣赴朝鲜平壤参加国际足联和奥林匹克地区联合会举办的国际足球教练员培训班。

1987年7月15~25日，青岛举行"走向2000年"全国足球夏令营比赛。延吉市延南小学足球队在小组比赛中遭淘汰。

1987年7月16~18日，和龙县举行延边中学生女子足球比赛。和龙县队、延吉市队、汪清县队分别获得第一名至第三名。

1987年7月16~23日，长春举行全国"希望杯"足球分区赛。其中龙井业余体校足球队获得第三名。龙井业余体校足球队的领队是李秀龙，教练是金成日，运动员有金长日、林南奎、金宇、洪哲默等16人。

1987年7月22~24日，开山屯举行延边工矿企业子弟中学足球比赛。开山屯化学纤维浆厂子弟一中队、图们铁路一中队、开山屯化学纤维浆厂子弟二中队分别获得第一名至第三名。

1987年7月23~30日，西安举行全国"幼苗杯"足球赛决赛。在此次比赛中，延吉市三中足球队获得第一名。延吉市三中足球队的领队是许东益，教练是崔昌国、崔在源，运动员有张东禹、申龙德、崔龙权、金泰龙、金学哲、李日、南日、李时峰等16人。

1987年7月24日至8月2日，北方第六届"蓓蕾杯"小学足球赛中，延吉市中央小学足球队获得冠军。

1987年7月24日至8月5日，贵州省贵州工学院举行全国大学生"黄果树杯"足球赛。参加比赛的高校有同济大学、上海中国纺织大学、北京工业大学、中央民族学院、北京大学、广西大学、大连海运学院、黑龙江大学、华中工学院、华南工学院、延边大学、延边农学院、贵州工学院、天津大学、云南工学院、哈尔滨工业大学、山西大学等 17 支代表队。
在此次比赛中，同济大学、延边大学、上海中国纺织大学、延边农学院、
华中工学院、华南工学院分别获得第一名至第六名。延边大学足球队领队
是崔廷国；教练是李正烨、姜铁寿；运动员有李延根、朴春山、张春植、
金文成、朴龙男等 18 人。延边农学院足球队的领队是金东星，教练是李文
学、金东星（兼），工作人员是金东根，运动员有余光日、朴铉春、吴春
泽、金范植等 18 人。

1987 年 7 月 26 日至 8 月 6 日，吉林省足球队在"金利来杯"全国足
球甲级联赛 B 组比赛中，最终获得第七名。

1987 年 7 月 30 日至 8 月 5 日，张家口举行全国"萌芽杯"足球北方
赛区比赛。延边朝鲜族自治州和龙县实验小学足球队获得冠军。和龙县实
验小学足球队的领队是金仁洙，教练是黄健、黄秀峰，运动员有南京洙、
黄文松、金学哲、韩权等 12 人。

1987 年 8 月 18~20 日，敦化举行延边朝鲜族自治州"成长杯"汉族
中学足球比赛。

1987 年 8 月 23 日，吉林省足球队运动员金光洙被团省委评为"新长
征突击手"。

1987 年 8 月 25 日至 9 月 1 日，河北省邢台市举行全国优秀少年足球队
"卧牛杯"足球比赛。延边少年足球队代表吉林省参加了此次比赛。延边
少年足球队的领队是全永春，教练是全永春（兼）、董景春、李虎恩，运
动员有吕敏洙、李太洙、崔东植、姜日、金忠烈、严昌学等 18 人。

1987 年 8 月，广东省封开举行全国业余体校足球赛乙组比赛。龙井业
余体校足球队获得第二名。

1987 年 8 月，河北省石家庄市举行全国"希望杯"足球赛分组赛。延
边朝鲜族自治州汪清县二中足球队获得第三名。

1987 年 9 月 1~5 日，延吉市举行延边第十二届体育运动大会。比赛项
目包括足球、篮球、排球、田径、秋千、跳板、摔跤、武术等。足球比赛
中，延边工商行政管理局队、开山屯化学纤维浆厂队、延边粮食系统队分
别获得第一名至第三名。

1987 年 9 月 2 日，延边体育运动学校被评为延边朝鲜族自治州民族团

结先进单位。

1987 年 9 月 4~12 日，河南省安阳市举行全国青年足球联赛。其中吉林省青年队（延边青年队）获得第四名。吉林省青年队（延边青年队）的领队是全永春，教练是全永春（兼）、李虎恩，运动员有吕敏洙、严昌学、玄虎岩等 16 人。

1987 年 9 月 9 日，延边朝鲜族自治州副州长金东基到延边体育运动学校与广大师生一起进行了座谈会。

1987 年 9 月 10 日，在延边朝鲜族自治州委书记李德洙、州长黄载林、副州长孙鸿翔等陪同下，代省长何竹康、副省长刘树林参观延边体育馆。

1987 年 9 月 11~14 日，长春召开吉林省体育先进单位经验交流会。延边朝鲜族自治州 13 个乡镇先进单位参加了会议。

1987 年 9 月 15~20 日，延吉市举行全国女子足球锦标赛。其中延边女子足球队获得第四名。延边女子足球队领队是郑龙俊；教练是金宪国、黄健；运动员有金香兰、杨晓东、安京花、朴爱莲、张美花、尹玉兰、金成淑等 18 人。

1987 年 9 月 21~22 日，汪清举行延边朝鲜族自治州石油系统运动会。

1987 年 9 月 22 日，延吉市人民体育场召开延边朝鲜族自治州州直离退休职工运动会。

1987 年 10 月 20 日，吉林省足球队在全国足球甲级联赛 B 组比赛中，最终获得第七名。

1987 年 11 月 4~9 日，延边朝鲜族自治州体委举办延边朝鲜族自治州足球教练员培训班。

1987 年 12 月 7 日，在延吉市成立了《吉林体育报》延边记者站，延边朝鲜族自治州委副主任宋文泉任站长。

1987 年 12 月 8 日，张世顺被任命为共青团延边朝鲜族自治州体育委员会书记。

1987 年 12 月 24~27 日，延吉市延边体育馆举行延边朝鲜族自治州儿童室内足球比赛。和龙县头道第一小学队、龙井市新安小学队、珲春县第二小学队分别获得第一名至第三名。

1987 年 12 月 28 日，延边朝鲜族自治州珲春县被评为吉林省体育先进县。

1988 年 4 月 4~9 日，在大连市举行的东北地区师范院校体育系统足球比赛中，延边大学体育系队获得冠军。

1988 年 4 月 6~9 日，延吉市延边朝鲜族自治州体育馆举行延边朝鲜族自治州中学生室内足球比赛。和龙县队、珲春县队、延吉市队分别获得第一名至第三名。

1988 年 5 月 1~8 日，湖北省武汉市在薄纺工厂赞助下举行全国少年优秀足球队"薄纺杯"邀请赛。延边朝鲜族自治州龙井市体校队获得第六名，还被评选为"最佳球队"。

1988 年 5 月 10~18 日，山西省太原市举行全国最佳少年"胶管杯"足球比赛。龙井市业余体校队获得第五名。

1988 年 5 月 10~18 日，图们市举行延边第二届"足协杯"足球赛。在此次比赛中，延吉市工商局队、开山屯化学纤维浆厂队、图们铁路队分别获得第一名至第三名。

1988 年 5 月 10~18 日，河北省沧州市举行全国少年"凌雁杯"足球赛。延吉市业余体校代表队获得第四名。

1988 年 5 月 10~27 日，湖北省安陆县举行全国青年足球联赛预赛。在此次比赛中，吉林省青年队获得第二名。吉林省青年队的领队是姜圣男，教练是全永春、董景春、郑相龙，运动员有韩春权、玄虎岩、金忠烈、黄东春、黄云山等 19 人。

1988 年 5 月 14~23 日，珲春举行全国"希望杯"足球赛暨延边地区选拔赛。龙井县队、和龙县队、汪清县队分别获得第一名至第三名。

1988 年 5 月 16 日，吉林省足球队队员崔光日入选国家足球队。

1988 年 5 月 26~29 日，汪清举行全国"贝贝杯"足球赛暨延边选拔赛。汪清县第二实验小学队、安图县第一实验小学队、和龙县头道第一小学队分别获得第一名至第三名。

1988 年 6 月 6~9 日，龙井举行全国"萌芽杯"足球赛暨延边地区选拔赛。比赛结果：延吉市中央小学队、龙井小学队、和龙县第一实验小学队分别获得第一名至第三名。

1988 年 6 月 13~16 日，和龙举行全国"幼苗杯"足球赛暨延边地区选拔赛。比赛结果：延吉市三中、汪清县二中、和龙县足球队分别获得第一名至第三名。

1988年6月21日，延吉市成立了中国朝鲜族足球联谊会。参加成立大会的有北京、天津、沈阳、哈尔滨、牡丹江、长春、吉林、内蒙古和延边各县、市的足球界著名人士以及有关部门领导共80余人。

1988年6月25~27日，和龙举行延边女子足球赛。延吉市队、汪清县队、敦化市队分别获得第一名至第三名。

1988年7月5~11日，北京举行全国最佳青年足球队"艺美康复杯"足球赛。在此次比赛中，吉林省青年足球队获得第二名。吉林省青年足球队的领队是姜圣男，教练员是全永春、董景春、郑相龙，运动员有郑永学、洪龙春、崔东植、金美龙等19人。

1988年7月21~29日，延吉市举行全国少年"幼苗杯"足球赛决赛。延边体育运动学校足球队获得第二名。

1988年7月27~30日，安图县举行延边朝鲜族自治州汉族小学汉族学生足球比赛。

1988年8月1~3日，珲春市举行延边朝鲜族自治州汉族中学汉族学生足球比赛。

1988年8月5~12日，朝鲜咸镜北道足球队来访，与延边队进行国际足球友谊赛。

1988年8月6~8日，汪清县举行延边体育传统学校小学足球比赛。

1988年8月11~13日，和龙县举行延边体育传统中学足球比赛。在此次比赛中，珲春市四中、和龙县三中、延吉市五中分别获得第一名至第三名。

1988年8月13日，延吉市延边女子足球队与朝鲜女子足球队进行国际足球友谊赛。双方以0:0的比分握手言和。

1988年8月14~20日，北京举行全国"贝贝杯"足球比赛决赛。延边队获得第五名。

1988年8月20~25日，图们市举行延边地区厂矿、企业中、小学足球赛。比赛结果如下。获得小学组前三名的球队依次为：石岘造纸厂子弟小学、开山屯化学纤维浆厂子弟一小、开山屯化学纤维浆厂子弟二小；获得中学组前三名的球队依次为：图们铁路二中、开山屯化学纤维浆厂子弟一中、开山屯化学纤维浆厂子弟二中。

1988年8月26~29日，朝鲜慈江道足球队访问延边，与延边的各支足球队进行了3场国际足球友谊赛。客队以1：2输给延边大学队，与延吉市工商局队1：1平，以1：2输给吉林青年队。

1988年8月30日至9月3日，大连市举行全国"幼苗杯"足球赛决赛。在此次比赛中，延吉市三中队获得第二名。延吉市三中队的领队是崔豪星，教练是李东哲、张仁石，运动员有金光哲、李日、洪淳九、南日、崔镇范、李熙风等16人。

1988年8月30日至9月7日，图们市举行吉林省第二届青少年运动会足球比赛。比赛结果：龙井市队、汪清县队、和龙县队分别获得小学组第一名至第三名。

1988年9月5~23日，南京市举行全国足球甲级联赛B组比赛。吉林省足球队在小组比赛中被淘汰，并降为乙级队。

1988年9月10~20日，在江西省赣州举行的全国青年足球赛中，吉林青年队最终获得第八名。

1988年9月，延边大学举行延边高等学校教职工球类运动会。在足球比赛中，延边大学队获得第一名。

1988年10月，北京举行全国第一届农民运动会足球比赛。其中龙井县东盛乡农民足球队获得亚军。朴京焕被评为十佳运动员。龙井县东盛乡农民足球队的领队是崔三炳，教练员是严永镐、李秀龙，医生是宋希山，运动员有李虎天、金成哲、李元国、朴京焕等20人。

1988年12月24日，延边朝鲜族自治州龙井业余体育学校教练员张健伟荣获"福来奖"。

1988年12月，延边日报社主持召开以"如何提升延边足球运动"为主题的座谈会。会议在延边朝鲜族自治州农业银行会议室举行。参加座谈会的有：延吉市足球界人士和社会球迷、体委、体校、体工队领导及教练员。

1989年1月14~15日，广东封开举行全国业余体校足球赛。延边朝鲜族自治州龙井市业余体校足球队获得第四名。

1989 年 1 月 17～21 日，延吉市举行延边朝鲜族自治州儿童室内足球比赛。延吉市延新小学、图们市第二小学、开山屯化学纤维浆厂子弟二小分别获得第一名至第三名。

1989 年 3 月 6 日，开山屯化学纤维浆厂举行开山屯化学纤维浆厂和延边朝鲜族自治州体委联办的吉林省青年足球队的签字仪式。协议中决定吉林省青年足球队以"亚松"名义参加全国各级比赛。

1989 年 3 月，吉林省体委主任王富文来延边视察体育事业。

1989 年 4 月 12～16 日，延吉市举行全国"萌芽杯"足球赛暨延边选拔赛。在此次比赛中，龙井小学、延吉市公园小学、珲春市小学分别获得第一名至第三名。

1989 年 4 月 15 日，延边大学体育馆（西）举行延边朝鲜族自治州体委与延边大学共同管理吉林省足球队的协议签字仪式。延边朝鲜族自治州体委主任李钟风、延边大学公共体育教研室主任分别在协议上签字。

1989 年 4 月 16 日至 5 月 3 日，河南郑州市举行第二届全国青少年运动会足球比赛。延边体育运动学校足球队因在预赛中获得第三名被淘汰，失去决赛权。

1989 年 4 月 26 日至 5 月 3 日，龙井市举行延边第三届"足协杯"足球赛。在此次比赛中，延边建筑公司队、开山屯化学纤维浆厂队、延吉市工商局足球队分别获得第一名至第三名。

1989 年 5 月 23 日，延边体委成立了足球办公室，任命郑址胜为办公室主任。

1989 年 5 月 23～27 日，图们市举行全国"贝贝杯"足球选拔赛。在此次比赛中，汪清二小、延吉市新兴小学、珲春市小学分别获得第一名至第三名。

1989 年 5 月 28 日至 6 月 5 日，大连金县举行全国足球乙级联赛。吉林省队获得小组第一名。

1989 年 6 月 6～8 日，和龙县举行全国"萌芽杯"足球赛选拔赛。延吉市公园小学足球队获得冠军，并获得下半年在西安举行的全国"萌芽杯"足球决赛的资格。

1989 年 6 月 11～23 日，图们市举行全国女子"宇全杯"足球赛。延边女子足球队在预赛中被淘汰。

1989年6月20~24日，汪清举行全国"幼苗杯"足球赛暨延边选拔赛。和龙头道光兴中学足球队、汪清县五中足球队、延吉市十中足球队分别获得第一名至第三名。

1989年6月20~27日，延吉市举行首届中国朝鲜族足球比赛。来自内蒙古、北京、天津、辽宁、吉林、黑龙江等省市的足球队经过激烈角逐，最终延吉市工商局足球队获得甲组冠军，龙井市亚松队（省青年队）获得甲组亚军；哈尔滨队获得乙组冠军，沈阳市队获得乙组亚军。

1989年7月12~19日，国家体委主任伍绍祖来延边视察体育工作。伍绍祖在省体委主任王富文和副州长孙鸿翔的陪同下视察了长白山冰雪基地、延边朝鲜族自治州体委、延边朝鲜族自治州体育运动学校、延边体工队、延边体育馆和延吉市人民体育场、朝阳川一中等单位。他在视察工作中，充分肯定延边朝鲜族自治州体育工作所取得的成就和对国家的贡献，同时对未来延边朝鲜族自治州体育的发展提出了宝贵的意见。

1989年7月27日至8月2日，山西省大同市举行全国少年"萌芽杯"足球比赛。在此次比赛中，延吉市公园小学足球队获得第二名。延吉市公园小学足球队领队是郑义春；教练员是崔奎哲、许龙德；运动员有金哲、朴仁郁、朴永日、崔成云、崔日洙、南浩、宋虎军、车日浩、郑东哲。

1989年7月29日至8月3日，山西省大同市举行全国少年"希望杯"足球赛。延边体育运动学校获得第二名。

1989年7月31日，在长春市结束的"花坛杯"足球赛中，吉林队获得冠军。吉林队的领队是梁春锡，教练员是李虎恩、崔龙哲、朴云哲，运动员有金光雄、郑哲、玄春善、郑京东、金哲学、洪淳九、黄吉男、李时锋等18人。

1989年7月，延边体育运动学校足球运动员玄春善、金哲学入选国家少年足球队。

1989年8月1~7日，大连市举行全国少年"幼苗杯"足球北方区B组赛。和龙县头道中学足球队获得第三名。该校金万洙运动员被大会授予"体育道德风格奖"。

1989年8月15~18日，延吉市举行全国朝鲜族五项体育邀请赛。在少年组足球比赛中，延吉市和龙井市分别获得第一名和第二名。

1989 年 8 月 16~28 日，龙井市、汪清县两地举行延边朝鲜族自治州"州长杯"中、小学足球比赛。在此次比赛中，获得小学组前三名的球队依次为：延吉市新兴小学、和龙县头道第一小学、敦化市第四小学；获得中学组前三名的球队依次为：龙井一中、延吉市五中、图们市五中。

1989 年 8 月 17~18 日，图们石岘举行延边厂矿企业子弟中学足球赛。图们市铁路二中足球队和石岘二中队分别获得冠军、亚军。

1989 年 8 月 19~21 日，图们石岘举行延边厂矿企业子弟小学足球比赛。开山屯化学纤维浆厂子弟二小、图们铁路一小、石岘造纸厂子弟二小分别获得第一名至第三名。

1989 年 8 月 20~25 日，延吉市举行全国"建设杯"足球赛暨延吉赛区比赛。在此次比赛中，延边建筑公司队、长春电机器材交通公司队、大连市建筑基地管理局足球队分别获得第一名至第三名。

1989 年 8 月 20~28 日，汪清县举行延边中学生"州长杯"足球赛。在此次比赛中，龙井一中、延吉市三中、图们市五中分别获得第一名至第三名。

1989 年 8 月 26~31 日，朝鲜慈江道足球队来访延边，与吉林省各队进行了 4 场国际足球友谊赛。吉林省队以 2：1 胜客队，市工商局队以 1：1 平客队，吉林省青年队以 2：1 胜客队。

1989 年 9 月 11 日，以延吉市为中心成立延边球迷协会。名誉会长为金成和、金东基、李政文、金银赫、金东官；主席为尹云杰；副主席为池云龙、俞炳杰、许昌云、金南龙。

1989 年 9 月 13 日，吉林省足球协会名誉会长李德洙、延边朝鲜族自治州委宣传部部长李政文、副州长郑龙哲、延吉市代理市长朴东奎等领导到省足球队鼓励大家在全国足球乙级联赛中取得好成绩。

1989 年 9 月 15 日，延边体育运动学校 6 层教学楼落成，建筑面积为2760 平方米，投资总金额为 130 万元。

1989 年 9 月 15~25 日，延吉市举行全国足球乙级联赛。吉林省足球队在决赛中遗憾地被淘汰出局。

1989 年 9 月，延边医学院举行延边高校教职工球类运动会。延边医学院足球队在足球类比赛中获得第一名。

1989年10月1~3日，延吉市举行庆祝中华人民共和国成立40周年运动会。比赛项目包括足球、排球、篮球、田径、网球、门球、秋千、跳板、摔跤、散手（武术）等。

1989年10月27~29日，受日本大阪新观光株式会社金英宰先生的邀请，吉林省足球队访问了日本大阪、名古屋等城市，并同日本朝鲜族同胞联合足球队进行了友谊赛。吉林省足球队以2∶1胜大阪队，1∶2负名古屋队。吉林省足球队代表团团长为李钟风，副团长为张秋甫（省体委人事处处长），领队为崔光仑，教练员是郑钟燮、俞东洙、秋鸣，运动员有董成灿、李太洙、崔光日等15人。

1989年10月，汪清业余体校金硕洙、龙井市实验学校体育教员金国权获得全国"福来奖"，而且被国家体委评为"最佳足球教练"。

1989年12月19~21日，延边朝鲜族自治州体育馆举行首届延边朝鲜族自治州室内足球赛。在此次比赛中，延吉市十中、图们铁路二中、和龙县三中分别获得第一名至第三名。

1989年12月28日，延边体育记者协会评出20世纪80年代延边体育运动十大新闻。其中足球新闻包括：①延边朝鲜族自治州足球运动稳步发展，延边朝鲜族自治州青少年足球队在全国性比赛中获得了15次冠军。②吉林省足球队两次降为乙级队。③女子足球兴起，获得全国比赛冠军。④10多年来延边朝鲜族自治州25名足球运动员先后入选国家足球队。

1989年，敦化举行延边朝鲜族自治州汉校小学足球比赛，参加比赛的共有7支球队63名足球运动员。

1989年，安图举行延边朝鲜族自治州汉校学生足球比赛，参加比赛的共有7支球队120名足球运动员。

1989年，图们市石岘造纸厂举行延边朝鲜族自治州工矿企业子弟中小学足球赛，参加比赛的共有7支球队94名足球运动员。

1989年，延边朝鲜族自治州体委和教委联合进行了延边朝鲜族自治州53所足球传统学校验收工作，取消了18所，增加了7所，并撰写了一份有关足球传统学校的调研报告。

1990年，延吉市第二高中足球队参加了延边朝鲜族自治州重点高中足球赛，最终获得第二名；延吉市五中足球队参加了"幼苗杯"足球赛，最终获得第二名。

第三节　延边足球运动的重新崛起

1991 年 4 月 11 日至 10 月 20 日，全国足球甲级联赛成功举办。比赛分 A、B 组进行。B 组比赛分三个阶段进行。吉林省足球队被安排在了 B 组的第一、第二阶段的比赛，最终，吉林省足球队以积 19 分的成绩列第三名。吉林省足球队在第三阶段比赛中，获得第四名的佳绩。

1991 年 5 月 29 日至 6 月 7 日，全国青年男子足球联赛分别在南充、杭州、张家口、洛阳举行。决赛于 10 月 15~25 日在大连举行。吉林青年队在张家口赛区的比赛中表现欠佳，仅列倒数第二名。

1991 年 5 月 29 日至 6 月 10 日，全国足球乙级联赛（预赛）分别在沙市、长沙、柳州和北京举行。决赛于 9 月 29 日至 10 月 7 日在济南举行。吉林二队在北京赛区八支参赛队中获得第二名，在决赛中获得第五名。

1991 年，延吉市十中足球队参加"幼苗杯"足球赛，获得第二名。

1992 年，延吉市五中足球队和延吉市十中足球队参加延边朝鲜族自治州"幼苗杯"和"州长杯"以及全省初中足球比赛，最终两队均获得第一名。

1992 年，延边一中足球队参加全国朝鲜族足球比赛（高中组），最终获得第二名。

1992 年 1 月 14~25 日，全国业余体校少年足球比赛在广东封开举行，共有 11 支球队参加比赛。吉林队积分 8 分，获得第三名；获得冠军、亚军的球队分别为上海队、辽宁队。

全国足球甲级联赛分 A、B 组进行。参加 A 组比赛的有辽宁、广州、大连、"八一"、上海、北京、广东、沈阳等 8 支球队。吉林等 10 支球队参加了 B 组比赛。B 组第一阶段比赛于 1992 年 5 月 3 日开始。比赛分两个赛区，采用主客场制。各赛区前两名的球队于 9 月参加第二阶段主客场制比赛，并决出前四名。吉林队在二区的排名为第一。B 组第二阶段，吉林队获得第二名。最终，吉林足球队在中国足球甲级联赛中排名前十。

1992年，吉林队在甲B联赛中脱颖而出，成功跻身甲A球队的行列。由于1993年是全运会年，全国的联赛暂停。第七届全国运动会吉林队的大部分球员都处在当打之年，主力阵容中高钟勋年龄最大，为28岁。主力阵容中的金光柱为25岁、方根燮为24岁、李红军为23岁、姜峰为23岁、李光浩为22岁、张庆华为22岁。这届全运会出尽风头的是小将李时锋，在未打满全部比赛的情况下，竟然获得全运会最佳射手，当时他只有20岁，球队整体非常年轻，朝气蓬勃。

当时，国内大部分球队以防守反击战术为主，国家队也是以"532"阵型出战，但是吉林队主帅李虎恩指导非常有魄力，独树一帜，根据吉林队球员作风顽强、打法硬朗的特点，采用了全攻全守的战术，在这届全运会上刮起了一股强劲的长白旋风。吉林队当时的阵型是"352"，非常难得的是，在中场的5名球员中，并没有安排过多的防守球员，在中场高钟勋、姜峰、金明国的铁三角前面，还安排了两名速度型进攻球员。方根燮、朴文虎、李时锋、李龙虎这几名攻击型球员虽然个头不高，但是速度非常快，进攻时队形保持得非常好，让对手防不胜防。

决赛阶段的小组赛，吉林队遇到的第一个对手是解放军队。当时的解放军队以八一队为班底，吸收了其他沈部、北部等部队球队的优秀选手，号称集全军足球之精华，球队中拥有一批新老国脚。很不幸，这支球队成为吉林队的磨刀石，全场比赛吉林队的进攻如同水银泻地一般，解放军队毫无还手之力，最终比分定格在4∶0。这场比赛一结束，便轰动了整个全运会赛场，吉林队隐隐有夺冠之相。

小组赛的前两轮，辽宁队和吉林队都是两战两胜，于是最后一轮两队的比赛决定了小组第一名的归属。比赛中吉林队先声夺人，率先攻入一球，让辽宁队承受了很大的压力。辽宁队是当时国内足坛最具实力的球队，球队中既有马林、李争、赵发庆、唐尧东等老将，又有王涛、李明、魏意民等大连的新秀，球队攻守兼备，最终由孙伟扳回一球。在点球大战中，吉林队惜败。

这场比赛的结果，几乎决定了全运会足球冠军的走势，因为在后来的八强分组中，吉林队和北京队分在了一组，而辽宁队和八一队分在了一组。八一队在小组赛中，被攻入6球，只打进1球。

在8进4的比赛中，吉林队没有延续小组赛的攻势，而北京队抓住了吉林队后防线上的漏洞，由高峰在上、下半场各入一球，最终北京队以2∶0进入4强。这一届全运会中，北京队准备得比较充分，前锋线上高峰、谢峰、高洪波、郭维维等队员均具备了速度、抢点和高度优势，中、后场人员也比较整齐。

更为难得的是，吉林队全攻全守的打法令人耳目一新，为当时暮气沉沉的国内足坛注入了一股清风。如果我们再回看这届全运会的足球决赛，可能会感觉到比赛节奏异常缓慢，辽宁队老队员居多，很多比赛时间在倒脚传球，寻找北京队的漏洞，这固然体现了辽宁队经验丰富，但是中国足坛长时间没有球队挑战辽宁队，也导致了打法上的万马齐喑。吉林队的全攻全守战术，为1994年职业联赛提供了有意义的借鉴。

在1994年职业联赛之前，吉林队到韩国打热身赛，分别和职业队、企业队、韩国大学生队打了一系列比赛，最终5场比赛3胜2负，输给职业球队的比分差距都不大，震动了韩国足坛。韩国足球界没有想到，在中国还有这么一支富有攻击力的球队，甚至有韩国媒体认为，高钟勋即便是在韩国国家队也有一席之地。这次韩国热身赛的意外收获，为吉林队拉到了赞助，当时的韩国三星集团为球队注入了资金，获得了吉林队的冠名权，解决了球队经费的燃眉之急。

吉林队在这届全运会的另一个插曲是中场球员姜峰的归属问题。姜峰是吉林长春人，在全运会之前，已经完成了球员流动的所有程序，辽宁队也支付了相关费用，但是吉林队执意将姜峰报入全运会名单，辽宁队将官司打到了中国足协，中国足协做了很多协调工作，最终姜峰得以代表吉林队参赛。这届全运会对于吉林足球有着非比寻常的意义，不仅锻炼了队伍，而且为即将到来的职业联赛积蓄了力量，更使一大批球员在全国范围内开始被球迷熟知。在不久后的1994年广岛亚运会上，这届吉林队的三名球员位列其中：金光柱、高钟勋、姜峰。中国国家队更是凭借高钟勋一脚似传似射的进球，一球击败伊朗队。

第四章

延边校园足球运动的协调、可持续发展

第一节　延边校园足球运动的协调发展

延边朝鲜族自治州是全国朝鲜族居住人口最多的聚集区。随着各县、市体校名存实亡，学校足球已经成为培养足球后备力量的主要途径。延边地区的校园足球已经成为延边足球的主要推动力量和后备力量，[①] 延边地区职业联赛的蓬勃发展也促使足球这项运动在延边各地，特别是中学、小学甚至大学校园里激发了学生浓厚的学习兴趣，兴起校园"足球热"。

1997 年，延边朝鲜族自治州青少年足球工作会议在延吉市举行。此次会议是对 1994 年以来延边青少年足球运动发展的一次阶段性总结，同时确立了今后延边朝鲜族自治州青少年足球工作发展的方向和目标，即巩固普及成果，提高竞技水平，突出关键环节，产生足球活动质的飞跃，延边朝鲜族自治州体委、延边朝鲜族自治州教委、延边足球协会、各县（市）文体局、教委等有关部门领导和负责同志共 40 余人参加了会议。在回顾近几年延边朝鲜族自治州青少年足球运动发展历程及取得的成绩时，与会者普遍认识到，广泛开展多种形式的学校足球活动，尤其是坚持学校足球周末比赛制度和"州长杯""市长杯""县长杯""校长杯"等足球活动，极大地推动了州青少年足球运动的普及工作，而各级学校足球委员会的成立和

---

① 李孝阳：《延边足球后备人才培养现状分析》，《延边大学学报》（自然科学版）2006 年第
2 期，第 152 页。

有效工作，又使州青少年足球工作有了组织保障。延边朝鲜族自治州体委主任崔光仑在总结时指出："立足当前，展望未来，形成发展青少年足球的良好氛围，努力缩短一线与二线、三线队伍的差距，形成以足养足良性循环的发展体系是我们的总目标。在今后的工作中，青少年足球工作要有质的飞跃。要强化学校体系的足球工作，突出高中阶段这一关键环节的重要作用，坚持普及与提高的协调发展，完善竞赛制度，逐渐走竞赛活动和业余训练活动社会化之路。"① 同时，会上还传达了全国足球岗位培训工作会议精神，提出教练员的培训也是当务之急。

延边朝鲜族自治州体育局和延边朝鲜族自治州教育局共同着眼于青少年足球的发展，谋划"从娃娃抓起"的足球后备人才体系建设，在探索中开启延边青少年足球圆梦之门，走上"体教结合"培养足球后备人才光明之路，提出"主动结合、紧密结合、有效结合、创新结合"的发展思路。

自1990年至今，在延边朝鲜族自治州教委、延边朝鲜族自治州体委的共同努力下，几乎每年都举行"州长杯""希望杯"等各项中小学组的足球赛事。其中"州长杯"的开展时间最长、重视度最高，是延边朝鲜族自治州校园足球最高水平的赛事。参加单位主要包括延吉市、龙井市、图们市、和龙市、珲春市、敦化市、安图县、汪清县，各县市的高中、初中、小学，每个学段各报一个代表队。

为了更好地发展校园足球运动，延边每年都举办"贝贝杯"，并选拔优秀运动员参加全国"贝贝杯"足球比赛，更广泛地推动了各县、市小学足球运动的普及与发展。截至目前，延边代表队在全国"贝贝杯""萌芽杯"等各项足球比赛中获得了多项桂冠。

和龙市体校自1987年获得"萌芽杯"冠军以后，延吉市延新小学也在1992年获得全国"萌芽杯"冠军；延吉市建工小学获得1994年全国小学甲A比赛冠军；延吉市公园小学1998～2000年，连续三年获得"贝贝杯"全国冠军；延边一中从1992年开始在全国中学生运动会、全国中学生足球联赛中屡获佳绩，还代表中国参加了亚洲中学生足球比赛，向全国30多所大学、职业俱乐部输送了200多名优秀足球运动员。这些成绩极大地鼓舞了延

---

① 高伟：《全州青少年工作会议确定今后我州青少年足球发展方向》，《延边日报》1997年11月18日。

边足球界，各界人士也纷纷为延边代表队取得的佳绩而高兴和自豪。

2000 年，延边朝鲜族自治州教育局携手延边朝鲜族自治州足球协会为校园足球发展拟定了足球传统特色学校，这也使延边朝鲜族自治州校园足球迈出了历史性的一步。

2002 年，为了更好地促进校园足球的发展，延边朝鲜族自治州设立了足球特色学校与足球重点学校。成立之初，延边朝鲜族自治州的 8 个县、市共设立足球重点学校 32 所。其中，小学 14 所、初中 10 所、高中 8 所。赛制也改为上半年、下半年各举行一次。

2008 年 5 月，延边朝鲜族自治州体育局、延边朝鲜族自治州教育局在全省范围内召开了延边朝鲜族自治州学校体育工作会议，调整了足球重点学校的布局，并规范了竞赛制度。延边朝鲜族自治州教育局专门出台了足球重点学校跨区域招生，中考体育面试、降分录取等政策，这极大地推动了基层校园足球运动的蓬勃发展。

2009 年，教育部、国家体育总局联合下发《关于开展全国青少年校园足球活动的通知》，作为中国足球协会市级会员单位，"足球之乡"延边朝鲜族自治州被列入该项活动的 44 个首批布局城市之一，为延边校园足球运动开辟了新篇章。

2010 年 4 月 10 日，延边朝鲜族自治州延吉市校园足球启动仪式在延边朝鲜族自治州延吉市公园小学操场上隆重举行，延边朝鲜族自治州教育局全面部署了活动方案，并要求各县、市的学校认真贯彻该方案，而且活动不能仅仅局限于在 46 个布局学校展开，须全面启动校园足球活动并提高质量。同时，为了提高延边校园足球运动水平，延边朝鲜族自治州体育局、延边朝鲜族自治州教育局等部门也把教练员队伍的梯队建设纳入了校园足球活动的重要内容之一，并举办了多期教练员培训班，专门聘请专业的足球教练员进行州级、国家级的培训。

延边足球夏令营活动是推动发展延边校园足球的又一个举措。足球夏令营活动每年举办一届，由延边朝鲜族自治州八个县、市分别承办。2010~2011 年，龙井市、和龙市举办了两届校园足球夏令营活动，之后图们市、珲春市、延吉市、敦化市也分别承办过足球夏令营活动。活动内容有足球 7 人制、11 人制比赛，以及技术测试等多项活动。

2015 年 2 月 27 日，是中国足球史上具有里程碑意义的一天，在全国第十次中央全面深化改革领导小组会议上，由习近平总书记担任组长审议通过了《中国足球改革发展总体方案》。这是党中央、国务院决策部署的改革方案，从国家层面明确了足球的战略意义，其高度和力度前所未有。这一政策为延边校园足球运动的规范化、科学化发展指明了方向。延边朝鲜族自治州在州范围内建立校园足球联赛机制，计划创建 200 所达到州级以上标准的校园足球特色学校，让每个学校、年级、班级都有足球队，做到周周有比赛，日日有活动。同时，广泛开展足球明星进校园、足球夏令营等系列活动，让更多的学生了解足球、热爱足球、学习足球，从足球活动中收获乐趣。延边朝鲜族自治州足球重点学校比赛是为落实《延边朝鲜族自治州足球发展十年规划纲要》而举办的一项重要赛事，由延边朝鲜族自治州教育局和延边朝鲜族自治州体育局主办，由州教育局和州体育局按照中国足球协会的有关规定进行组织和管理，由承办县、市教育局、文体局及参赛单位协助组织和管理。

2019 年 4 月 10 日，延边朝鲜族自治州校园足球改革工作领导小组第四次会议在延边朝鲜族自治州政务中心召开。会议围绕深入推进校园足球改革发展的相关问题，总结以往工作经验，并对 2019 年工作进行部署。2018 年，构建并形成了"特色学校+试点城市"二位一体的校园足球立体推进格局。延边朝鲜族自治州打造完成了 108 所国家级校园足球特色学校，将足球课程列为各级各类学校体育与健康课的必学内容，每周至少要开设1 节足球课，开课率达到 100%，延边朝鲜族自治州经常参加足球运动的学生达到 5 万名以上。广泛组织小学、初中、高中三级赛事和各项主题杯赛，2019~2022 年，延边朝鲜族自治州举办各级足球联赛 2000 多场、县际足球联赛 1200 多场、州级足球联赛 800 多场，延边朝鲜族自治州共有 310 支球队参加各类各级比赛，参与学生数达 3 万人次。近年来，通过州级校园足球比赛，延边朝鲜族自治州共有 32 名初中学生和高中学生获得"国家一级足球运动员"称号。

近年来，在足球基础设施保障方面，延边朝鲜族自治州共投入 3.56 亿元，新建、改扩建学校人造草坪足球场 78 个。2019 年，延边朝鲜族自治州要继续以实际行动和有效作为保住"足球之乡"、足球运动"南梅县、北延边"这张亮丽的名片，充分发挥校园足球的引领作用，将校园足球发展模式引入其他校园体育项目中，推动学校体育改革发展。2019 年，延边二中还将开展足球特长生自主招生工作，力争打造校园足球品牌，为延边朝鲜族自治州校园足球树立典型。除此之外，2019 年，延边朝鲜族自治州还计划新建 3~5 所国家级校园足球特色学校，8~12 所幼儿足球特色园。

延边朝鲜族自治州青少年校园足球特色学校（小学）包括：延吉市公园小学、延吉市中央小学、延吉市建工小学、延吉市延新小学、延吉市进学小学、延吉市梨花小学、延吉市新兴小学、敦化市大石头镇中心小学、延吉延大附属小学、延吉市北山小学、延吉市延河小学、图们市第一小学、安图县第三小学、延吉市师范附属小学、龙井市东山小学、图们市第二小学、延吉市延南小学、和龙市新东小学、龙井市北安小学、和龙市文化小学、珲春市第二实验小学、珲春市第一小学、龙井市实验小学、龙井市安民小学、延吉市朝阳小学、汪清县第三小学、汪清县第二小学、敦化市第二实验小学、图们市第一小学。

延边朝鲜族自治州青少年校园足球特色学校（初中）包括：龙井市第五中学、图们市第五中学、珲春市第三中学、珲春市第四中学、珲春市第五中学、汪清县第五中学、延吉市第五中学、延吉市第十中学、延吉市第十二中学、延吉市第四中学、安图县新合中学、敦化市第一中学、敦化市第五中学、和龙市第三中学、珲春市第六中学、龙井市第四中学、延吉市实验中学、延吉市第八中学、图们市第六中学、龙井市中学、延吉市第三中学、图们市第三中学。

延边朝鲜族自治州青少年校园足球特色学校（高中）包括：延边第一中学、龙井市高级中学、龙井市第三中学、图们市职业教育中学、延吉市职业高级中学、延边第二中学、延吉市国际学校、敦化市职业教育中学、延吉市第三高级中学、珲春市第一高级中学。

第二节　延边中小学足球运动的发展

1995 年，延边一中足球队代表东北三省参加全国第六届中学运动会，最终获得第五名。

1996年，为了贯彻国家《全民健身计划纲要》，延吉市教委和市文体局制定《延吉市足球发展新规定》，明确学校足球比赛纪律规定和中、小学足球规程及足球教练员职责。全市中、小学成立足球领导小组，组建甲、乙两支校队，坚持一周四次训练。该规实施以来，城区中、小学周末校际比赛进行144场，参赛运动员有4128人次，聘请裁判员576人次，延吉市延新小学李永哲教师被评为国家级优秀裁判员。

1996年，延吉市承办全国小学"贝贝杯"和全州中小学"州长杯"足球赛。延吉市中央小学足球队和延吉建工小学足球队参加了全国"贝贝杯"足球赛，分别获得第一名和第三名；延吉市公园小学队和延吉市五中队参加了"州长杯"足球赛，分别获得小学组与初中组第一名。

1997年，延边一中足球队参加全国青年足球联赛，遗憾的是小组赛未出线。

1997年5月，延吉市第二高级中学足球队参加吉林省第六届中学"冠军杯"足球赛。在教练朴松鹤的带领下，最终获得第二名。

1997年，中小学周末足球赛冠名为"校长杯"足球赛。城区小学"校长杯"足球赛的场次共计640场，参赛运动员有8960人次，聘请裁判员1760人次。延吉市小学足球队参加全国"贝贝杯"足球赛，获得第二名；延吉市第二高级中学足球队参加延边朝鲜族自治州高中足球比赛，获得第一名。

1998年，延边一中足球队代表吉林省参加第七届全国中学生运动会"天康杯"足球比赛，最终获得第四名，并取得1999年该运动会决赛的参赛资格。

1998年8月，延边一中足球队参加由东北朝鲜族足球联谊会主办的全国朝鲜族第五届足球运动会，最终获得第一名。

1998年，在全国"贝贝杯"足球赛中，延吉市公园小学足球队获得第一名。在全州中小学足球赛中，延吉市第二高级中学队、延吉市十中队、延新小学队分别获得高中组、初中组、小学组第一名。在全州高中女子排球赛中，延吉市高中排球队获得第一名。

1999年，在全国"贝贝杯"足球赛中，延吉市公园小学足球队获得冠军。

1999 年，延边一中足球队参加第七届全国中学生运动会足球比赛决赛，最终获得第五名。

除此之外，延边一中足球队从 1996 年开始，九次蝉联吉林省中学生足球联赛冠军。

2005 年，根据新时期体育工作的要求延边朝鲜族自治州进行了体育事业单位改革。"延边体育工作队"更名为"延边体育运动管理中心"。根据中国足球协会的要求和延边朝鲜族自治州足球运动发展的实际，将足球运动管理单列，继续保留延边足球管理中心。延边体育运动管理中心、延边足球管理中心主要职责是培养青少年后备力量，工作的重点是学校体育和社会力量办的竞技体育；仍保留延边体育运动学校，其主要职责定位在培养具有体育特殊技能的职业学校，是发展延边朝鲜族自治州竞技体育的主阵地，是后备力量培养以及运动技能和文化水平等综合素质提升的基地，是向专业队、职业队和高等学府输送人才的平台。

学校以市场为依托，紧紧抓住紧密型的体教结合之路，为延边竞技体育和体育市场输送优秀的体育人才。为加强体校工作，将延边拳击队并入体校。继续设立延边体育总会办公室，主要职责是指导、管理延边朝鲜族自治州各级体育单项协会以及体育俱乐部，推动群众体育向社会化方向发展。将延边足球俱乐部单列，主要负责延边一线足球工作，搞好一线足球的经营开发，推进一线足球社会化、市场化，使之真正职业化。保留和做强延边体育馆，由其负责场馆经营，适应市场经济体制，搞好体育产业开发。改革后，延边朝鲜族自治州体育工作形成"群众体育、竞技体育、体育产业"三足鼎立、共同发展和三位一体的整体格局。

抓好学校体育，培养综合素质较高、适应能力较强的知识型体育后备人才。以中小学为主，走紧密型体教结合之路，形成中小学校、延边体校和上级专业队以及高等学府相连接的体育运动人才培养框架；鼓励和支持社会力量办竞技体育。

2005 年，延边朝鲜族自治州各级、各类学校实施《国家体育锻炼标准》，组织延边朝鲜族自治州中小学田径、足球、篮球、排球比赛，参加比赛的学生达到 1000 多人次；开展学校周末足球赛和"校长杯""县（市）长杯""州长杯"足球赛以及中小学特色学校比赛，进行 2500 场次比赛，参赛学生达到 6.5 万人次；举办延边朝鲜族自治州中小学民族项目秋千、跳板和朝鲜族摔跤比赛，9 所中小学校的 62 名运动员参加了比赛。与教育部门合作，在延边朝鲜族自治州中小学校中建立 22 所足球特色学校、13 所项目传统学校，为其配备体育器材，增派师资力量，进行科学训练，形成后备人才群。①

2006 年，延边朝鲜族自治州改变原来业余体校、州体校、体工队三级训练网模式，把业余体校承担的职能转到县（市）中学、小学学校；业余体校的教练员进入相应的中学、小学执教，形成以中学、小学为基础型，州体校为提高型，上级专业队为强化型的"一条龙"训练培养模式。

2007 年，延边体育运动学校足球队金宏宇等 5 名队员被输送到延边足球俱乐部。该校注重提高教练员和教务人员能力，派 2 名教练员参加全国 A 级足球教练员培训班。2007 年末，宋庆龄基金会常务副主席俞贵麟、中国足球协会副主席等一行 4 人到延边朝鲜族自治州体校视察共建"延边宋庆龄足球学校"情况。

延边朝鲜族自治州各级、各类学校继续贯彻实施中共中央、国务院《关于加强青少年体育增强青少年体质的意见》和《国家体育锻炼标准》。建立紧密型的体教结合体制，着眼于学校阳光体育的深化，推动学校体育和社会体育的有效结合，重点支持校园内部兴起的体育俱乐部、体育活动小组，办好特色体育学校和传统体育学校。提出院校办队的原则，形成以小学、中学、体育中专、延边大学体育学院为重点的梯次运动员培养体系，推动以学校为主的体育社会化竞技体育。延边朝鲜族自治州有 40 所中小学体育重点学校已经启动，各校已组建项目运动队，初步形成后备力量群体。继续开展学校周末足球比赛和"校长杯""县（市）长杯""州长杯"足球比赛以及中小学特色学校比赛，当年进行 2510 场次比赛，参加活动的学生有 6 万多人次。州体育局和州教育局为 30 所延边朝鲜族自治州竞技体育后备人才培养重点学校配备体育器械，增派师资力量，进行科学训练，形成后备人才群。

学校体育活动广泛开展，100 多所小学、初中、高中的 500 多个队 3220

---

① 金基浩主编《延边年鉴（2006）》，吉林人民出版社，2006，第 304~305 页。

人次参加雪地足球、篮球、排球、速滑、短道速滑、滑雪、田径、射箭、拳击、跆拳道、柔道、摔跤、象棋、跳板、中国象棋、围棋等项目的比赛。

朝鲜咸境北道青少年队访问延边，在延吉进行了 4 场友谊赛。此后，延边足球队和延边足球二队、延边青少年足球队分别到朝鲜平壤和咸境北道清津市进行访问比赛。①

2008 年，延边足球后备力量培养推进系统化，群众性业余足球广泛普及，周末联赛和业余足球杯赛走向经常化和规范化。组建延边足球二队（分甲队、乙队），代表吉林省参加第十一届全运会男子甲组和乙组比赛，乙队在乙组决赛中获得第 11 名。②

2009 年，6 名足球教练员参加亚足联、中国足协组织的 A 级、B 级教练员培训班和高级守门员教练员培训班以及青少年教练员培训班；2 名足球教练员通过国家 A 级、国家 B 级教练员资格。向国家少年足球集训队输送金昌国、金松男、尹柱焕等 3 名运动员；向国家青年足球集训队输送金敬道、朴世豪、金龙、高闯、李勋、廉仁杰等 6 名运动员；向国家奥林匹克足球集训队输送 1 名运动员——朴成。

延边朝鲜族自治州青少年校园足球活动启动。确定延吉市建工小学等 30 所小学和延吉市十中等 16 所中学为延边朝鲜族自治州校园足球学校；向延边朝鲜族自治州 46 所校园足球启动学校（其中包括重点学校、特色学校）发放 2760 个足球，平均每所学校发放 60 个足球。通过足球重点学校、足球特色学校的足球比赛，提高运动员技战术水平，体教结合的青少年足球人才培养体系走向经常化、规范化，逐渐形成小学、中学、高中、大学一条龙体系。延边大学足球队参加全国足球乙级联赛取得好成绩；延边特奥足球队在湖北省武汉市举行的全国暨东亚区特奥足球比赛中获得冠军；延边青少年足球队赴朝鲜咸境北道进行为期 15 天的训练和比赛。③

2010 年 1 月 4 日，延边朝鲜族自治州竞技体育后备人才培养重点学校

① 延边朝鲜族自治州地方志编纂委员会编《延边年鉴（2008）》，吉林人民出版社，2009，第 275 页。

② 延边朝鲜族自治州地方志编纂委员会编《延边年鉴（2009）》，吉林人民出版社，2010，第 330 页。

③ 延边朝鲜族自治州地方志编纂委员会编《延边年鉴（2010）》，吉林人民出版社，2010，第 308~309 页。

（基地）工作会议在延吉举行。会议表彰了 13 所州级竞技体育后备人才学校（基地）23 支代表队和 26 名教练员。

2010 年 3 月 5~15 日，延边朝鲜族自治州体校 U17 足球队出访韩国进行为期 10 天的训练和比赛。

2010 年 4 月 10 日，延边朝鲜族自治州体校 U15 足球队在山东潍坊举行的全国足球联赛第一阶段的比赛中获得第三名。

2010 年 10 月 20 日至 11 月 3 日，延边朝鲜族自治州体校 U15 足球队在山东潍坊举行的全国"优胜者杯"比赛中获得决赛阶段第四名。

2010 年 4 月 10 日，延吉市校园足球联赛开幕式在延吉市公园小学体育场举行。延边朝鲜族自治州副州长、州教育局局长黄龙锡，延边朝鲜族自治州体育局局长梁昌浩，延吉市副市长朴光石，州教育局副局长金英虎和州体育局副局长于长龙，延边足球运动管理中心负责人以及各县、市主管体育的文体局局长，体育科长，教育局局长和体卫科科长参加仪式。延边足球队全体教练员、运动员以及延吉市 16 所校园足球学校（小学 10 所，中学 6 所）负责人和校代表队参加了本次启动仪式。大会由延边朝鲜族自治州体育局副局长于长龙主持，延吉市副市长朴光石致开幕词，延边朝鲜族自治州副州长黄龙锡宣布 2010 年州暨延吉市校园足球联赛开始。延边足球队的 8 名运动员向来自 8 个县、市校园足球学校代表赠送由运动员签名的 8 个足球，领导们向参加本次联赛的校园足球学校赠送足球（每所学校发放 60 个足球）。副州长和参加开幕式的领导亲自到足球场为这次联赛第一场比赛开球，同时拉开 2010 年延吉市校园足球联赛序幕。这次活动是根据全国青少年校园足球活动要求开展的，在州内中小学利用课外时间分 5 人制和 7 人制以及 11 人制三个级别开展校园足球联赛。延边朝鲜族自治州内 46 支中学、小学代表队参加了启动仪式。

2010 年 4 月 12~18 日，由吉林省教育厅、吉林省招生办、吉林省体育局主办的吉林省高中生运动会足球比赛在长春市举行，省内的 16 所高中足球代表队参加了比赛。在此次比赛中，延边一中足球队、龙井市二中足球队、珲春市二中足球队分别获得前三名。

2010 年 4 月 12~22 日，延边朝鲜族自治州体校 U17 足球队在河南举行的全国足球联赛第一阶段比赛中获得第三名。

2010 年 5 月 5~16 日，延边朝鲜族自治州体校青少年足球队赴朝鲜咸境北道进行为期 12 天的训练和比赛。

2010 年 5 月 18 日，学生郑恩惠获得第七届延边朝鲜族自治州成人节"形象大使"殊荣。

2010 年 7 月 24 日，由延边朝鲜族自治州教育局和体育局主办，龙井市教育局和文体局承办的 2010 年延边朝鲜族自治州青少年校园足球夏令营活动圆满落下帷幕。延边朝鲜族自治州 37 所中小学近 800 名师生参加了为期 7 天的活动。活动内容包括：足球 7 人制和 11 人制比赛、足球技术测试、文体活动和才艺展示等，组织延边朝鲜族自治州校园足球联赛，并举办校长、业务干部论坛，校园足球指导员培训班。

2010 年 9 月 13 日，郑宪哲（朝鲜族，1971 年出生，延吉市人）担任新一届延边足球俱乐部主任兼总经理职务，任期三年。

2010 年 9 月 14 日，延边朝鲜族自治州体校尹明虎、张庆华两位足球教练员取得 2010 年亚足联举办的中国足球 A 级教练员资格。

2010 年 10 月 5 日，延边朝鲜族自治州体校与韩国蓝图大学签订合作交流协议。①

2011 年 4 月 1~3 日，延边朝鲜族自治州体育局足球管理中心与延边朝鲜族自治州教育局联合举办 2011 年延边青少年校园足球教练员培训班。延边朝鲜族自治州内 50 多名中小学足球教练员参加培训。

2011 年 4 月 25 日，延边朝鲜族自治州体育局和州教育局联合命名州内 23 所中小学为延边校园足球重点学校。其包括：延吉市建工小学、延吉市中央小学、延吉市公园小学、延边大学师范分院附属小学、图们市第二小学、龙井市北安小学、龙井市实验小学、龙井市东山实验小学、和龙市新东小学、汪清县第二小学、珲春市第一实验小学、珲春市第四小学 12 所重点小学，延吉市第十中学、延吉市第十三中学、图们市第五中学、龙井市龙井中学、汪清县第五中学、和龙市第三中学、珲春市第五中学 7 所重点初中，以及延边第一高级中学、延吉市第二高级中学、龙井市高级中学、珲春市第二高级中学 4 所重点高中。

---

① 延边朝鲜族自治州地方志编纂委员会编《延边年鉴（2011）》，吉林人民出版社，2011，第 313~314 页。

2011 年 5 月 9 日，延边朝鲜族自治州体校足球队代表吉林市，在第七届全国城市运动会男子足球甲组预赛广州赛区比赛中小组出线，获得决赛资格。

2011 年 5 月 21 日至 8 月 28 日，共青团延边朝鲜族自治州委、延边朝鲜族自治州青年联合会、延边朝鲜族自治州体育局、延边足球协会、延边广播电影电视局共同主办 2011 年"起亚汽车杯"延边业余足球联赛。延边朝鲜族自治州内 46 支成人足球队、12 支小学生足球队参加比赛。

2011 年 6 月 16~19 日，由延边朝鲜族自治州教育局、延边朝鲜族自治州体育局主办，龙井市教育局、龙井市文体局承办的 2011 年延边朝鲜族自治州校园足球重点学校（小学组）足球比赛在龙井市举办。延边朝鲜族自治州内 10 所足球重点学校的足球队共 200 多名运动员、教练员和裁判员，在龙井市四中体育场和龙井市五中体育场参赛。

2011 年 8 月 1~5 日，延边朝鲜族自治州中小学运动会暨"州长杯"足球比赛在延吉市举行。小学组（7 支足球队 126 名运动员）、初中组（6 支足球队 128 名运动员）和高中组（8 支足球队 144 名运动员）参加了比赛。

2011 年 10 月 14 日，由延边朝鲜族自治州教育局、延边朝鲜族自治州文化局联合主办，珲春市教育局、文体局承办的 2011 年延边朝鲜族自治州校园足球重点学校比赛（小学组）在珲春市举办。延边朝鲜族自治州各县（市）12 支足球重点小学代表队和 2 支普通小学代表队参加了比赛。

2011 年 11 月 1 日，延边长白虎队助理教练员郑林国入选中国青少年赴葡萄牙留学教练团队。[①]

2012 年 4 月 27~29 日，延边朝鲜族自治州足球重点学校比赛（中学组）在延吉市举行；2012 年 5 月 11~13 日，延边朝鲜族自治州足球重点学校足球比赛（小学组）在延吉市举行。

2012 年 5 月，由延边朝鲜族自治州教育局、延边朝鲜族自治州体育局和延边大学师范分院共建的延边朝鲜族自治州青少年女子足球训练培养基地在延边大学师范分院揭牌。

---

① 延边朝鲜族自治州地方志编纂委员会编《延边年鉴（2012）》，吉林人民出版社，2012，第 321~322 页。

2012 年 7 月 21~26 日，延边朝鲜族自治州青少年校园足球夏令营活动在安图县举行。

2012 年 8 月 3~5 日，2012 年延边朝鲜族自治州中小学运动会暨"州长杯"足球比赛（小学组、中学组、高中组）在延吉市举行。①

2013 年 5 月 2~5 日，延边朝鲜族自治州足球重点学校比赛（中学组）在珲春市举办。图们市五中、延吉市五中、和龙市三中、延吉市十中、珲春市五中、龙井市四中、汪清县五中 7 支队伍 131 名运动员参加了比赛。珲春市五中、延吉市五中、和龙市三中分别获得前三名。

2013 年 5 月 16~19 日，延边朝鲜族自治州足球重点学校比赛（小学组）在龙井市举办。龙井市北安小学、延吉市公园小学、延吉市建工小学、图们市第二小学、龙井市实验小学、延吉市新兴小学、龙井市东山实验小学、和龙市新东小学、珲春市第四小学、汪清县第二小学、龙井市安民小学、珲春市第一实验小学共 12 支队伍 208 名运动员参加了比赛。延吉市建工小学、延吉市公园小学、龙井市实验小学分别获得前三名。②

2014 年 4 月 10~13 日，2014 年延边朝鲜族自治州校园足球"中国体育彩票杯"重点学校足球比赛（初中组）在安图县举行（共有 6 支球队126 名运动员，21 场比赛）。

2014 年 4 月 25 日，由延边朝鲜族自治州教育局和州体育局主办、安图县教育局和文广新局承办、延边体育彩票管理中心协办的 2014 年中国体育彩票"泉阳泉杯"延边朝鲜族自治州校园足球重点学校足球比赛在安图县体育场举行。珲春五中、龙井四中、和龙三中、图们五中、延吉十中、延吉五中和龙井中学 7 所初中足球重点学校足球队参加了比赛。延吉五中获得冠军，延吉十中获得亚军，和龙三中获得季军。

2014 年 5 月 14~18 日，2014 年延边朝鲜族自治州校园足球"中国体育彩票杯"重点学校足球比赛（小学组）在珲春市举办（共有 12 支球队216 名运动员，42 场比赛）。

---

① 延边朝鲜族自治州地方志编纂委员会编《延边年鉴（2013）》，延边人民出版社，2013，第 485 页。
② 延边朝鲜族自治州地方志编纂委员会编《延边年鉴（2014）》，延边人民出版社，2014，第 521~522 页。

2014 年 6 月 12～15 日，延边朝鲜族自治州校园足球"中国体育彩票杯"小学定点学校足球比赛在龙井市举行。龙井市东山小学获得冠军。

2014 年 9 月 17 日，"中国体育彩票杯"延边朝鲜族自治州中学、小学校园足球重点学校足球比赛在和龙市举行。延边朝鲜族自治州 7 个县（市）的 18 支球队参加比赛。延吉市第五中学、延吉市第十中学、龙井市中学分别获得中学组前三名，珲春市第五中学获得"道德风尚奖"；珲春市一小学、龙井市东山小学、延吉市建工小学分别获得小学组前三名，和龙市新东小学获得"道德风尚奖"。

2014 年 10 月 9～12 日，全国青少年校园足球"冠军杯赛"延边朝鲜族自治州校园足球选拔赛（延边赛区）在龙井市举行。延吉市建工小学、延吉市中央小学、龙井市东山小学分别获得前三名。

2014 年 11 月 6～9 日，"中国体育彩票杯"延边朝鲜族自治州校园足球定点学校五人制足球比赛小学组在原延吉市文体局艺术中心举行（共有16 支球队，192 场比赛）。①

2014 年 3 月，郑永学、俞林 2 名足球教练员参加中国足协举办的守门员培训班。

2014 年 11 月，金东浩参加全国青少年校园足球指导员讲师继续培训班。

2014 年 12 月，李时峰参加中国足协 A 级足球教练员培训班。②

第三节　延边大学足球运动的发展

中国大学生足球联赛（China University Football League，CUFL），简称"大足赛"或"大足联赛"，创办于 2000 年，该赛事是中国国内高校参与范围最广、竞技水平最高、影响最大的足球联赛，也是唯一被中国大学生

① 延边朝鲜族自治州地方志编纂委员会编《延边年鉴（2015）》，延边人民出版社，2015，第 368 页。
② 延边朝鲜族自治州地方志编纂委员会编《延边年鉴（2015）》，延边人民出版社，2015，第 373 页。

体育协会正式认可的全国性大学生 11 人制足球赛事。CUFL 由全国青少年校园足球工作领导小组办公室、中国大学生体育协会主办，各省（自治区、直辖市）教育厅（教委）体卫处、大学生（学生）体育协会、中国大学生体育协会足球分会、中国大学生体育协会职业教育学校体育工作委员会协办。

2000~2001 赛季（上海）、2001~2002 赛季（大连）、2002~2003 赛季（成都）大学生足球联赛，延边大学足球队均未参加比赛。

2000~2001 赛季（上海），四强球队依次为：东北财经大学、东华大学、北京理工大学、同济大学。

2001~2002 赛季（大连），四强球队依次为：北京理工大学、东北财经大学、东华大学、同济大学。

2002~2003 赛季（成都），四强球队依次为：北京理工大学、东北财经大学、四川大学、东华大学。

2003~2004 赛季于 2003 年 11 月开赛，全国 33 个省、市的近 400 所学校共进行了 1000 余场的比赛，经过预赛、区域决赛的角逐，最终共有 12 支球队分别从东、西、南、北四个区域中脱颖而出，进入总决赛。另外，四支直接进入总决赛的队伍分别是：中南财经政法大学足球队和 2002~2003 赛季的前三名队伍。总决赛在湖北举行。延边大学足球队在总决赛中，获得第五名。最终进入四强的球队依次为：北京理工大学、深圳大学、东华大学、东北财经大学。

2004~2005 赛季（北京），延边大学足球队在总决赛中，获得第 16 名。最终进入四强的球队依次为：东华大学、中国人民大学、同济大学、北京理工大学。

2005~2006 赛季（北区：长春；总决赛：沈阳），中国大学生足球联赛（北区）比赛于 2006 年 5 月 10~17 日在吉林长春师范学院举行。比赛结果：延边大学足球队获得第三名。延边大学的学生崔庆鹤、北京体育大学的学生肖辉，被授予"最佳射手"称号。2006 年 6 月 28 日至 7 月 8 日，在沈阳举行的总决赛中，延边大学足球队获得第 10 名。最终进入四强的球队依次为：北京理工大学、太原理工大学、东华大学、山东大学。

2006~2007 赛季（北区：石家庄；总决赛：广州），中国大学生足球联赛时间为 2006 年 9 月至 2007 年 3 月,为省内预赛阶段;2007 年 4 月,为分区赛阶段;2007 年 5～6 月,为全国总决赛阶段。由于受全国大运会和世界大运会的时间影响,此届联赛的总决赛赛程调整到 9 月进行。北区决赛于 2007 年 5 月 20～27 日在石家庄经济学院举行(共 13 支球队参赛)。延边大学足球队获得第五名,取得了总决赛的参赛资格。2007 年 9 月 14～21 日,在广州大学城(华南师范大学)举行的总决赛中,延边大学足球队获得第四名。延边大学足球队 9 号队员李志勇被授予"最佳射手"的称号。获得四强的球队依次为:三峡大学、山东大学、石家庄经济学院、延边大学。

2007～2008 赛季(北区:青岛;总决赛:宜昌),中国大学生足球联赛在全国 33 个省份赛区展开,联赛分为省内预赛、分区赛和全国总决赛三个阶段。北区决赛时间为 2008 年 5 月 10～17 日,在青岛科技大学举行。决赛中,延边大学足球队虽然没有进入前六名,但以 2006～2007 赛季全国四强的身份挺进总决赛。第八届总决赛在宜昌举行。延边大学足球队最终获得第 16 名。获得四强的球队依次为:三峡大学、河海大学、北京理工大学、深圳大学。

2008～2009 赛季(北区:延边大学;总决赛:南京),第九届李宁中国大学生足球联赛北区决赛在延边大学全面打响。延边大学足球队获得北区决赛的第一名,顺利挺进了总决赛。本次比赛中,延边大学足球队的金永哲被授予"最佳运动员"称号;延边大学足球队的李成杰被授予"最佳射手"称号;延边大学教师韩希文被授予"最佳裁判员"称号。延边大学足球队以北区第一名的成绩进入总决赛(总决赛在南京举行)。总决赛中,延边大学足球队获得第四名的佳绩。进入总决赛四强的球队依次为:三峡大学、河海大学、同济大学、延边大学。

2009～2010 赛季(北区:西北民族大学;总决赛:沈阳工业大学),第十届中国大学生足球联赛北区决赛于 2010 年 5 月 6～15 日在西北民族大学举行(共 16 支球队参赛)。延边大学没有参加北区决赛,以 2008～2009 赛季第四名的成绩直接进入了总决赛。总决赛于 2010 年 6 月 8～14 日,在沈阳工业大学举行。在争夺前四名的比赛中,延边大学足球队 1∶1(点球比分为 2∶4)输给了新疆师范大学,最终获得第八名。获得总决赛四强的球队依次为：新疆师范大学、太原理工大学、沈阳工业大学、西安财经学院。

2010~2011 赛季（全国八强球队主客场赛制；北区：延边大学；总决赛：北京），第十一届中国大学生足球联赛北区决赛于 2011 年 5 月 11~18 日在延边大学举行，延边大学足球队最终遗憾未进入北区四强，失去了进入总决赛的资格。本次北区决赛中，延边大学足球队获得"优秀组织奖"；延边大学运动员李勋获得"最佳运动员奖"。获得总决赛四强的球队依次为：北京理工大学、太原理工大学、河海大学、山东大学。

2011~2012 赛季（全国八强球队主客场赛制；北区：秦皇岛；总决赛：上海），第十二届中国大学生足球联赛北区决赛于 2012 年 5 月 22 日上午 9 点在秦皇岛训练基地拉开战幕。延边大学足球队未能进入总决赛。获得总决赛四强的球队依次为河海大学、同济大学、天津师范大学、武汉体育学院。

2012~2013 赛季（全国八强球队主客场赛制；北区：秦皇岛；总决赛：上海），中国大学生足球联赛从本届比赛开始分超级组和校园组进行比赛。

①超级组的比赛情况。

2013 年 3 月 28 日下午，中国大学生足球联赛超级组北区决赛开幕式在国家体育总局秦皇岛训练基地（中国足球学校）举行。延边大学足球队获得北区比赛第四名，但是在总决赛中以 2：3 输给河海大学足球队，最终获得第六名。获得总决赛四强的球队依次为：北京理工大学、河海大学、同济大学、重庆大学。

②校园组的比赛情况。

2013 年 5 月 22 日下午，由中国大学生体育协会、中国足球协会主办，延边大学承办的 2012~2013 赛季中国大学生足球联赛（校园组）北区决赛开幕式在延边大学泛海体育场开幕。延边大学足球队成功进入北区决赛四强。延边大学足球队金哲以其严肃、认真、公正、准确的执法被评为"最佳裁判员"。

2013 年 6 月 15 日上午 8：25，2012~2013 赛季中国大学生足球联赛（校园组）决赛在四川工程职业技术学院展开角逐，最终延边大学足球队获得第五名。获得总决赛前三名的球队依次为：四川工程职业技术学院、香港城市大学、中国政法大学。

2013~2014赛季的比赛情况如下。

①超级组的比赛情况。

2013~2014赛季，延边大学足球队（超级组）以北区第三名的成绩进入总决赛。在总决赛中，延边大学足球队获得第五名。

②校园组的比赛情况。

2013~2014赛季，中国大学生足球联赛全国总决赛（校园组）在重庆电子工程职业学院开幕。在总决赛中，延边大学足球队获得第六名。

2014~2015赛季超级组的比赛情况如下。

2015年5月13日下午，2014~2015赛季中国大学生校园足球联赛（超级组）北区比赛在太原理工大学明向校区足球场顺利闭幕。延边大学足球队获得第三名。2015年6月11日，2014~2015赛季中国大学生校园足球联赛总决赛（超级组）在河海大学正式拉开大幕，最终延边大学队获得第五名。2014~2015赛季，延边大学足球队没有参加中国大学生足球联赛校园组比赛。

2015~2016赛季超级组的比赛情况如下。

2016年5月21日，2015~2016赛季中国大学生校园足球联赛超级组北区的比赛在延边大学落下帷幕，东道主延边大学足球队在点球大战中惜败于中国农业大学队，屈居第四名。2016年6月13日，2015~2016赛季中国大学生校园足球联赛总决赛（超级组）在同济大学拉开战幕，延边大学队在总决赛中获得第八名。

2015~2016赛季，延边大学队没有参加中国大学生足球联赛校园组比赛。

2016~2017赛季的比赛情况如下。

①超级组的比赛情况。

2016~2017赛季中国大学生足球联赛（超级组）北区比赛在内蒙古科技大学落下帷幕。最终，延边大学足球队获得北区第12名，失去了参加总决赛的资格。获得总决赛前三名的球队依次为：北京理工大学、中国农业大学、北京航空航天大学。

②校园组的比赛情况。

2016~2017 赛季中国大学生足球联赛（校园组）比赛在北京中国地质大学举行。最终，延边大学足球队在东北区决赛中获得第六名。

2017~2018 赛季的比赛情况如下。

①超级组的比赛情况。

2018 年 5 月 22 日，2017~2018 赛季，中国大学生足球联赛（超级组）北区决赛在延边大学举行。最终，延边大学足球队获得北区决赛第九名。

②校园组的比赛情况。

2018 年 5 月，在河南理工大学举行了 2017~2018 全国大学生足球联赛校园组东北区决赛，延边大学足球队获得了第十一名。

2018~2019 赛季的比赛情况如下。

①超级组的比赛情况。

2018~2019 赛季全国青少年校园足球联赛大学男子超级冠军联赛 24 强根据 2017~2018 赛季成绩确定。24 支球队将直接进行赛会制。比赛分为 4 个小组，分别进行小组循环赛和淘汰降级赛。小组前 4 名离会，准备第二阶段主客场淘汰赛。小组后 2 名进行交叉淘汰赛，淘汰赛的负者将降级到当年度的冠军联赛总决赛。第一阶段比赛，延边大学足球队获得第六名。在保级战中，其以 6：1 战胜内蒙古大学队成功保级。

2018~2019 赛季全国青少年校园足球联赛大学男子超级冠军联赛第一阶段比赛于 2019 年 1 月 15~23 日在梧州体训基地举行，共有 24 支队伍479 名运动员参赛。最终，延边大学获得第 20 名。获得总决赛冠军、亚军的球队分别是北京航空航天大学和河海大学。

②校园组的比赛情况。

2019 年 5 月 7 日，2018~2019 赛季全国青少年校园足球联赛大学男子（校园组）东北赛区决赛在燕山大学举行。最终，延边大学足球队未能进入总决赛。

2019~2020 赛季超级组的比赛情况如下。

2020 年 12 月 26 日，2019~2020 赛季全国青少年校园足球大学男子超级冠军联赛在云南打响。最终，延边大学队遗憾止步于 16 强。

2021 年超级组的比赛情况如下。

2021 年全国青少年校园足球联赛（大学组）高水平组男子甲级联赛在海口市观澜湖国际足球训练基地开赛。来自清华大学、华中科技大学、中南大学、四川大学等 22 所高校的近 600 名参赛人员在海口展开为期 11 天的激烈角逐。最终，延边大学足球队获得第八名。

第五章

延边业余足球运动

第一节　延边足球协会业余足球联赛发展概况

延边足球协会业余联赛创办于 2010 年，早期由延边朝鲜族自治州体育局、延边足球协会、延边广播电影电视局主办，2014 年起由延边朝鲜族自治州体育局、延边足球协会、东北朝鲜族足球联谊会主办，2017 年改由延边足球协会主办。曾用过延边业余足球赛（2010 年）、延边业余足球联赛（2012～2014 年）、延边社会足球业余联赛（2015 年）、延边足球业余联赛（2016 年）等名称。

2010 年，首届联赛参赛队仅限于延吉市足球队。2011～2016 年，联赛则分为两个阶段进行。第一阶段是各县、市预赛；第二阶段是决赛阶段。2017 年开始，采用单循环赛制，并分为超级、甲级、乙级、丙级和丁级五个组别。

为贯彻习近平总书记关于体育工作的系列讲话精神，落实《中国足球改革发展总体方案》的有关要求，自 2015 年开始，全国各地开展"我爱足球"民间争霸活动。为了普及足球运动，宣传推广科学、健康的足球发展理念，促进基层足球社会组织的建立和发展，扩大足球项目的参与人口，中国足协在国家体育总局群众体育司的业务指导下举办此项赛事。

2015～2017 年，延边足协每年按照有关程序积极开展赛事组织工作，充分依靠体育行政部门和教育行政部门联合成立赛事领导机构，统一协调场地、交通、经费、人员安排等工作。加大宣传力度，动员各类青少年训练机构和各种社会力量组队参赛，延边赛区海选赛共分为社会 11 人制组（包括超级组、甲组、乙组、丙组）和社会 5 人制组（包括高中组、初中组、小学组，又各分为甲组、乙组、丙组、丁组），全部组别每年共有 227 支队伍参赛，共完成 764 场比赛，参赛人数达到 3405 名，圆满地完成了"我爱足球"延边赛区海选赛的赛事组织工作。

第二节 东北朝鲜族足球联谊会发展概况

1988 年，中国朝鲜族足球联谊会在延边朝鲜族自治州延吉市正式成立，并于 1988 年 6 月 21~24 日召开了成立大会。

中国朝鲜族足球联谊会，由中国足球界朝鲜族知名人士组成，并拥有众多球迷，它是振兴朝鲜族足球运动和促进中国足球事业发展的群众性体育机构；它的宗旨是努力发展朝鲜族足球运动，并努力增进兄弟民族足球工作者之间的友谊和往来。大会成立期间提出了《中国朝鲜族足球联谊会章程》，设立了组织结构。名誉会长是朴鲁锡，会长是朴万福，副会长是文斗松、卢宗哲、孙中天、李光洙等共 18 人；秘书长是吴基凤，副秘书长是林春山等 8 人；常务理事是朴鲁锡、崔东铉等 43 人；理事是文学吉等 88 人。此外，还成立了顾问委员会。主任是崔东铉，副主任是金龙洙、黄泽均、蔡松哲；秘书是金东河；委员是尹在彬等 20 人。

1988 年 6 月 21 日中国朝鲜族足球联谊会成立后，于 1988 年 11 月 25 日正式向国家民委、国家体委中国足协提交了《关于举办中国朝鲜族首届足球运动会的请示报告》。报告指出，中国朝鲜族足球运动会于 1989 年 6 月 21~27 日在延吉市举行。

延吉市举行的中国朝鲜族首届足球运动会是全国范围内进一步发动朝鲜族群众，广泛地开展朝鲜族足球运动并推动和促进中国足球运动水平，让广大朝鲜族群众关心和支持足球运动的一次隆重的全国性的朝鲜族足球盛会。第一届参赛队伍有：内蒙古、北京、天津、鞍山、盘锦、沈阳、哈尔滨、松花江、牡丹江、长春、吉林和延边 8 个县、市共 21 支球队。教练员、裁判员、工作人员有 500 余人。

1989 年 6 月相继成立了个省、州、市、县的朝鲜族足球联谊会分会。

1990 年 10 月，为了使中国朝鲜族足球联谊会更加正规化，根据《社会团体登记管理条例》，中国朝鲜族足球联谊会正式向国家民委、国家体委、中国足协等有关部门申请成立登记。

1993 年，民政部同意东北朝鲜族足球联谊会申请登记，正式从"中国朝鲜族足球联谊会"更名为"东北朝鲜族足球联谊会"。

1992~2017 年，东北朝鲜族足球联谊会举办了多项全国性朝鲜族中小学、成人、老年等足球赛事，也代表了全国朝鲜族业余联赛的最高水平。

2014 年 9 月 29 日，延吉市召开了五届四次常务理事会议，在会议上根据《民政部关于贯彻落实国务院取消全国性社会团体分支机构代表机构登记行政审批项目的决定有关问题的通知》撤销了 7 个分支机构。

1988~2016 年，东北朝鲜族足球联谊会已经历了第五届领导机构，于 2017 年产生第六届新的领导机构。

东北朝鲜族足球联谊会共有 890 名会员、82 名理事、28 名常务理事、14 名副会长。现任会长为延边朝鲜族自治州体育局副局长朴永哲；常务副会长兼秘书长是全明镐（原延边社会体育管理中心主任）；副会长包括方仁权（延边大学原体育学院教授）、朴成雄（原延边长白山足球俱乐部总经理）、金成日（延边足球协会原副主席）、金文天（原延边体育中心负责人）以及 7 个代表处首席代表和部分副代表。

东北朝鲜族足球联谊会自成立以来举办了数以百计的各项足球赛事。其共举办了 14 次中国朝鲜族足球运动会，参加比赛的队伍数为 311 支，参加比赛的运动员人数为 6245 名。各代表处也相继举办了丰富多彩的足球比赛 612 次，参加比赛的队伍数为 4628 支，参加比赛的运动员人数为 87821 名，为各地朝鲜族中小学无偿赠送 7800 个足球。积极开展了对外体育交流，邀请了韩国、美国、德国、俄罗斯、日本等国家的朝鲜族足球队进行国际足球邀请赛，40 多次派出足球代表队到国外进行了 200 多场足球友谊赛。

东北朝鲜族足球联谊会成立以来，以促进朝鲜族足球运动和振兴中国足球事业为宗旨，团结中国朝鲜族体育工作者和广大足球爱好者，努力发展朝鲜族足球运动，并努力增进各兄弟民族足球工作者之间的了解和友谊。

第三节　中国足球协会会员协会冠军联赛发展概况

中国足球协会会员协会冠军联赛（Chinese Football Association Member Association Champions League，CMCL），简称"中冠联赛"，由中国足球协会于 2002 年创办，是全国业余足球水平最高的比赛；先后使用全国足球业余（丙级）队联赛、全国足球协会业余联赛和中国足球协会业余联赛等名称，2018 年更名为中国足球协会会员协会冠军联赛。其向上对接中国足协乙级联赛，向下对接中国足协地方会员协会联赛，是中国足球联赛系统的第四级别联赛。赛事分为预赛和决赛两个阶段，其中预赛阶段为会员协会省市联赛，由中国足协指导，地方会员协会主办；决赛阶段分为大区赛及总决赛，由中国足协主办，地方会员协会承办。

1. 发展背景

1998 年，中国足球协会曾举办"'98 李宁杯全国业余足球俱乐部联赛"。为了推动我国足球运动的进一步普及与可持续发展，扩大足球人口，促进足球社会化程度的提高，达到促进地方会员协会建设和发展、培育和营造足球市场的目的；同时，与国际接轨，完善我国成年足球联赛体制，为 2004 年以中超为龙头的我国成年足球竞赛体系的衔接打下较为坚实的基础，2001 年 10 月 16 日，中国足协在上海宣布于 2002 年举办丙级联赛，并将这项赛事作为中国足协完善国内四级足球竞赛体制中的最后一环。2002 年 3 月 26 日，中国足协举行了全国足球业余（丙级）队联赛的推出仪式。2002 年 4 月 20 日，首届全国足球业余（丙级）队联赛在 17 个足球重点城市全面拉开帷幕。8 月，中国足协推出赛事的标志。

2006 年更名为"全国足球协会业余联赛"；2010 年更名为"中国足球协会业余联赛"（Chinese Football Association Amateur League，CAL）；2018 年更名为"中国足球协会会员协会冠军联赛"。

2011~2015 年，与中国足协杯正赛资格挂钩。自 2011 年起，中国足球协会业余联赛同亚足联中国展望城市联赛冠军杯（2011~2012 年）、中国足协杯资格赛（2014~2015）一起作为中国足协杯的资格赛。

2014 年开始，逐渐与上一级的中国足球协会乙级联赛形成升降级制度。

2016 年起，足协杯资格仅限获得中乙联赛参赛资格球队，中国足协杯正式参赛球队全部从中国足协杯资格赛中产生。

2. 参赛资格

①2014 年以前，参赛运动队可由机关、学校、企业、行业、部队等单位的人员组成，也可通过自由组合以俱乐部的形式参加比赛。

②2015 年开始，参加大区赛和总决赛的球队，实行俱乐部制，必须在工商部门或民政部门登记注册（参加中国足协杯的业余俱乐部需要在工商部门注册）。

3. 升降级制度

赛事启动时中国足协的远景规划是在 2004 年构筑起中超、中甲、中乙、中丙（业余）四级竞赛体制，并在业余联赛和乙级联赛之间建立升降一体的全面衔接，故以"丙级"冠之，但此后就没有了下文，所以早期的中国足球协会业余联赛的优胜队伍并不能直接升入中国足球协会乙级联赛。

2014 年开始，足协规定，新参加中乙联赛的球队，经过准入审核，优先从 2014 年中国足协业余联赛优胜队中产生。2015 年明确规定，初次报名参加中国足球协会乙级联赛的俱乐部，将从中国足球协会业余联赛总决赛队伍中按成绩顺序优先产生。而参加大区赛和总决赛的球队，实行俱乐部制，必须在当地工商部门或民政部门登记注册（参加中国足协杯的业余俱乐部需要在工商部门注册），并提交资质证明复印材料，才能参加大区赛和总决赛。在准入条件上，为业余足球联赛与中乙联赛的衔接，铺设了通道。

起初，中乙联赛扩军，因此中丙联赛"只升"，中乙联赛"不降"。2017 年增设升级附加赛，在中丙联赛第五、六名和中乙联赛后两名之间进行，附加赛的成绩决定了中乙联赛后两名与中丙联赛第五名、第六名在 2018 年中乙联赛准入资格审核的顺序，间接产生了中乙联赛球队的"降级"。

4. 赛程赛制

赛制上，分为预赛阶段（省市联赛）和决赛阶段（大区赛和总决赛）。

5. 预赛阶段

预赛阶段为会员协会省市联赛，由中国足协指导，地方会员协会主办。首届联赛仅在全国 17 个重点城市展开，2003 年扩大到 17 个重点城市以外的 15 个已实体化的省级会员协会指定的城市举行，2004 年以后向所有省级会员协会开放。

刚开始，省区一级预赛大都是由省区足协指定本省区内一城市举办、由本市球队参加的市级联赛，如济南赛区、荆州赛区、自贡赛区、鄂州赛区、福州赛区、中山赛区等。另外，也有少部分采取集中赛会制，如安徽赛区（2003 年）、广西赛区（2004 年）、广东赛区（2016 年）等。随着各地业余足球的发展，各省份逐渐形成可覆盖全省区的主客场赛制联赛，如浙江省足球超级联赛、广西足球超级联赛、广东省足球协会联赛、湖南足球协会超级联赛、齐鲁业余足球超级联赛等，截至目前，许多省份都形成了稳定的省级、区级、市级联赛，并对接到中国足球协会业余联赛大区决赛当中。

在 17 个足球重点城市及 27 个省区联赛及杯赛中，延边球队分区（2018年）是北一区，同区的会员协会有黑龙江、吉林、内蒙古、辽宁、沈阳。

6. 决赛阶段

决赛阶段分为大区赛及总决赛，由中国足协主办，地方会员协会承办。

7. 大区赛

大区实行赛会制，由足协授权会员协会成立大区业余联赛组委会，负责大区业余联赛的组织和管理。2002 年分成四个赛区；2003 年又分为八个大区；2005 年合并为四个大区；2006 年后又合并为南北两个大区（北区由西安市足协牵头，南区由江西省足协牵头）；2014 年重新划分为四个大区；2017 年大区赛分为南北两个区域，每个区域各 4 个赛区，南北合计 8个赛区，每个赛区前两名晋级到全国总决赛。

参加大区赛的球队必须是中国足协会员协会联赛的冠军或优胜球队（早期还存在由地方足协推荐的优秀球队代表参赛）：本年度会员协会主办的联赛顺利完成的，应推荐本年度的冠军或优胜球队；本年度会员协会主办的联赛尚未完成的，可推荐上一年度联赛冠军或优胜球队，或本年度积分榜排名前列的球队。本年度或上一年度未组织当地联赛的会员协会，不具备中冠联赛决赛阶段的参赛推荐资格。

8. 总决赛

最初实行赛会制，参赛队数从 8 支到 16 支不等。2017 年开始，总决赛 16 支参赛队实行主客场双淘汰制比赛，1~4 名球队和 5~8 名球队进入总决赛排位赛。

2007~2009 年，延吉市法院队共参加了 3 次大区赛，进入了 2 次总决赛。2007 年延吉市法院队获得了亚军；2008 年吉林珲春队获得了亚军，延吉市法院队获得了季军。

2002 年全国足球业余（丙级）队联赛，是由中国足协举办的首届全国足球业余联赛，该年度联赛分为市级联赛（省市预赛）、大区决赛和全国总决赛三个阶段，其中省市预赛由各省市地方足协自行组织。全年报名参赛总数共计 9149 人次，进行比赛 1353 场。最终，全国总冠军由广州酒家队获得。

2002 年 4 月 20 日至 8 月 30 日，全国足球业余（丙级）队联赛在 17 个足球重点城市展开。这一阶段共有 391 支由机关、学校、企业、部队等单位组成的队伍及自由组成的俱乐部，共计 8269 人次报名参赛，共进行比赛 1278 场。原则上预赛前两名参加大区决赛。

延边赛区比赛于 7 月 10 日在延吉展开，参赛球队有延边工业学校、延吉市公安局、延边大学医学院、延边朝鲜族自治州体校、延吉民航、延吉阿波罗、东北足球联谊会等 12 支球队。

全国 17 个足球重点城市被划分在东（南京、上海、天津、青岛）、西（西安、成都、重庆、昆明）、南（武汉、广州、深圳、厦门）、北（北京、沈阳、大连、长春、延边）四个大区，大区决赛阶段共有 32 支球队 704 名运动员进行了 60 场比赛，每个大区的前两名晋级全国总决赛。北区（北京）比赛于 10 月 7~14 日在北京展开，参赛球队有大连、北京、延边、长春的 8 支球队。最终，冠军由北京华亚飞鹰队获得，亚军是大连英都肥牛队。

2003 年全国足球业余（丙级）队联赛是由中国足协举办的第二届全国足球业余联赛。最终，冠军由上届亚军深圳垦岗队获得，湖南体坛周报队和苏州金枫队分别获得第二、三名。受"非典"疫情影响，本年度全国足球业余（丙级）队联赛赛程顺延，全年赛期为6~11月。市级联赛集中在6~9月，由各省市地方足协自行组织。比赛城市涵盖32个会员协会的58个城市，该阶段共进行比赛2679场。

2003年全国足球业余（丙级）队联赛共有32个会员协会的58个城市的866支运动队报名参加，参赛运动员达18697人，其中有30个会员协会的52支运动队1104名运动员进入并参加了大区复赛阶段比赛（沈阳足协和昆明足协没有派队参加）；最终8个大区的8支出线运动队共计146名运动员参加了全国总决赛。全国总决赛在郑州的河南省体育中心进行。延边前卫队以1胜1平1负积4分的成绩获得第三名，延边前卫队拥有高钟勋、崔光日、金永洙等一批原吉林延边队老臣，最终抽签结果，未晋级半决赛。

2004年全国足球业余（丙级）队联赛是由中国足协举办的第三届全国足球业余联赛。联赛在全国8个大区35个城市举行，分为市级联赛（省市预赛）、大区决赛和全国总决赛三个阶段，其中省市预赛由各省市地方足协自行组织，全国则分为东北、华北、华中、华东、华南、中南、西南、西北8个大区，大区决赛采取赛会制，每个大区的头名晋级全国总决赛。

2005年全国足球业余（丙级）队联赛是由中国足协举办的第四届全国足球业余联赛。大区决赛阶段全国分为华北区、华东区、华南区和中西区四个大区，分别在长春、杭州、广东清远和昆明举办。全国总决赛在郑州举行，最终全国总冠军由上届亚军深圳壆岗队获得。

"中贸商品杯"全国足球业余（丙级）队联赛华北区决赛于10月1~7日在长春市体育运动学校运动场举行。延边友安迷队参加了华北区决赛，但成绩不理想，没有进入前三名。

2006年全国足球协会业余联赛就是由中国足协举办的第五届全国足球业余联赛，此前的联赛称为全国足球业余（丙级）队联赛，2006年更名为"全国足球协会业余联赛"。更名后的全国足球协会业余联赛将全国分为南北两个赛区，每个赛区前四名参加全国总决赛。最终，全国总冠军由上届冠军深圳壆岗队获得，深圳壆岗队已经获得了全国足球协会业余联赛四连冠。

　　2007 年全国足球协会业余联赛是由中国足协举办的第六届全国足球业余联赛。最终，全国总冠军由上届冠军深圳堡岗队获得，深圳堡岗队成就了全国足球协会业余联赛五连冠伟业。延边赛区"冰川杯"足球比赛中，延吉市法院队获得第一名，进入了大区决赛。在大区决赛中，延吉市法院队以 4 胜 1 负的战绩获得了北区冠军。总决赛由江西省足球协会承办，于 10 月 26~31 日在南昌大学体育场举行，参赛球队共有 8 支。延吉市法院队经过激烈的角逐，以 2 胜（点球胜）2 平 1 负（点球负）的战绩最终获得第二名。延吉市人民法院足球队为全国唯一的一支在中国足协注册的法院系统业余球队，成立于 2006 年，队员由法官、法警和后勤人员等组成。

　　2008 年全国足球协会业余联赛是由中国足协举办的第七届全国足球业余联赛。该届联赛开始，曾经的五连冠球队深圳堡岗队不再参加，最终，全国总冠军由武汉东风本田队获得。

　　《2008 中国足球联赛年鉴》记述：2008 年全国足球协会业余联赛市级联赛阶段共有 2959 支代表队的 46882 名运动员进行了 6593 场比赛，而大区决赛共有 16 支代表队的 364 名运动员参加了 36 场比赛，全国总决赛共有 8 支代表队的 178 名运动员进行了 20 场比赛的角逐。全国足球协会业余联赛延边赛区比赛于 8 月 9 日进行。参赛球队共有 12 支，参赛人数为 300 名。经过 66 场比赛，延吉市法院队（6 战 4 胜 2 负）获得冠军。北区决赛由云南省足球协会承办，比赛于 9 月 29 日至 10 月 3 日在昆明新亚洲体育城举行。参赛球队共有 8 支，赛制采用分组淘汰赛。延边共有吉林珲春和延吉市法院两个队参赛。最终，延吉市法院队获得亚军，吉林珲春队获得季军。

　　10 月 18~23 日，"王野杯"全国足球协会业余联赛总决赛由浙江省足球协会承办，在椒江第二中学（小组赛阶段）、台州市体育中心（淘汰赛阶段）进行，参赛球队共有 8 支。武汉东风本田队、吉林珲春队、延吉市法院队分别获得第一名至第三名。

　　2009 年全国足球协会业余联赛是由中国足协举办的第八届全国足球业余联赛。最终，全国总冠军由武汉宏兴队获得。北区决赛由西安市足球协会承办，于 10 月 2~6 日在西安市体育场举行，参赛球队共有 8 支。延吉市法院队以 1 胜 2 平的战绩，最终获得第六名。

2010 年全国足球协会业余联赛是由中国足协举办的第九届全国足球业余联赛。最终全国总冠军由武汉宏兴队蝉联。延边赛区没有派队参加北区决赛。

2011 年中国足球协会业余联赛是由中国足协举办的第十届全国足球业余联赛。最终，大连龙卷风、长春一汽风云、武汉东风本田和河北（中国）英利四支球队获得了参加 2012 年中国足协杯的比赛资格。"2011 起亚汽车杯"延边赛区的比赛中，前三名球队依次为：图们市、延吉交警大队、龙井安邦保险。安图安明俱乐部队获得"体育道德风尚奖"。

2012 年中国足球协会业余联赛是由中国足协举办的第十一届全国足球业余联赛。最终，苏州锦富新材、青岛鲲鹏、沈阳河畔、大连银行龙卷风四支球队分别获得了 2013 年中国足协杯的参赛资格，其中青岛鲲鹏队进入了足协杯的第二轮。延边龙井财政队参加了北区决赛，最终因 1 胜 2 负的战绩未能晋级，获得第六名。

2013 年中国足球协会业余联赛是由中国足协举办的第十二届全国足球业余联赛。由于 2014 年中国足协杯面向业余球队扩军、2013 年亚足联中国展望城市联赛冠军杯的取消及大学生足球联赛足协杯名额的取消，中国足球协会业余联赛将诞生 12 张足协杯正赛门票。2013 年，全国足球协会业余联赛南北赛区共有 28 支球队参赛，创下了 2006 年全国足球协会业余联赛南北分区以来参赛队伍数量的纪录，而总决赛 16 支参赛队创下了 2002 年该赛事创办以来总决赛参赛队伍数量的纪录。延边球队没有参加北区决赛。

2014 年中国足球协会业余联赛是由中国足协举办的第十三届全国足球业余联赛。经过大区赛和总决赛的角逐，广西龙桂达、安徽力天、包头南郊和河北（中国）英利（后更名为"保定英利易通"）获得 2015 年中国足球协会乙级联赛的参赛资格。

"中国体育彩票杯"延边足球业余联赛（决赛阶段）由东北朝鲜族足球联谊会、延边足球协会主办，于 10 月 3～5 日，在延边大学泛海体育场和北侧体育场举行。参赛球队共有 8 支，分别是图们市十二星座足球俱乐部、安图县永远足球队、珲春市青友 2013 足球队、敦化市天天足球队、和龙市龙族足球队、龙井市都市新人足球队、延吉市酒鲸 MUZAK 足球队

（延吉一队）、延边宜家艺装饰足球队（延吉二队）。延吉市酒鲸 MUZAK
足球队（延吉一队）、珲春市青友 2013 足球队、龙井市都市新人足球队分
别获得前三名。

"田丰油化杯"中国足球协会业余联赛北区决赛由黑龙江省足球协会、
华奥星空、加油中国承办，由新洲体育、茵浪体育协办。于 10 月 1～6 日
在哈尔滨工程大学足球场举行。延边延龙图队以 4 负 1 平的成绩获得第
六名。

2015 年，中国足球协会业余联赛是由中国足协举办的第十四届全国足
球业余联赛，亦为 2016 年中国足协杯赛资格赛之一。本届赛事大区赛划分
为 4 个赛区。本年度总决赛前四名升入中国足球乙级联赛。延边球队没有
参赛记录。

2016 年，中国足球协会业余联赛是由中国足协举办的第十五届全国足
球业余联赛。本届赛事大区赛依然划分为 4 个赛区。本年度总决赛前四名
获得 2017 年中国足球协会乙级联赛参赛资格。延边球队没有参赛记录。

2017 年，中国足球协会业余联赛由中国足球协会主办，各地方协会和
上海富领文化体育用品有限公司协办。赛事分为省级预赛、大区赛和总决
赛。本年度大区赛由此前的 4 个大区细分为 8 个大区，总决赛前四名升入
2018 年中国足球协会乙级联赛，第五名、第六名分别与中乙联赛后两名进
行附加赛，胜者参加 2018 年中国足球协会乙级联赛。最终，本年度前四名
淄博星期天、安徽合肥桂冠、齐齐哈尔中建商砼、肇庆恒泰直接晋级 2018
年中国足球协会乙级联赛，第五、六名延边北国和拉萨城投则通过附加赛
亦晋级到 2018 年中国足球协会乙级联赛。

"我爱足球暨北国米业杯"延边足球协会业余超级联赛由延边足球协
会主办，由延吉市足球协会承办，于 4 月 30 日至 6 月 11 日，在龙井市海
兰江体育场外场举行。比赛结果：延边北国足球俱乐部一队、全州拌饭
（高丽汤）足球俱乐部、延边追风足球俱乐部追风天石队分别获得延边赛
区前三名。

大区决赛（北一区）由黑龙江省足球协会承办，于 8 月 5～9 日在齐齐
哈尔举行。延边北国足球队在决赛中不敌齐齐哈尔中建商砼队，获得第二
名，晋级总决赛。总决赛中，延边北国足球队最终获得第五名。

　　附加赛是由中国足球协会业余联赛总决赛第 5 名、第 6 名与中国足球协会乙级联赛第 23 名（包头南郊）、第 24 名（沈阳东进）通过抽签进行的，最终延边北国、拉萨城投双双战胜对手晋级到 2018 年中国足球协会乙级联赛。

第六章
中国职业足球联赛与延边足球运动

中国职业足球联赛 1989 年成立，前期为专业体制，1994 年足球联赛开始走职业化道路。中国足球甲级 A 组联赛（甲 A 联赛）、中国足球甲级 B 组联赛（甲 B 联赛），曾是中国足球的职业联赛，是中国足球协会超级联赛（中超联赛）和中国足球甲级联赛（中甲联赛）的前身。

中国足球甲 A 联赛最早建立于 1987 年。当时正值第六届全运会召开，以及中国国家队冲击奥运会足球比赛等足球界大事。中国足协借此机会进行了一系列改革，开始试行将当年的甲级联赛分为两组，即甲级 A 组和甲级 B 组进行。1987 年甲 A 联赛采取赛会双循环制进行，没有降级制度。1989 年，甲 A 联赛正式建立。

此后赛制几经更改，1994 年中国足球全面推行俱乐部制，首届职业化联赛有 12 支球队参赛，采取主客场双循环赛制。1994～2000 年，甲 A 组联赛后两支球队将降为甲级 B 组。2001～2002 年，为备战世界杯，取消降级制度。

甲 B 联赛最早建立于 1987 年。1987 年甲 B 联赛采取赛会双循环制进行，没有升降级制度。1989 年，甲 B 联赛正式开始。此后赛制几经更改，直到 1994 年中国足球全面推行俱乐部制，甲 B 联赛有 12 支球队参赛，采取主客场双循环赛制。1994～2003 年，甲 B 联赛名次靠前的球队升级为甲级 A 组，甲 B 联赛名次排后的若干支球队则降入乙级，具体的升降级名额按照甲 A 联赛扩充需要，历年多次出现变化。2001 年甚至因为"甲 B 五鼠"的假球事件，在最后阶段削减了一个升级名额。2004 年，中国足球协会正式推出"中国足球协会超级联赛"品牌。与此同时，将原来的甲 B 联赛改为中国足球甲级联赛，至此甲B联赛宣告结束。

1994~2003年，全国足球联赛由甲级联赛（A、B两组）和乙级联赛组成。

2004年，中国足球协会在总结中国10年职业足球联赛经验的基础上，为进一步提升中国职业足球竞赛水平和品牌，正式推出中超联赛。第一届中超联赛有12支球队参加，前两届暂停升降级制度，于2006赛季恢复"升二降二"的升降级制度。

中甲联赛是由中国足球协会组织的中国足球职业联赛的次级联赛，位列中超联赛之后、中国足球协会乙级联赛（中乙联赛）之前，其前身是中国足球甲B联赛。

中乙联赛作为中国第三级别的足球职业联赛，实行升降级制度，总决赛前两名升入中甲联赛，最后两名和中国足球协会会员协会冠军联赛总决赛第五、六名参加升级附加赛，胜者参加次年中乙联赛。

中国足球协会会员协会冠军联赛，简称"中冠联赛"，由中国足球协会主办，是全国业余足球水平最高的比赛。

2004年开始，中国足球联赛由超级联赛、甲级联赛、乙级联赛和业余（丙级）队联赛（2002年开始）组成。

第一节　蓄势待发

延边长白山足球俱乐部成立于1955年，是一家位于吉林省延边朝鲜族自治州的职业足球俱乐部，现角逐中超联赛。球队素以凶猛、顽强、全攻全守的独特打法闻名于中国足坛，是国内足坛的一支老牌劲旅。

一　延边足球队的历史回顾

1955年，吉林省足球队正式成立。

1956年，国家体委根据延边足球运动的悠久历史和发展现状，授予延边"足球之乡"称号。

1964年，国家体委确定延边为全国开展足球运动的10个重点市县之一。

1965 年，吉林队获得全国甲级联赛冠军。

1979 年，国务院批准在全国设立 16 个足球重点地区，延边地区榜上有名。贺龙元帅对吉林队极为赞赏，曾批示："吉林队要学习国家队的技术，国家队要学习吉林队的优良作风"。

1993 年，在第七届全运会上，以延边足球俱乐部为主体的吉林队的攻势足球给中国广大球迷留下了深刻印象。

1994 年，在中国首届职业足球甲 A 联赛上，球队冠名为吉林三星，成为中国首支外资赞助的球队。

1997 年，在韩国籍主教练崔殷泽的带领下，获得中国足球甲 A 联赛第四名。

2000 年，球队不幸降入甲 B 联赛，一线队球员和甲 B 参赛资格等相加以 2500 万元转卖给浙江绿城。二线队以延边长白山的名义继续征战乙级联赛。

2004 年，延边足球俱乐部获得中乙联赛亚军，首次打入中甲联赛。

2006 年，延边队几乎都在欠薪的日子中苦苦挣扎，欠薪最严重时，球员长达半年都没拿一分钱，而 2005 赛季球员奖金也一直拖欠未还。

2007 年，延边朝鲜族自治州政府及延吉市政府共同出资人民币 500 万元，帮助延边足球渡难关。

2007 年 2 月 5 日，延边足球队前主教练崔殷泽因肺癌去世，延边各界吊唁。

2008 年 1 月 29 日，延边足球俱乐部新任总经理李虎恩在韩国首尔正式与韩国 SK 集团旗下三家企业签订赞助协议，这三家企业将联合出资 8 亿韩币（约合人民币 600 万元）赞助延边队实现两年内冲超的目标。作为回报，新赛季延边足球队球衣胸前将印上"SK"字样。

2009 年 2 月 27 日，延边朝鲜族自治州体育局正式对外宣布，延边足球俱乐部聘任黄勇担任足球队主教练，率队征战 2009 年中甲联赛。

2009 年 5 月 12 日，延边足球俱乐部正式宣布，黄勇辞去延边足球队主教练一职，任命球队领队兼助理教练金光柱担任执行主教练。

2010 年，凭借外援卢杜拉以及全体队员的努力，延边足球队获得中甲联赛第三名。

2011 年 2 月 23 日，延边足球俱乐部经过延边朝鲜族自治州体育局、延边朝鲜族自治州工商局的共同批准，正式更名为"延边长白虎足球俱乐部"。

2012 年，延边长白虎队以 10 胜 4 平 16 负进 38 球失 51 球净负 13 球积 34 分排名中甲联赛倒数第四位，创造了该队 2005 年参加中甲联赛以来的最差战绩。

2013 年 11 月 22 日，延边长白虎足球俱乐部正式宣布新赛季的教练班子，曾经多次在延边队担纲主帅的李虎恩担任主教练，助理教练则是高钟勋、金光柱、李在浩和金青，李光浩出任领队。与此同时，俱乐部领导层也进行了人员调整，延边朝鲜族自治州体育局副局长于长龙兼任俱乐部主任。

2014 年 2 月 8 日，俱乐部官方宣布，正式更名为"延边长白山足球俱乐部"，球队正式更名为"延边长白山泉阳泉足球队"，简称"延边长白山"或"延边泉阳泉"。

2014 年 2 月 23 日，俱乐部正式宣布，俱乐部新 Logo 正式出炉，来自北京的设计师张冬的作品最终当选。

2014 年 10 月 11 日，延边泉阳泉在中甲联赛第 27 轮的比赛中客场 1∶4 不敌广东日之泉，提前三轮降级。延边队上次降级是在 2000 年的甲 A 联赛，14 年后，延边队跌入乙级深渊。

2014 年 12 月 15 日，俱乐部官方宣布，韩国籍教练员朴泰夏担任球队的主帅。朴泰夏是延边队史上继崔殷泽、赵兢衍后聘请的第三位韩国籍主教练。

2015 年 1 月 31 日，中国足协在官方网站上公布了 2015 赛季中甲联赛参赛俱乐部的名单，延边长白山足球俱乐部成功取代陕西五洲重返中甲联赛，而陕西五洲则因准入资格未过审，无缘新赛季。

2015 年 10 月 18 日，中甲联赛第 28 轮延边长白山队在客场挑战武汉卓尔队的比赛中 0∶0 战平对手，提前 2 轮升入中超。

2015 年 10 月 24 日，中甲联赛第 29 轮，延边长白山主场 4∶0 战胜湖南湘涛，提前一轮夺得了中甲联赛冠军，这也是延边队（吉林队）自 1965 年夺冠后，再一次夺冠。

2015 年 12 月 30 日，深圳富德集团援手延边足球战略合作正式签约，富德集团入主延边长白山足球俱乐部，拥有俱乐部 70% 的股份，俱乐部更名为"延边富德足球俱乐部股份有限公司",简称"延边富德足球俱乐部",球队名称变更为"延边富德足球队"。

二 延边足球队的主场、球队文化、战绩统计

(一) 延边足球队的主场

延吉综合体育场建成于 2012 年,是庆祝延边朝鲜族自治州成立 60 周年的献礼工程项目之一。该体育场占地为 66000m^2,场地面积为 29740m^2,有观众席 35000 个。2014 赛季起该体育场成为延边长白山足球队的主场。

(二) 延边足球队的现用队徽、球衣

1. 延边足球队的队徽

队徽重点突出了"延边元素",识别性明显,整体色调采用球队球衣传统的红颜色,并注入了金色元素,更体现了球队的传统与荣誉。整体造型为盾形,代表了延边足球以及延边球迷坚不可摧的力量。标志主形象为虎,长白虎对于延边队来说含有特别的意义,在中国足坛,长白虎是延边队的昵称和代名词。标志上端是长白山剪影,更体现了延边队独有的地域特色。足球上端的一颗星记录了1965 年延边队夺得甲级联赛冠军时球队的荣誉与结晶。

2. 延边足球队的球衣

主场上衣为红色,短裤为蓝色,球袜为红色;客场上衣为白色,短裤为白色,球袜为白色。

(三) 延边足球队的战绩统计 (见表 1)

表 1 延边足球队的战绩统计

年份	赛事	成绩
1965 年	全国甲级队	冠军
1990 年	全国乙级队	冠军
1994 年	甲 A 联赛	第十名

续表

年份	赛事	成绩
1995 年	甲 A 联赛	第七名
1996 年	甲 A 联赛	第十名
1997 年	甲 A 联赛	第四名
1998 年	甲 A 联赛	第十一名
2004 年	中国足球乙级联赛	亚军
2005 年	中国足球协会甲级联赛	第八名
2006 年	中国足球协会甲级联赛	第八名
2007 年	中国足球协会甲级联赛	第六名
2008 年	中国足球协会甲级联赛	第九名
2009 年	中国足球协会甲级联赛	第六名
2010 年	中国足球协会甲级联赛	第三名
2011 年	中国足球协会甲级联赛	第十一名
2012 年	中国足球协会甲级联赛	第十三名
2013 年	中国足球协会甲级联赛	第十一名
2014 年	中国足球协会甲级联赛	第十六名
2015 年	中国足球协会甲级联赛	冠军（冲超）
2016 年	中国足球协会超级联赛	第九名
2017 年	中国足球协会超级联赛	第十五名（降入甲级联赛）
2018 年	中国足球协会甲级联赛	第十名
2019 年	中国足球协会乙级联赛	第十八名（延边北国）
2021 年	中国足球协会乙级联赛	第十二名（延边龙鼎）

第二节　国家战略发展与延边职业足球运动

1994 年，延边职业足球俱乐部正式成立。俱乐部是具有相对独立法人资格的事业实体。俱乐部成立执行委员会，其主要职责是参与俱乐部的管理并提出合理化建议。俱乐部经费来源以州财政原拨给体工队的部分事业经费和韩国三星电子集团的资助为主，以门票、广告等收入为辅，同时大力开发足球产业，着手成立中国福特宝足球发展公司延吉分公司，强化造血功能，逐渐走向自负盈亏的产业化道路。俱乐部后备力量来源于吉林二队、延边朝鲜族自治州体育运动学校足球班、各中小学足球传统项目学校足球队、各县市中小学业余俱乐部优秀运动员。

1994 年中国足球甲 A 联赛参赛队由 1992 年甲 A 联赛的 8 支球队与甲 B 联赛的前四名球队组成，比赛实行主客场制。

一 1994 年中国职业足球甲 A 联赛——吉林三星队

（一）吉林三星队主场战平北京国安队

1994 年 6 月 5 日，万宝路中国足球甲 A 联赛，吉林三星队主场迎战北京国安队，双方激战 90 分钟，互交白卷，在积分榜上各记一分。此役，阵容不整的吉林三星队雪上加霜。前锋朴文虎累积两张黄牌停赛；后卫千昌洙因车祸受伤不能上场。吉林三星队"442"阵型出战，以 6 号崔光日、26 号小将李灿杰为前锋；新秀 21 号黄勇踢前卫，攻击力很强的 11 号方根燮改打后卫。北京队则以老将魏克兴坐镇中场，锋线上曹限东、高峰、谢峰等国脚悉数上阵。上半场 10 分钟，双方谨慎从事，中场争得很激烈，各有一次射门，皆无威胁，北京队 17 分钟韩旭抢点头球攻门打在门柱弹出，吉林队 20 号高钟勋一记漂亮的任意球还以颜色打在门柱上。双方易地再战，虽双方都有机会但无济于事，北京队的几次进攻，由于吉林三星队的后卫线和门将成小禹的出色表现均未成功，结果双方握手言和。吉林三星队的 20 号高钟勋被评为 1994 赛季最佳球员，并当场获得 1000 元奖金。[①]

（二）吉林三星队客场负于江苏迈特队

江苏迈特队与吉林三星队的比赛在无锡进行。最终，江苏迈特队 1∶0 战胜吉林三星队而取得 1994 年甲 A 联赛的首场胜利。比赛一开场，江苏队就在边路展开猛烈的攻势，将战线压在吉林三星队禁区前。上半时射门十余次，但是大都有惊无险。上半时结束前 1 分钟，在一次混战中江苏队 14 号朱谷丰在禁区左侧果断抬脚抽射，球应声入网。江苏队在吉林三星队

---

① 柴保华：《吉林队战平北京队》，《延边日报》1994 年 6 月 5 日。

身上拿到了宝贵的 3 分。至此，江苏、吉林、沈阳前九轮过后成为积分最低的三支球队。①

（三）吉林三星队主场被山东泰山队逼平

在蒙蒙细雨中，吉林三星队主场与山东泰山队激战 90 分钟，双方战成 1∶1 平局。屡战屡败的吉林三星队，战罢七轮仅积 4 分，排名倒数第二。因此，吉林队欲借主场之利在山东队身上拿分，故此战利用"352"阵型迎战客队山东泰山队。比赛开始，吉林队便利用主场之利，展开猛烈的进攻，比赛开始不到 2 分钟就获得了两个角球。第五分钟，吉林三星队获得一个任意球机会，朴文虎一记漂亮的任意球打破了山东队的大门。比赛进行到上半场 20 分钟的时候，山东队通过老将王东宁的进球还以颜色。此战吉林三星队攻势如潮，但无奈只开花不结果，只能遗憾收获一场平局。②

（四）吉林三星队对阵广东宏远队

吉林三星队在延吉市人民体育场迎战广东宏远队。此次比赛，吉林三星队的外援首次代表吉林三星队登场。广东队外援琼斯因累积两张黄牌无法登场，可惜吉林三星队也没能把握机会，最终双方平局收场。受此次比赛影响，吉林三星队接连三轮主场未能取得胜利。

（五）吉林三星队主场力克上海申花队

吉林三星队主场 3∶1 力克来访强敌上海申花队，主场取得了久违的胜利。1994 年甲 A 开赛以来，上海申花队攻城拔寨，一路领先。主帅徐根宝运筹帷幄，"抢、逼、围"战术十分有效。全队以范志毅、李晓等众多国脚领衔；而吉林三星队已连续三场主场打平，此战志在必得。开场以后，吉林三星队气势恢宏，攻势犀利，通过协同作战，凭借金光柱、金虎门、金永洙的破门战胜了实力强大的上海队。③ 为了进一步提高球队实力，吉林三星队从朝鲜引进了林虎、金光哲两名外援，其已顺利通过了中国足协

---

① 新华社：《吉林队客场负于江苏队》，《延边日报》1994 年 7 月 3 日。
② 柴保华：《吉林三星队主场被山东泰山队逼平》，《延边日报》1994 年 7 月 26 日。
③ 柴保华：《吉林三星队主场力克上海申花队》，《延边日报》1994 年 7 月 17 日。

组织的体能测试。

（六）中国足协常务副主席王俊生与延边朝鲜族自治州足球界人士座谈

联赛期间，中国足协常务副主席王俊生专程来到延吉，并观看了吉林三星队对阵解放军队的比赛。1994 年 8 月 29 日上午，王俊生就我国足球改革的情况同延边朝鲜族自治州内足球界人士和新闻记者进行了座谈。王俊生对延边足球率先实行俱乐部制，特别是对吉林三星队在职业化转化过程中的大胆尝试和许多管理模式给予高度的评价，并要求吉林三星队在继续努力提高自身水平的同时，争取为国家队输送更多的优秀人才，为中国足球早日冲出亚洲、走向世界做出贡献。[①]

（七）吉林三星队主场对阵江苏迈特队

1994 年甲 A 联赛延边赛区最后一场比赛在龙井市人民体育场举行。吉林三星队整个赛季一直状态低迷，因此，球员们期待在家乡父老面前甩掉一切包袱，拼死一搏，力图改变垫底的局面。为了这场比赛，龙井市体委投资 30 万元将体育场进行翻新，座位由 1 万个增加至 1.6 万个。果然，吉林三星队不负众望，以 1∶0 的比分战胜了江苏迈特队。

1994 年 11 月 13 日联赛结束。获得 1994 年甲 A 联赛前四名的球队依次为：大连万达队、广州太阳神队、上海申花队、辽宁远东队。吉林三星队 22 场比赛 6 胜 7 平 9 负积 19 分，最终取得联赛第 10 名。吉林三星队球员高钟勋、李红军、金光柱入选国家队；高钟勋还获得了 1994 年甲 A 联赛"中场发动机"殊荣。

二 1995 年中国职业足球甲 A 联赛——延边现代汽车足球队

（一）延边现代汽车足球队客场战平劲旅上海申花队

1995 年，吉林三星队正式更名为延边现代汽车足球队。

[①] 柴保华：《中国足协常务副主席王俊生与我州足球界人士座谈》，《延边日报》1994 年 8 月 29 日。

1995 年，延边现代汽车足球队在 1995 年中国足球甲 A 联赛首轮比赛中，在上海虹口体育场 1：1 与劲旅上海申花队打成平局。比赛一开始，实力强劲的上海队即排出"433"进攻阵型，由 23 号瓦洛嘉、24 号莎沙、14 号申思做箭头人物。延边现代汽车足球队则以"442"阵型出战，20 号高钟勋、3 号金光柱、2 号李红军坐镇中后场。上半场，双方队员体力充沛，中场拼抢激烈。上海队的射门、角球均达到 9 次，多于延边现代汽车足球队，但都有惊无险，未能破门得分。延边现代汽车足球队也在对方门前制造了两次破门机会。一次是比赛进行到 33 分钟时，延边现代汽车足球队打出了一个"三过二"的极佳配合，可惜 6 号崔光日的一次射门错过了得分良机。双方上半场互交白卷。下半场易地再战。第 11 分钟，上海队 5 号范志毅利用延边现代汽车足球队后卫的一次失误打进了一球。延边现代汽车足球队在先失一球的情况下开始反击。比赛进行到 22 分钟，5 号李光浩在对方门前接队友传球，头槌破门，将比分改写成 1：1。这一比分一直保持到终场。最终，延边现代汽车足球队与实力强劲的上海申花队握手言和，各积 1 分。这场比赛是延边现代汽车足球队 1995 年甲 A 联赛前六场比赛中的唯一一场平局。[①]

（二）延边现代汽车足球队客场逼和天津队

中国足球甲 A 联赛第二轮延边现代汽车足球队客场对阵天津队的比赛中，双方均排出"442"阵型。延边现代汽车足球队派出了李时锋、李红军、高钟勋、崔光日等主力队员，力争客场拿分。比赛上半时，重返甲 A 联赛的天津队利用主场之利屡屡在客队门前制造险情，占据上风。延边现代汽车足球队面对强大攻势，采取防守反击战术。下半场，天津队虽然进攻犀利，但因求胜心切，失误频频，最终双方以 0：0 握手言和。此役过后，延边现代汽车足球队在甲 A 联赛积分榜上排第七位。[②]

（三）延边现代汽车足球队对阵大连万达队

中国足球甲 A 联赛进入第三轮比赛，延边现代汽车足球队继续做客挑

---

① 蒋永利：《延边现代队客场 1：1 战平劲旅上海队》，《延边日报》1995 年 4 月 18 日。
② 蒋永利：《延边现代队客场逼和天津队》，《延边日报》1995 年 4 月 25 日。

战 1994 年联赛冠军大连万达队。这场比赛，双方均排出"442"的阵型，大连万达队利用主场之利，势在必得。比赛一开始，双方就火药味十足，拼抢激烈。开场仅 1 分钟，大连万达队的魏意民就有一次很好的单刀赴会的直插，可惜没能得分。比赛进行到第 15～19 分钟，大连万达队的王涛和马林接连获得三次绝佳的机会，但都没能得分。相反，延边现代汽车足球队在上半场也有两次绝佳的机会，尤其是比赛进行到第 9 分钟时，前锋队员在大连队门前有两脚极具威胁的连续攻门，可惜未能破网。第 25 分钟，在一次快速反击中，方根蠻前场与守门员形成一对一的局面，但被对方后卫破坏。下半场两队频频调兵遣将，并加强了中场的拼抢，双方互有进攻，但均无建树，最终双方以 0∶0 的比分握手言和。

（四）延边现代汽车足球队对阵北京国安队

中国足球甲 A 联赛（延边赛区）第一场比赛在延吉市人民体育场拉开战幕。延边现代汽车足球队借主场之威，排出"442"的阵型，志在必得。上半场，双方在中场的拼抢非常激烈，但均未攻破对方大门。下半场，延边现代汽车足球队调整了阵容，将进攻"灵魂"高钟勋顶在前锋线上，意在加强中前场的控球。这一战术果然奏效，开场仅 6 分钟，高钟勋就带球突入禁区，对方后卫慌乱中出现了防守犯规，主队获得了点球机会，队长 3 号金光柱一脚中的，首开纪录。赛场气氛骤然升温，仅过 6 分钟，20 号高钟勋再次带球至前场以后，妙传给 18 号金永洙，金永洙心领神会，接球后直接射门，球挂死角，北京队守门员只能望球兴叹。领先后的延边现代汽车足球队在主场球迷们的加油助威声中，攻势一浪高过一浪。尤其是 12 号张庆华将对方箭头人物 18 号高洪波死死看住，再加上后卫线上的李红军、金光柱等筑起稳固"城墙"。门将成小禹也表现不凡，一次次化解对方的猛烈攻势，确保城池不失，使 2∶0 的比分一直保持到终场。

（五）延边足协与韩国现代汽车株式会社举行签订赞助仪式

延边朝鲜族自治州足球协会在白山大厦举行韩国现代汽车株式会社赞助延边足球俱乐部现代汽车足球队签字仪式。州长郑龙喆、副州长严曾国、州足协名誉主席金成河出席了签字仪式。签字仪式上，延边朝鲜族自治州体委主任李钟凤和韩国现代汽车株式会社代表分别致辞。延边足球协会主席崔光仑与韩国现代汽车株式会社常务兼足球团团长金亨株,分别在赞助协议上签字。协议规定,从 1995 年开始,如无另签协议,韩方将每年向延边现代汽车足球队赞助 50 万美元。①

（六）延边现代汽车足球队主场负于广州太阳神队

中国足球甲 A 联赛第七轮比赛在延吉市人民体育场进行。上半时比赛一开始,延边现代汽车足球队借主场之利组织了强大攻势。开场 4 分钟内,就在客队门前制造了 3 次射门机会。随后,在近 4 万名观众的助威声中,延边现代汽车足球队越战越勇,攻势明显优于客队。比赛进行到第 30 分钟时开始下雨,两队展开"水球"大战。善于踢"水球"的广州太阳神队在上半场接近尾声时,获得一次角球机会,埋伏在球门前的 12 号彭锦波头球破网。

下半场,雨越下越大,但现场观众的助威呐喊声一浪高过一浪。延边现代汽车足球队在比分落后的情况下,不断加强进攻,并且占据了主场优势,但得势不得分,队员们开始出现急躁心理,传接球方面失误频频,直至终场仍未能挽回败局,主场 0∶1 惜败于广州太阳神队。

令人遗憾的是,一些球迷出现很不冷静的行为,无视赛场纪律,起哄谩骂,向场内乱扔东西,严重损害了延边赛区的声誉。②

（七）延边现代汽车足球队对阵青岛海牛队

中国足球甲 A 联赛第八轮比赛,延边现代汽车足球队主场迎战青岛海牛队。双方攻守激烈,势均力敌,最终以 3∶3 握手言和。

（八）甲 A 联赛重燃战火,延边现代汽车足球队力克八一队

中国足球甲 A 联赛经过近两个月的休赛,8 月 6 日重燃战火,在西安市体育场,延边现代汽车足球队客场 3∶0 力克劲旅八一队。比赛开始后,

---

① 得裕:《延边朝鲜族自治州足协举行韩国现代汽车株式会社赞助延边现代汽车足球队签字仪式》,《延边日报》1995 年 5 月 16 日。

② 蒋永利:《延边现代队主场以零比一负于广州太阳神队》,《延边日报》1995 年 5 月 30 日。

延边现代汽车足球队采用防守反击战术，沉着应战。八一队在身高和体力上占据绝对优势，加之主场作战，大打攻势足球，志在必得。上半场前20分钟，八一队虽然射门4次，但均未构成威胁。第43分钟，延边现代汽车足球队11号方根燮从左路突破禁区，低球横传，7号朴文虎跟上直接射门，球应声入网，延边现代汽车足球队上半场暂时1:0领先。下半场，八一队明显加强了攻势，但过于急躁，传接球频频出现失误，再加上兵力集中于进攻上，导致后防漏洞百出，相反延边现代汽车足球队抓住对方防守失误，组织起有效的反击。果然第8分钟，9号高钟勋抢断对方后卫传球后，单刀直入，轻松将球送入网内。第17分钟，18号金永洙右路带球下底传中，10号金明国紧紧跟上，脚尖一挑，将比分改写成3:0，并把比分保持到终场。[①]

（九）延边现代汽车足球队主场负于济南泰山队

中国足球甲A联赛第十一轮延边现代汽车足球队与济南泰山队比赛在延吉人民体育场进行。延边现代汽车足球队主场0:2失利。这场比赛延边现代汽车足球队排出"442"阵型出战。但是主力后卫金光柱、李光浩因伤病未愈不能上场，再加上李红军因累积两张黄牌在身，停赛一场，给延边现代汽车足球队的后防线带来了巨大考验。无奈之下，延边现代汽车足球队只能派刚从韩国引进的两名外援上场。上半时，延边现代汽车足球队由于进攻方法单一，缺少灵活多变，尽管射门次数较多，但是均未能造成威胁。同样，客队也没有组织有威胁的进攻，上半时双方均无建树。下半时，延边现代汽车足球队利用主场之利加强了攻势，射门次数明显多于客队，占据了场上主动，但得势不得分，终未敲开对方大门。下半时第10分钟，延边现代汽车足球队后卫失误造成角球，对方6号李明在门前混战中把球捅入网内。第25分钟，延边现代汽车足球队后卫再次传球失误，被对方抓住机会打反击。10号宿茂臻与7号唐晓程门前利用巧妙的配合，再下一城。[②]

① 蒋永利：《足球甲A联赛重燃战火延边现代汽车足球队3:0力克八一队》，《延边日报》1995年8月8日。

② 蒋永利：《延边现代队主场0:2负于济南泰山队》，《延边日报》1995年9月5日。

（十） 延边青少年足球委员会成立

为了进一步扩大延边朝鲜族自治州青少年业余足球俱乐部的规模，促进青少年足球运动的普及，提高竞技运动水平，延边朝鲜族自治州足球协会在龙井市召开了延边青少年足球委员会成立大会，中国足协青少部金正民主任参加了成立大会。成立延边青少年足球委员会是足球职业化、俱乐部实体化的发展需要，其目的是全面加强和管理延边朝鲜族自治州青少年足球俱乐部的各项工作，有计划、有步骤地发现和培养足球后备人才，并充分发挥政策和经济杠杆的作用，在开展青少年业余足球训练和组织俱乐部比赛中引入竞争机制和激励机制，使各项工作更趋规范化、制度化。《延边朝鲜族自治州青少年业余足球俱乐部评比条例》也同时出台。[①]

（十一） 延边现代汽车足球队主场负于上海申花队

1995 年 9 月，中国足球甲 A 联赛第十二轮比赛在延吉人民体育场进行。延边现代汽车足球队主场 0∶1 负于上海申花队。这场比赛，延边现代汽车足球队再次暴露出主场思想包袱重、防守失误多、进攻打法单一且过于急躁的弱点。实力强劲的上海申花队上半场仅开场 4 分钟，就利用延边现代汽车足球队后防线的一次失误，发动一次快速反击，24 号外籍球员莎沙禁区接球晃过防守队员后一脚冷射，球应声入网。过早失球，再加上沉重的心理包袱，使得主队很难组织起有效的进攻。下半时，延边现代汽车足球队队员们的心态有了明显的改观，在比分落后的情况下，抓住对方体力下降的机会，加强了进攻，但同样暴露出门前把握能力欠缺的问题，最终以 0∶1 输给客队。此役后，甲 A 联赛赛程过半，延边现代汽车足球队胜四场，平四场，负四场，积 16 分，在 12 支劲旅中暂居第七位。[②]

（十二） 围绕延边现代汽车足球队重振雄风的问题召开座谈会

上半赛季的欠佳表现，球队上下背负着巨大的压力。在此情况下，延

---

① 嵩山：《延边青少年足球委员会成立》，《延边日报》1995 年 9 月 5 日。
② 蒋永利：《延边现代汽车足球队主场 0∶1 负于上海申花队》，《延边日报》1995 年 9 月 13 日。

边足协邀请延边现代汽车足球队教练及队员、延边足球元老、延边大学体育系教授、延边球迷协会负责人和新闻媒体相关人士共 20 多人，召开了座谈会，主题就是为表现欠佳的延边现代汽车足球队"把脉"。参会者本着爱护与鼓励的心情，就加强攻势和防守以及韩国外援的作用等问题展开了激烈的讨论并纷纷献计献策。最后，延边现代汽车足球队教练李虎恩代表全体队员表态，感谢家乡父老对他们的关心和勉励，表示决不气馁，一定重振东北虎的雄风，在后几场的比赛中竭尽全力取得佳绩，不辜负家乡父老和球迷们的期望。①

（十三） 延边现代汽车足球队主场惜败于天津三星队

1995 年 9 月中旬，延边现代汽车足球队在图们市主场迎战天津三星队。天津三星队一开场便加强了猛烈的攻势，10 分钟内就形成 3 次有威胁的射门。第 23 分钟，11 号小将裴锦右路突入前场传中，10 号韩金铭中路杀到一记挑射，球借风势直入网底，天津三星队 1∶0 领先。比分领先的天津三星队并未就此踢得保守，攻势依然猛烈。下半时，延边队为挽回败局，在天津三星队门前"狂轰滥炸"，并制造了几次绝好的破门机会，可惜均无功而返。天津三星队则改打"532"的防守反击阵型，打得有声有色，成功地将 1∶0 的比分保持到终场。②

（十四） 延边现代汽车足球队主场逼平劲旅大连万达队

1995 年中国足球甲 A 联赛第十四轮延边现代汽车足球队与大连万达队的比赛于 9 月 24 日下午 3 时在延吉市人民体育场进行。经过 90 分钟交战，双方 1∶1 握手言和。此役，刚刚执掌帅印的延边现代汽车足球队主教练郑钟燮针对客队擅长高举高打的战术打法，采用"532"阵型，并以地面配合为主打出防守反击战术。上半场，双方攻守节奏转换较快，惊险的射门频频出现。尤其是比赛进行到第 9 分钟时，延边现代汽车足球队禁区内防守犯规，被判罚点球。客队 20 号王涛主罚，球打在门柱上弹出，客队痛失

---

① 金革：《本报召开延边现代队重振雄风恳谈会》，《延边日报》1995 年 9 月 15 日。
② 姜宏强：《延边现代汽车足球队主场 0∶1 负于天津三星队》，《延边日报》1995 年 9 月 19 日。

得分良机。此后，上半场双方均无建树。

下半场，双方易地再战，且均加强了进攻。比赛进行到终场前 10 分钟时，大连万达队发动一次左路进攻，9 号孙伟禁区前沿接 11 号魏意民横传，带球突入一脚劲射得分，客队 1∶0 暂时领先。失球后的延边现代汽车足球队全力反扑，加强进攻，距比赛结束还有 5 分钟的时候获得了一次角球机会，20 号老将高钟勋从右角开出，3 号队长金光柱门前抢点，头槌破门，将比分扳平。最后双方 1∶1 战平。此役战罢，延边现代汽车足球队积 17 分，排名榜上暂列第七位。[①]

（十五）延边现代汽车足球队客场战平北京国安队

1995 年 10 月 1 日，中国足球甲 A 联赛第十五轮，北京赛区的比赛在淅淅沥沥的小雨中拉开战幕。延边现代汽车足球队客场作战，最终与实力强劲的北京国安队 1∶1 打成平局。一个是延边现代汽车足球队保持客场不败，一个是北京国安队魔鬼主场。上半场比赛一开始，双方均排出"532"阵型，采取防守反击战术。两队旗鼓相当，你来我往，中场争夺异常激烈，比赛进行到第 8 分钟，延边现代汽车足球队发动一次左边路反击，11 号方根燮带球下底传中，23 号李玄锡心领神会，抢点头槌攻门，先拔头筹。北京国安队过早失球，队员也出现了急躁的情绪，战术发挥失常。上半场失球后，主队共有 6 次角球、9 次前场任意球机会，但均未能把握住。

下半场，领先一球的延边现代汽车足球队防守反击战术发挥正常，特别是"盯人"防守成功，多次瓦解了主队的强大攻势。第 28 分钟，北京国安队获得一次前场任意球机会，8 号曹限东主罚，将球吊入延边现代汽车足球队球门禁区离球门近在咫尺，一场混战中，3 号谢朝阳将球踢入网内，将比分踢成 1∶1。此后，双方都寻找机会扩大战果，但均无建树，最终双方以 1∶1 的比分握手言和。[②]

---

① 蒋永利：《延边现代汽车足球队主场 1∶1 逼和劲旅大连万达队》，《延边日报》1995 年 9 月 26 日。

② 蒋永利：《延边现代汽车足球队客场 1∶1 战平北京国安队》，《延边日报》1995 年 10 月 4 日。

（十六）延边现代汽车足球队客场惨败给四川全兴队

中国足球甲A联赛进入第十六轮，延边现代汽车足球队做客成都，以0∶6的大比分败北。此役，延边现代汽车足球队中场"灵魂"高钟勋和头号守门员成小禹均因累积两张黄牌不能上场，整场比赛处于被动局面。而主队凭借天时地利人和，为摆脱降级厄运，志在必得。上半时开赛仅4分钟，四川全兴队便组织了一次有效的进攻，7号何斌射门得手，首开纪录。进球仅5分钟，3号魏群抓住一次前场任意球机会再下一城。比赛进行到第15分钟时，中场组织核心10号金明国被主裁判出示第二张黄牌罚下场，延边现代汽车足球队只能10人应战。上半场以0∶4落后。下半时，四川全兴队12号翟彪两次破掉延边现代汽车足球队的大门。最终比分定格为0∶6。①

（十七）延边现代汽车足球队主场与辽宁队战平

中国足球甲A联赛第十七轮延边现代汽车足球队与辽宁队的比赛在延吉人民体育场进行。全场比赛紧张激烈，最终双方以3∶3的比分握手言和。这场比赛延边现代汽车足球队借主场之利，志在必得。在两万多名观众的呐喊助威声中，延边现代汽车足球队的攻势一浪高过一浪。上半时，延边现代汽车足球队打得积极主动，开赛仅3分钟，便发动一次左路有效的进攻，23号李玄锡带球至前场，20号高钟勋急速插上接应，禁区内小角度射门，球入网窝。此后，双方你来我往，拼抢激烈，但都未能得分。

下半时，双方均加强进攻，场上紧张气氛再度升级。第20分钟辽宁队24号于飞中场截球快速反击，8号孙贤禄禁区外得球后一脚劲射，球打在门楣上弹入网内，将比分扳成1∶1。进球仅过3分钟，延边现代汽车足球队的11号方根燮禁区内被守门员扑倒，裁判果断判罚点球。20号高钟勋主罚命中，比分改写成2∶1。第32分钟延边现代汽车足球队刚换上场的26号李灿杰前场得球后，2次妙传，23号李玄锡在禁区左侧一脚"香蕉球"射门，使延边现代汽车足球队3∶1暂时领先。比分落后的辽宁队振

① 蒋永利：《延边现代汽车足球队客场零比六负于四川全兴队》，《延边日报》1995年10月10日。

作精神，全力拼搏，离比赛结束还剩 10 分钟时，连扳 2 球挽回败局，双方最终以 3∶3 的比分握手言和。①

（十八）延边现代汽车足球队客场战平广州太阳神队

中国足球甲 A 联赛第十八轮，延边现代汽车足球队客场与广州太阳神队以 0∶0 的比分握手言和。此役，延边现代汽车足球队采用防守反击的战术，逼抢积极，防守严密，终保城池不失。而广州太阳神队凭借天时地利，虽在场上占据主动，但进攻战术单一，锋线队员表现一般，攻击力不足，基本上未见有威胁的射门。双方经过 90 分钟苦战，互交白卷。第十八轮过后，延边现代汽车足球队积 20 分，暂与天津三星队并列第七位。②

（十九）延边现代汽车足球队客场负于青岛海牛队

中国足球甲 A 联赛进入第十九轮，延边现代汽车足球队做客青岛，最终以 0∶1 负于青岛海牛队。这场比赛，延边现代汽车足球队排出防守反击战术向主队挑战。青岛海牛队由于前十八轮战绩不佳，此役借主场之利，大打攻势足球，志在必得。比赛进行到第 8 分钟，青岛海牛队 8 号张陆平前场得球，突入禁区后横传，队友 20 号汤乐普倒地一铲，球应声入网。失球后的延边现代汽车足球队队员开始出现急躁情绪，未能组织起有威胁的进攻。下半时，比分落后的延边现代汽车足球队全力反击，占有场上主动权，但未能把握住破门机会，最终以 0∶1 败北。延边现代汽车足球队在甲A 联赛积分榜上降至第九位，保级形势严峻。③

（二十）领导慰问延边现代汽车足球队的全体将士

1995 年 11 月 1 日下午 4 时，延边朝鲜族自治州委常委、副州长严曾国在延边朝鲜族自治州体校二楼会议室慰问延边现代汽车足球队领队、教

---

① 蒋永利：《延边现代汽车足球队主场 3∶3 与辽宁队战平》，《延边日报》1995 年 10 月 17 日。

② 蒋永利：《延边现代汽车足球队客场 0∶0 战平广州太阳神队》，《延边日报》1995 年 10 月 24 日。

③ 蒋永利：《延边现代汽车足球队客场 0∶1 负于青岛海牛队》，《延边日报》1995 年 10 月 31 日。

练及全体运动员。中国足球甲 A 联赛已战罢十九轮，最后三场比赛对于延边现代汽车足球队来说，是决定生死的关键战。严曾国副州长首先代表延边朝鲜族自治州委、州政府对延边现代汽车足球队全体成员在比赛中的拼搏精神给予充分的肯定，并鼓励队员打好最后三场比赛。副州长指出："一是要在最后三场比赛中，解放思想、放下包袱、压力转为动力，全力以赴打好比赛；二是要坚定信心、下定决心，发挥出真正的水平；三是'人心齐、泰山移'，要发扬集体主义、团结协作精神；四是要研究好战术，做到知己知彼、用兵如神。最后，预祝大家在比赛中取得好成绩。"①

（二十一）牵动人心：延边现代汽车足球队战胜八一队，保级成功

1995 年甲 A 联赛关键一役在延吉人民体育场进行。最终，延边现代汽车足球队 1∶0 战胜八一队，成功保级。比赛一开始，延边现代汽车足球队就加强了进攻。仅过 3 分钟，就发动了两次有威胁的射门。在 4 万多名观众的呐喊助威声中，延边现代汽车足球队越战越勇，占据了场上主动，第 25 分钟，26 号李灿杰突破对方后卫防线，单刀赴会，可惜最后一脚射门太正，痛失一次得分良机。比赛进行到下半时第 13 分钟时，延边现代汽车足球队主教练郑钟燮将 7 号朴文虎、18 号金永洙换上场，加强了中前场的攻击力。刚过 2 分钟，26 号李灿杰中场得球右路突进至禁区前沿，迅速横传给 18 号金永洙，金永洙接球后果断拔脚怒射得分，延边现代汽车足球队一球领先。比赛最后 10 分钟，八一队大兵压上，但延边现代汽车足球队"盯人"战术十分成功，锋将胡云峰、中场核心王海均因专人"看管"而毫无作为。延边现代汽车足球队终保胜果。1995 年中国足球甲 A 联赛还剩二轮比赛，延边现代汽车足球队积 23 分，居第七位，保级已成定局。②

1995 年，延边现代汽车足球队在中国职业足球甲 A 联赛上，最终获得第七名。获得联赛前三名的球队依次为：上海申花队、北京国安队、大连万达队。

---

① 蒋永利、严曾国：《看望延边现代足球队全体成员》，《延边日报》1995 年 11 月 2 日。
② 蒋永利：《（19）95 甲 A 联赛关键一役牵动人心，延边现代队 1∶0 胜军旅，保级成功》，《延边日报》1995 年 11 月 7 日。

三 1996 年中国职业足球甲 A 联赛——延边现代汽车足球队

(一) 分析甲 A 诸旅，把脉延边现代汽车足球队

1995 年的甲 A 联赛，延边现代汽车足球队以稳固的防守和出色的客场表现，最终获得甲 A 联赛的第七名。1996 年新年伊始，甲 A 各队面对新赛季，纷纷制定各自的目标。有保冠军的，有争冠军的，有进入前六名的，而提出为保级而战的则很少。1995 年为保住甲 A 身份而苦苦挣扎的四川全兴足球队，最初曾提出过 1996 年的目标是保级，被球迷和领导层否决后，提出"争六保八"的口号。相反，延边现代汽车足球队，还没有发布 1996 年联赛的争战目标。1995 年甲 A 联赛获得第七名，按这个名次，应该至少把目标定位在"争五保七"。但是，综观 1996 年甲 A 诸旅与延边现代汽车足球队的实力，1996 新赛季并非一帆风顺。延边现代汽车足球队能够有一拼之力的只有天津三星队、八一队和四川全兴队，再加上升班马深圳队和广州松日队。平心而论，四川全兴队 1995 年虽为保级而苦战半年，但实力并不逊于延边现代汽车足球队。经过半个赛季的磨合，巴西外援法比亚奴、马麦罗断定会比 1995 年发挥更出色，再加上从巴西新引进的前卫安德烈、从乌兹别克斯坦引进的守门员吉玛，可以说整个球队三条线阵容整齐，"争六保八"都不是问题，若发挥好了完全具备打进四强的实力。甲 A 新军广州松日队在转会大战中，后来者居上，将国脚谢育新挖到队里，再加上 3 名南斯拉夫外援、2 名保加利亚外援，整体实力有了明显的提高，可以预测，这匹升班马，绝不会是 1996 年甲 A 12 支球队中最弱的。剩下的，只有天津三星队，没有外援且走了中场大将王涛的八一队和几乎是重新组军的深圳队了，他们将和延边现代汽车足球队一起，成为 1996 赛季降级的"候选人"。

在 1995 年的转会大潮中，延边现代汽车足球队动作迅速，从降入乙级的首钢队中挖来了 32 岁的前锋黄庆良，使之成为 1996 年甲 A 转会第一人。但在引进外援上，却屡经坎坷。目前，只有韩国现代老虎队支援的前卫李俊泽通过体能测试到位，与当初设想的相差甚远。在外援引进上，万达、申花、全兴、三星等球队都有大动作，如从俄罗斯引进两名中后场球员，

还从巴西引进一名后卫，加上 1996 年停赛的主力门将施连志、主力前锋霍建廷复出，整体状况比 1995 年更好。深圳队虽是新人辈出，凭借雄厚的经济实力引进了 7 名外籍球员，加上从宏远、迈特等球队引进的陈大英、孙刚等，一旦磨合运转正常，也将是个难以对付的对手。相比之下，延边现代汽车足球队问题较多。前锋没有尖刀队员，特点不突出。虽挖来黄庆良，但他毕竟年过三十，发挥如何还是个未知数。中场仅靠高钟勋一人担此重任，再加上两名国家队主力的后防线，原本是最稳固的，现在却是伤病累累。金光柱大病初愈，张庆华、千昌洙有伤在身。最致命的问题是，后备人才队伍匮乏，年轻队员还很难挑起大梁，一旦主力缺阵，替补队员难当重任，如金光柱拖后中卫的位置，成小禹的守门员位置始终是个后防隐患。再加上，身材矮小一直是延边现代汽车足球队最致命的不足，这在角球、定位球等方面一直吃大亏。曾经对阵广东宏远、广州太阳神等球队时因身材矮小而吃过不少亏，现如今这些球队在关键位置上已经引进了几员高大球员。如此说来，是不是 1996 赛季延边现代汽车足球队没希望了呢？也不尽然，关键还是要摆正自己的心态。1995 年联赛初期，延边现代汽车足球队能赢国安，平申花，而后来反而输给了天津三星队和降级的青岛海牛队，其原因还是没能很好地摆正自己的位置。1996 年，必须将甲 A 11 支球队全部当成强手去拼，充分发挥快、灵、地面配合等战术特点，重视团队精神，那么延边现代汽车足球队会渡过 1996 赛季这个难关的。①

（二）"'96 利君沙杯"全国足球精英赛

1996 年 4 月 1 日，"'96 利君沙杯"全国足球精英赛在西安市体育场进行了最后一场比赛后落下帷幕。大连万达队以不败战绩获得冠军；延边现代汽车足球队获得第二名。大连万达队在战胜辽宁队后 3 战 3 捷，已稳获冠军。当天下午延边现代汽车足球队与陕西国力队的比赛，对包括辽宁队在内的另外 3 支球队都至关重要。若延边现代汽车足球队失利，则 3 队均是 1 胜 2 负，则必须以净胜球数才能排出名次。在比赛中，双方拼抢都非常积极，但经验老到的甲 A 劲旅延边现代汽车足球队最终以 3∶1 获胜，

---

① 杨光华：《'96 赛季——延边现代队的"坎儿"》，《延边日报》1996 年 4 月 2 日。

从而其以 2 胜 1 负的战绩成为本届比赛的第二名。辽宁队和陕西队分别居第三位和第四位。①

接着，1996 甲 A 联赛的战幕即将拉开，延边现代汽车足球队的状况受到广大延边球迷的关注和期待。刚刚带队打完西安"利君沙杯"全国足球精英赛返回延吉的延边现代汽车足球队主帅李虎恩，就延边现代汽车足球队的冬春训情况、队员状态、外援情况以及延边现代汽车足球队在甲 A 12 强中的位置等问题向记者做了详细的介绍。其中，主要介绍延边现代汽车足球队目前所存在的主要问题以及今后的努力方向等，如外援和内援引进对球队整体实力有所提升。上个赛季中期，从韩国现代老虎队引进的两名外援因欠磨合等原因未能发挥应有的水平。积累这些经验，1996 年初已经引进了两名外援，冬训一直跟着球队合练，现阶段外援与球队的磨合较好。关于两名外援的技术水平的问题，李虎恩这样评价：李俊泽是韩国现代老虎队的一名老队员，1996 年 31 岁，体能较好，具有较丰富的比赛经验；金道亨是一名年轻球员，大学毕业后就效力于韩国现代老虎队，不足在于缺乏比赛经验。对于延边现代汽车足球队整体状态方面，李虎恩指出："队员们的状态一般，与 1995 年年初相比没有大的区别，但是在体能的储备方面要明显好于去年，后防大将金光柱以外，其他队员还没发现大的伤病情况。"令人遗憾的是，3 月 30 日晚，在西安举行的全国足球精英赛，延边队与辽宁队的比赛中，国家队主力球员李红军意外受伤，联赛之前能否恢复还是个未知数。

此外，李虎恩还指出，尽管 1996 年补充了两名前锋，但现在对他们的了解还不是很多，他们与队员之间的默契程度还需观察。在 1996 年的联赛中最担心的还是后防线的伤病，已经有 2 名国家队的主力因伤病问题正在养伤恢复，这给延边现代汽车足球队带来很大的困难。1995 年比赛中期，球队就出现了后卫线球员要么出现伤病，要么有黄牌在身被停赛等问题，再加上后卫线的板凳深度不深，连续输掉了几个关键场次的主场。这两年一直想引进高水平球员来增强延边队的整体实力，但谈何容易。1995 年到乌兹别克斯坦和俄罗斯等国家挑选外援，的确相中了两名身体素质较好、

① 蒋永利：《全国足球精英赛延边队获第二名》，《延边日报》1996 年 4 月 2 日。

水平较高的球员，但他们嫌弃中国足球联赛的水平偏低，再加上身价又高，最终均"流产"。主动要加盟的球员水平又不高，最后只能放弃引援。

好不容易相中的两名外援因资金问题又无法引进，最后拱手让给了沙特球队。被记者问到延边现代汽车足球队在甲A12强中所处的位置时，李虎恩说："延边现代汽车足球队目前的实力，除几支传统强队以外，我们的整体实力应该在中上游水平，踢不好也有可能下降至中下游水平，关键要看如何保持状态。另外，中国足协1996年明确规定，7月20日之前，一直打开球员的转会窗口，因此最终的实力目前还很难进行评估。"关于对年轻球员的起用问题，李虎恩教练指出，1995联赛李灿杰、洪淳九等年轻队员在几场比赛中的表现不错，还需提升比赛经验、自信心，希望1996年的联赛中，这些年轻球员能挑起大梁，为球队做贡献。

延边现代汽车足球队4月6日将启程前往深圳，与深圳队打两场热身赛，以适应广东的气候。4月14日，全力以赴迎战广东宏远队，李虎恩说，虽然广东宏远队实力很强，但广州一战，关键还是要看临场发挥，正常发挥我们自身的风格和特点，还是有希望的。①

（三）延边现代汽车足球队逼和广东宏远队

1996年4月8日，在甲A联赛第一场比赛中，广东宏远队尽管占据了主动，可惜最后1分钟被做客的延边现代汽车足球队扳回一球，平局收场。由于多名球员患上流感，无奈之余，陈亦明对广东宏远队上场阵容进行了大调整，"全华班"出战，此前，"长白虎"延边现代汽车足球队遇到"华南虎"几乎无一胜绩。

上半时，比赛一开始广东宏远队全力猛攻，而擅长客场作战的延边现代汽车足球队则以防守反击战术沉着应对，几次防守反击确实有声有色，给广东宏远队防线造成几次险情。上半时10分钟，主队丘志华左路突破传中，黎兵中路头顶中楣。之后，马明宇也先后有2次破门良机，可惜却被延边现代汽车足球队后卫化险为夷。中场休息时，陈亦明要求队员大胆压上，加大对对手的压力，并对球员进行了调整。下半场，广东宏远队先后

---

① 蔡长春：《虎帅赛前有话》，《延边日报》1996年4月9日。

把感冒未愈的 3 名"洋枪"丹尼奥、瓦洛嘉、佐腾悉数替换上场,加强中前场的力量。开场仅 1 分钟,延边现代汽车足球队利用广东宏远队的失误,创造了一次二打一的绝好机会,可惜 13 号韩国外援李俊泽将球打飞。此后,广东宏远队开始全面地反攻,占据了主动。

下半场 14 分钟,马明宇过关斩将,下底传中,黎兵头槌包抄终于敲开延边现代汽车足球队的大门。此后,马明宇、瓦洛嘉、李玉展还有多次破门良机,但是被表现神勇的延边现代汽车足球队门将成小禹一一化解。这位 1995 年曾创下 391 分钟不失球纪录的门神,风头甚至压倒国门区楚良。离终场仅有 1 分钟,广东宏远队胜券在握,但其后防出现失误,被延边现代汽车足球队韩国外援李俊泽禁区外起脚打门,区楚良接球脱手,下半场换上场的延边现代汽车足球队前锋 11 号方根燮飞身铲射,将球推入网内。广东宏远队最终未能报 1995 年联赛最后主场一战功亏一篑之仇。①

(四) 延边现代汽车足球队在"工体"演出好戏

1996 年 4 月,延边现代汽车足球队做客北京国安队,在工人体育场又上演了一场好戏。上半时,在 0∶2 不利形势下,没有放弃,顶住压力,最终 2∶2 逼平对手。

开场后双方就展开了激烈的中场拼抢,客场作战的延边现代汽车足球队反而打得更加积极主动,攻击力强于对方。开场仅 2 分钟,延边现代汽车足球队 13 号韩国外援李俊泽接队友传球一记挑射险些敲开对方大门。接着延边现代汽车足球队攻势如潮,令国安队门前险象环生,家门口频频告急。但延边队得势不得分,几次有威胁的射门均被对手一一化解。比赛进行到第 25 分钟时,北京国安队逐渐适应了延边现代汽车足球队的打法,开始占据了场上主动权。第 29 分钟,国安队 12 号胡建平一个前场妙传,9 号魏克兴中路插上没有拿住球,8 号曹限东左路包抄一脚抽射,皮球直飞延边队网窝,国安队 1∶0 暂时领先。此后,场上局面完全被国安队控制,攻势不减,第 44 分钟时,国安队邓乐军左路插到延边现代汽车足球队禁区外侧,接队友从右路传中球,拔脚远射,为国安队再下一城,比分扩大为 2∶0。

① 陈伟胜:《延边现代逼和广东宏远》,《延边日报》1996 年 4 月 15 日。

下半场，比分落后的延边现代汽车足球队展开猛烈反击，布重兵积极抢夺中场，在付出了两张黄牌的惨重代价后终于抓住机会。第58分钟，延边现代汽车足球队左侧开角球，国安门将扑球脱手，延边现代汽车足球队19号小将玄春浩，起脚打门扳回一球。第65分钟，北京国安队一次反击，高峰一个远吊，被守门员成小禹单手将球托出底线，这是一次非常有威胁的射门。第75分钟，延边现代汽车足球队老将高钟勋禁区前晃过对方4名队员的夹击，一脚怒射，尽显国脚风采，将比分追至2：2。终场前1分钟，延边现代汽车足球队打了一个漂亮的反击，国安队后卫忙中出错，18号金永洙右路传中，国安门将弃门而出，13号李俊泽门前发射，被国安队及时补位的邓乐军将球踢出，延边现代汽车足球队痛失一次绝好的得分机会。①

至此，延边现代汽车足球队连续两个客场均拿到了宝贵的平局。

（五）领导慰问延边现代汽车足球队全体将士

1996年4月23日晚上7点，正在延边调研工作的吉林省副省长桑逢文，在延边朝鲜族自治州委常委、副州长严曾国的陪同下，前往延边体校二楼会议室看望了延边现代汽车足球队全体将士。副省长肯定了教练员和运动员在前两场比赛中取得的成绩。特别是队员们敢于拼搏、奋勇顽强的精神，不仅是延边也是全省体育界学习的楷模。要把这种良好的比赛作风继续保持下去，刻苦训练，磨炼本领，振奋精神，打好今后的每一场比赛，再上新台阶，再创辉煌，不辜负延边和全省人民的希望。他还关切地询问了队员们训练和生活情况，并解决了困难问题。延边朝鲜族自治州委常委、副州长严曾国也鼓励大家努力训练、卸下包袱，轻装上阵，打好1996年甲A联赛每一场硬仗。尤其是要发挥善于客场作战的顽强精神，力争1996年的主场打一个翻身仗，并预祝大家取得更好成绩。②

（六）延边现代汽车足球队主场战平八一队

赛前被广大球迷看作一场恶斗的吉军之战，果然不出人们所料，一开场双方就展开激烈的拼抢。八一队主教练刘国江攻守平衡的战术思想再一

---

① 蔡长春：《现代队在"工体"演一出好戏》，《延边日报》1996年4月22日。
② 蒋永利：《桑逢文严曾国看望延边现代队全体成员》，《延边日报》1996年4月24日。

次显示出强大的威力，比赛结果军旅八一队客场 1∶1 逼和延边现代汽车足球队。由于前两轮均无败绩，双方势头正猛。八一队借胜国安、平申花的东风，做客延边，欲再为军旗添彩。而延边现代汽车足球队首次主场作战想献给家乡父老一份厚礼，双方都派出最强阵容，激烈竞争的场面精彩纷呈。这场比赛是不善于打主场的延边现代汽车足球队 1996 年联赛中的第一个主场比赛，也是开赛后连续两场主场不败的八一队的首次客场比赛。能容纳 4 万多人的延吉市人民体育场座无虚席，为主队助威的球迷们的加油声一浪高过一浪，彩旗飞扬，鼓号齐鸣，场面热烈感人。上半场双方进攻次数大体相同，中场争夺异常凶狠，八一队控制中场的能力略胜一筹。相反，延边现代汽车足球队存在个人盘带过多、反击速度太慢、过于急躁、传球失误多等问题，上半时快要结束时，12 号张庆华出现防守失误，被八一队 7 号潘毅一脚劲射，差点攻入一球。易地再战，八一队越战越勇，第 4 分钟，利用延边队后场传球失误，抢断成功，13 号胡云峰接队友传球，甩开防守队员，一脚劲射敲开了延边队的大门，比分定格为 0∶1。失球后的延边现代汽车足球队反而不急不躁，很有章法，第 25 分钟时，方根蒌接高钟勋传球，起脚怒射将比分扳成 1∶1。八一队被追平后也不敢大意，将高中锋王磊换上场，顶住了延边现代汽车足球队的强大攻势，将比分保持到终场。①

（七）延边现代汽车足球队家门口"熄火"

联赛继续进行，延边现代汽车足球队苦战 90 分钟，遗憾地以 1∶2 负于实力强劲的大连万达队。上半时，延边现代汽车足球队打得积极主动，第 2 分钟，13 号李俊泽左路带球突破到底线传中，7 号朴文虎及时插入禁区，起脚施射，可惜球踢偏，失去了一次绝好的破门良机。第 22 分钟，2 号国脚张恩华接同伴传球突到禁区前，挑射破门，守门员成小禹站位靠前来不及扑救，皮球直飞门内。失球后的延边现代汽车足球队加强攻势，几名队员均有精彩射门，只可惜未形成破门。大连万达队欲扩大战果，攻势不减，第 36 分钟时，20 号王涛右路接同伴传球再下一球，比分扩大到 2∶0。

---

① 蔡长春：《现代汽车队主场战平八一队》，《延边日报》1996 年 4 月 29 日。

下半时，延边现代汽车足球队破釜沉舟，加大反击力度，终场前 2 分钟延边现代汽车足球队禁区前得到一次任意球，3 号金光柱操刀主罚一脚命中，扳回一分，比分变成 2∶1。在剩下的时间里，延边现代汽车足球队大打长传冲吊，几名队员轮番轰炸，如果不是韩文海表现出色，方根燮禁区内的劲射必进无疑。①

（八）延边现代汽车足球队蜀道受阻

甲 A 联赛第五轮，延边现代汽车足球队以 1∶2 的比分负于四川全兴队。在甲 A 职业联赛中，延边现代汽车足球队两度征战成都挑战全兴队均遭败绩，总失球数高达 10 个，却无一球进账。为了打破这一魔咒，球队提前 5 天就来到了成都，并进行适应性训练。上半场，全兴队虽然在进攻上占有一定的优势，也形成了几次颇具威胁的射门，但双方均未形成进球，以 0∶0 的比分结束了上半场比赛。下半场开始后，两队主教练都通过频繁换人加强了攻势，试图率先打破僵局。全兴队以何斌和姚夏替下刘斌和李庆，延边现代汽车足球队以 20 号高钟勋、26 号李灿杰替下了 13 号李俊泽、12 号张庆华。全兴队 20 号邹侑根在罚球时将球敲给冲至前场的 3 号魏群，魏群一脚劲射，皮球飞入网底，比分扩大至 0∶2。第 25 分钟，延边现代汽车足球队的 20 号高钟勋从右路沿边线下底，突破了两名全兴队防守队员后杀入禁区果断小角度射门，但被全兴队门将赵磊将球扑出。第 29 分钟，延边现代汽车足球队 11 号方根燮又沿边路突破后将球吊向中路引起全兴队门前一场混战，延边现代汽车足球队 20 号高钟勋在混战中一脚射门中的，将比分扳成 1∶2。此后，延边现代汽车足球队发起了多次攻势均被全兴队一一瓦解，1∶2 的比分一直保持到终场。②

（九）延边现代汽车足球队不敌上海申花队

甲 A 联赛第六轮，延边现代汽车足球队 0∶3 败在了上海申花队的脚下。上海申花队 9 号国脚祁宏一人独中三元，上演了一场精彩的帽子戏法。整场比赛，延边现代汽车足球队表现不佳，配合失误多，未能打出应有的

---

① 蔡长春：《现代汽车队家门口"熄火"》，《延边日报》1996 年 5 月 6 日。
② 余连友：《现代汽车队蜀道受阻》，《延边日报》1996 年 5 月 13 日。

水平，毫无章法。终场前 3 分钟申思一脚劲射，多亏 6 号崔光日补位将球破坏。直到终场哨响，延边现代汽车足球队也未能在家乡父老面前挽回一点面子。①

（十）延边现代汽车足球队账上仅添一分

甲 A 联赛第七轮，延边现代汽车足球队在龙井市人民体育场对阵甲 A 新军广州松日队。经过 90 分钟激烈争夺，双方互交白卷，以 0：0 结束全场比赛。本场比赛，延边现代汽车足球队因队长金光柱有伤在身，未能登场，阵容上做了较大调整。11 号前锋方根燮改打边后卫，负责盯人。队长由 20 号老将高钟勋担任。7 号朴文虎、16 号黄庆良充当箭头。上半时，延边现代汽车足球队进入状态较慢，传接球不顺畅，且失误较多，开场不到 10 分钟就有 4 次将球传出界外。直到第 16 分钟，16 号黄庆良从右路突破下底把球传到大门前，7 号朴文虎插上弹射，球打高。反观新军广州松日队状态一般，上半时双方均无建树。

下半时，延边现代汽车足球队再次调整阵容。10 号金明国从中场撤回，担任后防，11 号方根燮从后场又回到前锋线上，中场 9 号洪淳九换下状态不佳的 9 号玄春浩，加强中前场的攻击力度，果然打出了气势，特别是左路进攻异常活跃。延边现代汽车足球队很快占据了场上的主动，压着对方打。第 65 分钟，延边现代汽车足球队发第二个角球，高钟勋将球射偏，延边现代汽车足球队打出了至少持续近 20 分钟的高潮，攻势很猛。张庆华、方根燮、李俊泽、李红军、黄庆良各有射门机会，但都只开花不结果。广州松日队下半时仅有 2 次颇具威胁的射门。第 55 分钟，广州松日队 10 号谢育新从右侧开角球被延边现代汽车足球队后卫顶出禁区，5 号叶志彬在禁区外距球门近 30 米处得球，一脚远射，球击中门楣弹出，这是全场比赛最精彩的一次射门。第 80 分钟，17 号外援拉左多单刀赴会，被及时出击的成小禹将球扑出底线。当全场比赛的哨声吹响时，双方均未能改写 0：0 的比分。延边现代汽车足球队 7 战 4 平 3 负积 4 分，名列甲 A 12 强倒数第二，形势十分严峻。②

① 蔡长春：《延边现代汽车足球队不敌上海申花队》，《延边日报》1996 年 5 月 20 日。
② 蒋永利：《现代队账上仅添一分》，《延边日报》1996 年 5 月 27 日。

（十一） 延边现代汽车足球队打出了"虎威"

甲 A 联赛第十一轮，延边现代汽车足球队主场以勇猛顽强的出色表现,2：0 击败了来访的深圳队，取得了甲 A 联赛开赛以来的首场胜利。此役，延边现代汽车足球队主帅李虎恩排出了"442"攻守平衡的阵型。意图是前锋快速突破，边路进攻为主，中场球员高钟勋中路起牵制作用，结果收到了良好的效果。尤其是左路由身高 1.82 米、速度较快的 35 号斯洛瓦边路突破，前卫高钟勋、李俊泽积极穿插，边后卫李红军、瓦洛嘉套边助攻，打得虎虎有生气。加上延边现代汽车足球队脚下功夫胜对手一筹和勇猛凶狠的拼抢，深圳队只能穷于招架。当深圳队防守的注意力集中到左路时，延边现代汽车足球队又利用大脚转移至另一侧，以前卫李俊泽和边后卫瓦洛嘉的套边、高钟勋的跑位接应、方根燮的快速突破，把两边都打活了。进攻点多，使深圳队防不胜防，延边现代汽车足球队的第一个进球就是在深圳队注意力集中在两边，高钟勋、金明国中场配合，由金明国传给插入禁区前的李俊泽，李俊泽以其娴熟的脚法甩开防守队员打门得手的。延边现代汽车足球队的胜利还在于此战打出了气势，打出了"虎威"，以勇猛顽强著称的延边现代汽车足球队又找到了自己的感觉，不仅队员跑动快，而且中场抢断出脚快、转移快、起动快、突击更快。中场组织也少了往日拖泥带水"粘球"的毛病。值得一提的是，延边现代汽车足球队的三名外援李俊泽、斯洛瓦、瓦洛嘉和小将玄春浩表现特别出色，他们跑动积极，穿插策应不惜力，而且回防认真、负责、到位，常常是倒地铲断成功，加快了延边现代汽车足球队的进攻节奏，减轻了后防线上的压力，为胜利立下汗马功劳。令人惊喜的是，延边现代汽车足球队此役的中路进攻也很有威胁，两边锋拉边制造宽度，前卫插入禁区寻找机会打门得分。中路进攻虽然难度较大，但对对方构成的威胁也大，中路活了，边路进攻的威力也就更大了。延边现代汽车足球队凭借自己技术好于对手的优势，敢于中路个人突破，拉开对方的防守空当，得以在中路从容射门，令深圳队猝不及防。攻击点多，是这场比赛得胜的关键。[1]

---

[1] 蔡长春：《延边现代汽车足球队打出了"虎威"》，《延边日报》1996 年 6 月 24 日。

（十二）亚洲足联名誉副主席、国家足协副主席陈成达慰问延边现代汽车足球队全体将士

1996 年 8 月 4 日，亚洲足联名誉副主席、国家足协副主席陈成达在延边朝鲜族自治州副州长严曾国的陪同下，到龙井市看望了正在进行封闭训练的延边现代汽车足球队的全体将士。陈成达客观地分析了 1996 年甲 A 联赛的形势，对延边现代汽车足球队在场上顽强的作风给予了高度评价，他深信这支球队具备取得好成绩的实力，希望延边现代汽车足球队克服困难，合理安排赛前的负荷量，增强自信心，打出延边现代汽车足球队的特色和水平。副州长严曾国指出，"全体队员认真理解国家足协领导提出的宝贵意见，勉励大家团结一心，放下思想包袱，采用多样的灵活技战术，继续发扬顽强的拼搏精神，用实际行动回报国家足协领导和延边朝鲜族自治州各族人民的关怀和厚爱"。①

（十三）把脉困境中的延边现代汽车足球队

甲 A 联赛已经进行七轮，在第一循环中还剩下四场比赛。目前，延边队仅积 4 分，排名倒数第二，在甲 A 12 支队伍中也只有延边和天津两队没有胜绩，可谓难兄难弟。按照第七轮不赔不赚的原则，起码应得 7~8 分，也就是说，延边现代汽车足球队欠账 3~4 分。前边欠了账，后边就得补回来，否则越欠越多，积重难返。按照保级分 24 分计算，第一循环 11 场比赛就应得 12 分才算保险分数，但目前仅积 4 分，还差 8 分，即在剩下的 4 场比赛中至少 2 胜 2 平或 3 胜 1 平 1 负。当然，四战皆胜才是完美的结果。不过，以延边现代汽车足球队目前的实力和状态，要达到上述指标只存在理论上的可能。如果 4 场拿不到 8 分，至少也得拿 6 分，即 2 胜 2 负，或 1 胜 3 平。如此，第一循环下来积 10 分，虽然没有拉平，但也只是微亏。这样，在第二循环中，只要正常发挥，补充已经亏损的分数是完全可能的。如果这四场比赛，延边队仍像前七轮一样，非平即负，只拿到 3 分或 4 分甚至 2 分或 3 分，那么这一沉重的负担就甩到第二循环去了，到那时，弄

---

① 金明哲、陈成达：《看望延边现代汽车足球队全体成员》，《延边日报》1996 年 8 月 6 日。

得场场是生死战，场场让人心惊肉跳，场场让队员承受巨大压力，恐怕悲剧在所难免。与其在第二循环负重而行，不如在第一循环中早点卸掉包袱，给下一阶段比赛一个稍宽松的环境。如此说来，眼下延边现代汽车足球队还是要力拼这四场比赛。四场中，对天津、深圳两战必须拿下，没有任何商量的余地。因为你要保级，必须抓住 2~3 支球队，抓住和自己分数差不多的球队。此消彼长，输给积分领先较多的球队不可怕，怕的是输给与自己同一处境的对手。历史的经验是，保级不成的球队往往是一两场关键比赛败北，输给与自己分数不相上下的队。时至今日，延边现代汽车足球队仍没有"开和"，3 分制总是平局不行，延边现代汽车足球队需要的是一场胜利，需要的是一场实惠的 3 分，只有胜利才能摆脱困境。①

（十四）风雨无阻，各显"虎威"，延边现代汽车足球队战平广东宏远队

1996 年甲 A 联赛下半段首轮比赛，延边现代汽车足球队与广东宏远队的比赛在龙井市人民体育场开赛。延边现代汽车足球队被实力强劲的广东宏远队以 2∶2 逼和。不擅长于"水战"的延边现代汽车足球队，在家乡父老的呐喊助威声中，冒着雨与广东宏远队展开激烈的"水战"，队员们勇猛顽强的表现极大地调动了观众的情绪，赛场上下顷刻间融为一体，伴着阵阵鼓号和"加油"的声浪，延边现代汽车足球队打出了一浪高过一浪的进攻，但在广东宏远队的门前就是有惊无险。志在必得的延边现代汽车足球队打得有些急躁，防守不时出现失误。比赛进行到第 20 分钟时，延边现代汽车足球队利用一次角球机会破门将比分扳平。这个精彩入球是 18 号金永洙将球开入禁区，15 号瓦洛嘉凭借空中优势头球入网，这一连串的配合，令国门区楚良也无计可施，只好望球兴叹。1∶1 平局以后，双方都加快了进攻节奏，延边现代汽车足球队虽然占据了场上主动，但广东宏远队的防守反击也颇有威胁。上半时结束前，9 号马明宇一脚劲射，守门员脱手，接着是一场门前混战，延边现代汽车足球队险些失分。下半场延边现代汽车足球队的攻势不减，广东宏远队只派马明宇在前场牵制延边现代汽

① 为群：《为延边队算一笔账》，《延边日报》1996 年 6 月 3 日。

车足球队，其他队员全力防守。第 14 分钟时，延边现代汽车足球队 35 号斯洛瓦接队友传球甩开对方后卫，突破到禁区内，广东宏远队防守队员情急之下将其撞倒。裁判果断判罚点球，18 号金永洙操刀主罚，只见白光一闪，皮球直飞网底，将比分扩大为 2：1。比分落后的广东宏远队加强了攻势，无奈得分手马明宇被 19 号玄春浩盯死没有什么作为，只可惜在 40 分钟时玄春浩腿抽筋下场，换上场的队员没有防住马明宇，在终场前 40 秒，马明宇如入无人之境，单枪匹马，门前大力发炮把球打入死角，最终延边现代汽车足球队和广东宏远队以 2：2 的比分战平。①

（十五）延边现代汽车足球队对阵八一队

1996 年甲 A 联赛第十四轮比赛，延边现代汽车足球队做客昆明，经过 90 分钟激战，以 0：1 负于军旅八一队。比赛一开始，双方就展开对攻。八一队排出"352"阵型，江津把守龙门，姜滨、肖坚、马庆镇守后防，中场则由赵家林、王政、潘毅、栾义军等五名大将担纲，胡云峰和小将郭辉充任先锋。延边现代汽车足球队则以"532"阵型后战。上半时，延边现代汽车足球队进攻明显多于八一队，共获得 7 次角球，而八一队仅有 2 次，但八一队防守到位，频频瓦解延边队的进攻。本场比赛的唯一一粒进球是上半时开赛 4 分钟时，此后八一队求稳，延边现代汽车足球队求快。下半时，双方均创造了数次得分机会，可惜都没把握住。

（十六）延边现代汽车足球队负于大连万达队

1996 年甲 A 联赛第十五轮，延边现代汽车足球队客场与大连万达队作战，最终因实力不敌对手，以 0：3 告负。目前，延边现代汽车足球队仍在甲 A 排名榜上位居末席。此役，万达队阵容整齐，排出了早已驾轻就熟的"442"阵型，而延边现代汽车足球队则受到人员不整的影响，前锋 11 号方根蛮改打边后卫，这似乎已成为后防线的隐患，为最后的失利埋下了伏笔。②

---

① 蔡长春：《风雨无阻，各显"虎威"延边现代汽车足球队战平广东宏远队》，《延边日报》1996 年 8 月 12 日。

② 滕浩：《延边现代队 0：3 负于大连万达队》，《延边日报》1996 年 9 月 9 日。

（十七）　延边现代汽车足球队获 1997 年甲 A 通行证

延边现代汽车足球队主场迎战济南泰山队的一个激动人心的场面是，延边现代汽车足球队不负众望，终于以 4∶1 大胜济南泰山队。延边现代汽车足球队一开场就气势如虹地向泰山队展开猛攻，压着客队半场打，使客队只有招架之功并无还手之力，多名队员轮番轰炸，可惜非高即偏。第 16 分钟时，延边队 16 号黄庆良一路过关斩将，冲杀到禁区前沿，泰山队后卫见黄庆良来势凶猛，不得不采用犯规进行阻挡，3 号队长金光柱主罚任意球，可惜球打在人墙上弹出。双方又你来我往进行了几个回合，但都威胁不大。第 33 分钟时，延边队 11 号方根燮接队友传球，突入禁区射门，但没有把握住机会，这时泰山队仿佛进入状态，频频向延边队发起进攻。第 40 分钟时，客队将角球开入禁区，5 号李光浩头球解围，可惜后卫瓦洛嘉处理球不果断，让对方把球抢到传至门前，7 号唐晓程候个正着，将球打入门内。1 分钟后，延边现代汽车足球队获界外球，15 号瓦洛嘉将球掷向禁区，在混战中 9 号洪淳九回敬一球将比分扳平。

下半时，延边现代汽车足球队加强了攻势，占据场上的主动。第 19 分钟时，9 号洪淳九制造了一个点球机会，金光柱主罚命中，将比分扩大为 2∶1。之后延边现代汽车足球队退缩防守，家门险情不断，双方僵持了近 20 分钟。当比赛进行到第 41 分钟时，延边现代汽车足球队打了一个快速反击，李俊泽将比分改写为 3∶1，场内一片沸腾。2 分钟后，李俊泽又下一球。

深圳队负于八一队，积 15 分，延边队积 19 分，因此其提前一轮保级成功。① 最终，延边现代汽车足球队获得第十名。获得联赛前三名的球队依次为：大连万达队、上海申花队、八一队。

（十八）　1997 年中国足球甲 A 联赛

为打好 1997 年中国足球甲 A 联赛，延边朝鲜族自治州体委、延边足协及延边足球俱乐部对延边足球队教练班子做重大调整，李虎恩不再担任主教练，将负责后备人才培养工作。1997 赛季，延边现代汽车足球队将聘

---

① 　蔡长春：《现代车获（19）97 甲 A 通行证》，《延边日报》1996 年 10 月 21 日。

请韩国的崔殷泽教授为球队的主教练。崔殷泽教授于 1941 年出生，1965 年、1973 年先后毕业于韩国汉阳大学经济系、体育系；1980 年、1991 年先后获得体育学硕士、理学博士学位；1977～1978 年，在德国留学，获德国足球职业最高课程奖；崔殷泽参加过国际足联组织的教练员培训班，先后担任过韩国青年队、国家二队、一队及韩国国家队教练；出版 3 部足球论专著及 20 余篇论文，为韩国汉阳大学体育科大学校长；崔殷泽于 1996 年 12 月中旬抵延执掌帅印。目前，足球队由足球俱乐部副主席高珲及教练金光洙负责带冬训。

延边足球俱乐部正加紧引进外援工作，以求引进高质量的球员。最看好的一位尼日利亚籍球员 11 月 15 日下午将抵延试训。这位球员名叫依沙·索夫卢威，1967 年 12 月出生，身高 1.78 米，司职中场或前锋，代表国家队参加过 128 场比赛，获得过尼日利亚和非洲足球最高奖。1989～1996 年在比利时俱乐部踢球。此外，延边足球俱乐部还派专员去俄罗斯挑选球员。

四　1997 年中国职业足球甲 A 联赛——延边敖东队

1997 年，延边现代汽车足球队更名为"延边敖东队"，聘请韩国的崔殷泽（韩国汉阳大学教授）为球队的主教练。崔殷泽先生与中国足球颇有渊源。崔殷泽任主教练期间，将韩国的先进足球理念、管理办法以及技战术融入延边敖东队中，并率保级边缘的延边敖东队在 1997 年的甲 A 联赛中获得了第四名（8 胜 5 平 9 负积 29 分）的佳绩，这是延边足球在中国顶级联赛中所取得的最好成绩，"韩风"曾席卷中国足坛。

（一）延边敖东队对阵大连万达队

1997 赛季甲 A 联赛，万达队第一个主场在普兰店打响，主帅迟尚斌依然排出"442"阵型。王涛和魏意民担当前锋，小将王鹏出任突前位，瑞典外援 13 号马格纽斯打后腰。徐弘由于腿伤休战，17 号孙继海司职拖后，2 号张恩华打盯人，左、右两个边后卫是 3 号吴俊和 4 号朱晓东。反观，延边敖东队排出的"352"阵型让人颇感意外，守门员是 1 号俞东久，6 号黄庆良挑起自由人重担，另 3 名后卫分工明确，每人紧紧盯住万达队员。9 号佐拉、10 号李俊泽和 2 号卡里沙 3 名外籍球员则分布在中前场。

这场比赛算不上精彩。全场比赛两队射门次数共有 6 次，万达队上半时只有 2 次射门，却打进一球。下半时，居然没有射门。敖东队分别在上、下半时各有两次射门。首轮比赛，客场对战上海申花队时，敖东队 2 号卡里沙侧重防守，与万达队比赛时则改打前卫，上下奔跑，脚法不错，给人留下较深印象。敖东队下半时比上半时打得出色，几次快速反击极具威胁，但只开花不结果。

（二）延边敖东队对阵四川全兴队

延边敖东队又以 1∶3 惜败川军脚下，真可谓"全兴酒烈，延军难饮"，延边敖东队负于四川全兴队。延边敖东队对此役极为重视，上轮战大连后，全队即挥师南下，操练打法，以期与川军决一高下，而全兴队又是首轮主场，也磨刀霍霍，决计拿下 3 分。战幕拉开，双方都打对攻，力求先得分，以抢主动，故争夺十分激烈。第 38 分钟时，全兴队锋将黎兵前场拿球后挑过延边敖东队后卫，直扑禁区，7 号方根燮无奈之中，从侧后方倒地铲球，连人带球将黎兵铲倒在禁区内，被主裁判黄钢吹判点球，全兴队长魏群操刀命中，拔得头筹。第 58 分钟，全兴队又借助一次角球机会，由 11 号刘斌冲顶再下一城，全兴队以两球领先。然而，全兴队还想借助进攻的优势扩大战果，踢得急躁，而延边敖东队反而放开手脚大举反攻，比赛进行到 75 分钟时，延边敖东队抓住一次直接任意球良机，直轰全兴队球门，皮球从横梁弹回，延边敖东队 16 号崔光日门前抢射扳回一球，引起场上局势突变，延边敖东队有两次进球良机均被全兴队门将里丘克神勇扑救。终场前 1 分钟，全兴队 20 号邹侑根在左翼个人带球突破，直逼延边敖东队门前巧妙打入，最终全兴队以 3∶1 取胜。

1997 年甲 A 联赛前五轮，延边敖东队一场不胜，让球迷们感到忐忑不安。前五轮只有一场平局积 1 分，排名垫底。

（三）延边敖东队对阵八一队，领导慰问教练团队

1997 年 7 月 2 日上午，延边朝鲜族自治州州长郑龙喆、州委副书记张龙俊、副州长李洁思在白山大厦国际会见厅接见了远征石家庄，以 2∶0 战胜八一队的延边敖东队主教练崔殷泽及教练班子。郑龙喆高度评价崔殷泽

率队为保甲 A 顽强拼搏的精神，希望延边敖东队团结一致，奋发努力，取得更好的成绩。他指出："延边队实力有限，抱有过高的希望是不行的，建议崔教练及教练班子成员，给球队注入符合现代足球规律具有延边特色的新鲜活力，鼓励队员要有必胜的信念，为保甲 A 竭尽全力。他希望延边的球迷以胜也爱球队、败也爱球队的心情声援延边队。"崔殷泽在发言中表示："一定不辜负延边朝鲜族自治州领导和延边人民的期望，借全队实力有所好转的东风，奋发图强，为保级顽强拼搏。"①

6 月 29 日，延边敖东队客场以 2∶0 战胜劲旅八一队。次日，其回到大本营延吉只休息了一天，便马上投入训练，准备全力以赴迎战下一轮的对手前卫寰岛队。目前，延边敖东队士气旺盛，训练积极。队员们纷纷表示，借胜八一队的东风，打好第二阶段的第一个主场，尽管延吉市这几天气温高达 30 多摄氏度，队员们练得满头大汗，但没有一个叫苦的。几名新秀的训练更加投入，技术有了明显的进步，特别是黄东春在对八一队的比赛中独中两元，为延边敖东队取得本年度的首场胜利立下汗马功劳。通过在韩国 20 天的集训，延边敖东队技战术水平有了明显的提升，年轻小将进步较快，外援与球队配合也更加默契。现在是延边敖东队打翻身仗的良机，7 月 6 日，与前卫寰岛队之战，会是一场硬碰硬的较量，不少行家预测，这场比赛延边敖东队胜面较大。②

7 月 6 日，果然不负众望，延边敖东队的将士们顶住了前卫寰岛队的多次冲击以 2∶1 战胜了前卫寰岛队。

（四）"长白虎"力克"津门虎"

1997 年中国足球甲 A 联赛第八轮，延边敖东队主场与天津立飞队的比赛异常精彩。"长白虎"延边队以 1∶0 力克"津门虎"天津立飞队。本场比赛，延边敖东队在家乡 4 万多球迷的呐喊助威声中，一开场就气势如虹，第 6 分钟时，18 号李灿杰中路接队友传球，向对方禁区猛突，晃过客队防守队员，突至门前，拔脚怒射，叩开了施连志的十指关，1∶0 暂时领先。接着，延边敖东队大打攻势足球，向客队腹地频频发动进攻，令对方防守

---

① 蔡长春：《郑龙喆等接见崔殷泽教练组》，《延边日报》1997 年 7 月 2 日。
② 蔡长春：《延边敖东队准备全力以赴迎战前卫寰岛队》，《延边日报》1997 年 7 月 2 日。

队员应接不暇，第 13 分钟时，延边队从右路打了一个反击，9 号佐拉底线传中大了一点，但又被延边队从左路包抄的队员得到，一脚吊入禁区，延边敖东队 13 号黄东春得球一脚怒射，可惜球打高了，痛失一次绝好的机会。15 分钟后，天津立飞队慢慢找回状态，也打了几次漂亮的反击，可惜都无功而返。下半时，延边敖东队并没有收缩防守，大打攻势足球。5 分钟时，9 号佐拉右路传中，可惜高钟勋中路跟进慢了一步，球被守门员抓住，2 分钟后，又是延边敖东队右路传中，高钟勋头球偏出底线。接下来延边敖东队在对方半场连连发任意球、角球，使客队门前风声鹤唳，天津立飞队只能采用犯规动作进行破坏，连续吃了 2 张黄牌，客队频频换将，但无功而返。相反，延边敖东队打防守反击，极具威胁，使客队不敢大意，由于天气比较炎热，而且一周两场比赛，双方队员在场上奔跑及拼抢稍逊于往常，但是延边敖东队最后全力拼搏，赢得了这场关键比赛。①

（五）延边敖东队战平北京国安队

延边敖东队主场 2：2 战平北京国安队。在燥热的气温下，两队打了一场漂亮的攻坚战，北京国安队挟上一场 9：1 狂胜上海申花队的余威，一开球就全场紧逼，向延边敖东队发起进攻。比赛进行到 2 分钟时，19 号于光沿左路带球突破延边敖东队佐拉的防守，下底传中，8 号曹限东得球拔左脚劲射，球挂边网滚进球门。失球后的延边敖东队场上阵型没受影响，坚持积极拼抢、灵活跑位、寻觅战机。第 24 分钟时，13 号黄东春左路断球传进国安队的禁区，9 号佐拉面对空门将球打偏，失去了一次极好的扳平良机。第 25 分钟，22 号高钟勋右路传中，跟进的 9 号佐拉将球顶偏，又失去一次得分的机会。终场前不到 1 分钟，13 号黄东春接队友传球，向前带几步，禁区外拔脚怒射，将球打入死角，双方以 1：1 的比分结束了上半场的争夺。

下半场，双方均摆出了对攻的架势向对方阵地发起冲击，双方你来我往，争夺十分激烈。20 分钟过后，北京国安队的队员明显暴露出体力不支、进攻节奏缓慢等问题。比赛进行至第 26 分钟时，北京国安队将球吊到

---

① 蔡长春：《"长白虎"力克"津门虎"》，《延边日报》1997 年 7 月 11 日。

延边敖东队的禁区，门前一场混战，北京国安队的外援 23 号安德雷斯攻进了一个有争议的球。场上比分改写为 2：1。落后的延边敖东队依然斗志顽强，且在全场 3 万多名观众的呐喊助威声中越战越勇。第 33 分钟时，队友一脚妙传给 13 号黄东春，黄东春接球向前带几步，到禁区内一脚大力抽射，球应声入网。全场沸腾。此后双方均无建树，最终以 2：2 的比分握手言和。①

（六）领导慰问教练团队及全体将士

1997 年甲 A 联赛第二阶段比赛以后，延边敖东队 7 场比赛 4 胜 3 平，成绩可喜。省人大常委会副主任李政文得到消息后，于 7 月 28 日给延边敖东队发来贺电，对全体教练员、运动员、后勤服务人员及广大球迷，特别是崔殷泽主教练表示热烈的祝贺和衷心的感谢。"延边敖东队全体将士用无畏的拼搏，为吉林人民、延边人民争得了荣誉，七场不败的战绩，再次说明，只要树立必胜的信心，善于运用自己的技术和战术优势，就能够发挥出应有的水平，在机遇和挑战面前，勇者胜。"李政文在贺电中说，"甲A 联赛不仅仅是球赛，更重要的是通过比赛，展示'开拓进取，顽强拼搏'的吉林人的精神风貌。延边敖东队正是发扬了这种传统精神，在第二阶段的比赛中，取得了佳绩。在下一阶段比赛中，延边敖东队所面临的形势仍不容乐观，希望大家齐心协力，听从崔教练的指导，不断总结经验，不辜负 2600 万吉林各族人民的期望，踢出水平，踢出成绩，踢出吉林各族人民的虎虎雄威来"。②

（七）中国足坛刮起"韩国旋风"

延边敖东队在甲 A 联赛第二阶段比赛中 4 战 3 胜 1 平，韩籍教练崔殷泽一时间成为足坛的焦点人物，人们都非常好奇他究竟用什么方法使延边敖东队在短时间内脱胎换骨。崔殷泽说："中国足球与韩国足球的差距在于'精神力'。一是知识能力，就是球员对足球的认识能力、理解能力，这是把握瞬息万变的赛场局势和创造性发挥的关键。二是意志品质，指球

---

① 李延江：《延边敖东队二比二战平北京国安队》，《延边日报》1997 年 7 月 25 日。
② 蔡长春：《李政文来电祝贺》，《延边日报》1997 年 7 月 28 日。

员承受超负荷运动的能力，这两者概括为'精神力'，韩国足球的'精神力'要比中国好一些，足球为什么要有'精神力'呢？因为足球不同于篮球、排球，可以随时暂停，队员依靠教练的成分较多，而足球 45 分钟之内不可能暂停，场上发生的一些变化要靠队员综合分析判断，而这种分析判断要有利于本队，所以球员的智力水平、知识水平尤为重要。"

崔殷泽说，延边敖东队在这方面比较欠缺，针对这种情况，他在休整阶段加强了这方面的训练，本赛季开赛，延边敖东队前五轮 1 平 4 负，积分垫底。崔殷泽顶着外界的压力，没有改变自己的训练方法，采用韩国大运动量的训练方式，在比赛中大打攻势足球，队员逐渐理解了战术打法风格，比赛越打越顺，队员之间配合日臻成熟。在韩国训练的 20 天，共打了14 场比赛，对手都是一些很有实力的球队，韩国球员的比赛作风、高超的技战术水平潜移默化地影响了延边敖东队。通过在韩国期间的集训，延边敖东队的体能进步很快，技战术水平有了显著提升，特别是在比赛中，队员的无球跑动已见成效。现在的延边敖东队只要 1 人得球至少有 6 名队员积极跑动来寻找机会，传接球速度明显加快，队员们的一脚传球，使延边敖东队受益匪浅，比赛节奏加快，把握机会的能力增强。前一阶段成绩不好，第二阶段比赛 4 场 3 胜 1 平，对实力较差的延边敖东队来说，出乎崔殷泽的意料，他对中国足球并没看透，当被问及延边敖东队能否成为大连万达不败的终结者，他说从实力上看，胜万达队如天方夜谭，但足球是用脚踢的，失误率和偶然性很大，如果同万达队打 10 场比赛，能胜一场，这场球恰恰又在联赛中，也不否认有这种可能性，我们客场曾 0∶1 输给大连万达队，但场面上并没有输。

（八）万达队金身难破，敖东队虎威日增

1997 年全国足球甲 A 联赛第十三轮，延边敖东队与大连万达队的比赛在龙井市人民体育场举行。本场比赛之所以安排在龙井市，一是因为年初场地招标有两场比赛在龙井进行；二是因为从 1997 年 7 月 28 日起，延吉市人民体育场进行较大规模翻修，以迎接延边 45 周年州庆。后来经延边赛区组委会研究并应广大球迷的要求，向中国足协申请后得到了批准。8 月 3日，全国足球甲 A 联赛第十三轮延边敖东队与大连万达队的比赛，改在龙

井市人民体育场举行。

延边敖东队在比分 2∶0 领先的大好形势下，被强大的万达队连扳两球，以 2∶2 的比分结束了比赛。比赛进行到第 3 分钟时，万达队 6 号李明看准延边敖东队守门员站位稍靠前，刚过中场突然起脚远射，守门员快步后退单手将球托出横梁，化解了一次险情。在顶住万达队一浪高过一浪的进攻后，敖东队的反击开始颇具威胁。第 34 分钟，敖东队在右路打了一次快速反击，9 号佐拉带球左晃右突，杀入禁区，一脚冷射，将球打偏，失去了一次极好的破门良机。下半时，第 18 分钟，敖东队 9 号佐拉带球沿右路突破至对方禁区，左侧被绊倒，获得任意球，任意球发出后射向禁区，22 号高钟勋一脚打门被挡出，9 号佐拉快速跟进，将球射入网中。3 分钟后，敖东队 13 号黄东春一脚大力劲射攻破了国门韩文海的十指关，比分以 2∶0 领先。全场 4 万多球迷异常欢欣，认为万达队不败的神话终于被敖东队打破，但是颇有经验的大连万达队不愧为中国足坛的"大哥大"，利用敖东队两球领先、精力不够集中的时候，向敖东队发起了猛烈的反攻，并在第 28 分钟和第 31 分钟攻进两球，将比分扳平。比分定格在 2∶2。至此，在第二阶段的八场比赛中，两队都保持不败。通过本场比赛，我们认识到延边敖东队在控制比赛节奏、经验等方面有待于进一步提升。[①]

（九）延边大学聘请延边敖东队主教练崔殷泽教授为延边大学兼职教授

1997 年 8 月 5 日，延边大学聘请延边敖东队主教练崔殷泽先生兼职教授仪式在延边大学主楼会议室举行。延边大学校长朴文一向崔殷泽先生颁发了聘书，崔殷泽先生接过聘书后说："成为延边大学兼职教授，我感到十分荣幸。今后在带好延边敖东队的同时，要更加努力工作，为延边大学贡献自己的一分力量。"朴文一校长在讲话中表示："希望崔教授今后为延边大学的体育教研工作多做指导。"延边朝鲜族自治州委副书记黄铄代表州委讲话。他说："崔教授带领延边敖东队，在 1997 年甲 A 第二阶段比赛中取得的八场不败战绩，说明崔教授的执教风格独特，对延边的足球运动

---

① 李延江：《万达金身难破敖东虎威日增》，《延边日报》1997 年 8 月 4 日。

发展有很大的推动作用，他的敬业精神和永不服输的进取精神值得我们学习和借鉴。"①

（十）延边敖东队对阵前卫寰岛队

前卫寰岛队欲借主场之力，报一箭之仇。做客重庆的延边敖东队在顶住对手80分钟的狂轰滥炸后，利用李灿杰第84分钟的一粒金球，从前卫寰岛队身上再取前卫3分。敖东队的门将布拉吉玛可谓这场比赛的焦点。急于取胜的寰岛队一开场便展开了猛烈的攻势，依靠高峰的速度和保罗、冈萨雷斯的配合，在敖东队门前制造了众多险情，而表现神勇的布拉吉玛左扑右挡，至少扑救出6个以上的险球。下半场，主队频频用换人来调整战术，但多次极具威胁的射门仍是无功而返。相反，一直处于劣势的延边敖东队下半场换上了18号李灿杰，这一换人果然奏效。离比赛结束还有10分钟时，在主场球迷们的一片"进一个"的呐喊声中，前卫寰岛队的攻势一浪高过一浪，但却忽略了刚刚被换上场地的李灿杰的防守，李灿杰在第84分钟时中场得球，单枪匹马，突破前卫寰岛队的后防，在禁区前沿凭借良好的个人技术一脚劲射，皮球进入前卫寰岛队的大门。前卫寰岛队长达80多分钟的攻势便断送在敖东这次突如其来的短短几十秒的成功反击中。这也使延边敖东队提前四轮登上1998年甲A的快车。1997全国足球甲A联赛中，延边敖东队在崔殷泽教练的带领下，最终获得第四名的佳绩。

赛季前，升班马前卫寰岛队高薪引进了大量大牌球星，包括高峰、姜峰、韩金铭、姜滨，并聘请前中国国家队主教练施拉普纳担任主帅。次年引进彭伟国和符宾，开始了足球俱乐部的投资竞争。

12月21日，上海申花队在联赛最后一轮中主场以4：2的比分战胜大连万达队。大连万达队的不败纪录在第55场终结。

大连万达队以15胜6平1负的战绩积51分获得了联赛第一名，上海申花队和北京国安队分别获得了联赛第二名和第三名。1997年，北京国安队的巴拉圭外援豪尔赫·冈波斯获得了足球先生（金球奖）的殊荣；大连万达队的迟尚斌教练又一次获得了最佳教练（金牌奖）的殊荣；延边敖东

---

① 李延江：《延边大学授予崔殷泽为兼职教授》，《延边日报》1997年8月5日。

队球员黄东春以 9 粒入球并列射手榜第 4 位，延边敖东队球员李灿杰和刚果外援佐拉以 5 球并列射手榜第 14 位。

五 1998 年中国职业足球甲 A 联赛——延边敖东队

（一） 延边敖东队再赴韩国练兵

延边足球俱乐部获悉，深得延边人民信任的崔殷泽主教练 1998 年有望继续留在延边敖东足球队执教。1997 年甲 A 联赛战火已熄，延边敖东队以 29 分的成绩跻身甲 A 四强，主教练崔殷泽功不可没。联赛结束以后，留住崔殷泽的呼声一直很高。为此，延边足球俱乐部及社会各界人士做了很多工作，付出了很大的努力，崔殷泽主教练 1998 年有望继续执教延边敖东队，但其中一些具体的细节问题还有待于双方进一步协商。延边敖东队在经过短暂的休整以后，于 1 月 10 日前后，赴韩国进行练兵。在韩国期间，延边敖东队将与韩国的一些职业队进行高质量的训练比赛，以提高技战术水平和高对抗能力。延边敖东队此次赴韩国训练 20 天，然后直赴厦门，参加从 2 月 1 日开始的由中国足协组织的四队足球邀请赛。参赛球队包括：延边敖东队、山东鲁能队、八一队、厦门队。邀请赛结束以后，延边敖东队将飞赴昆明海埂进行最后的集训，以备战 1998 年的甲 A 联赛。另外，1998 年延边敖东队拟引进两名内援，一名是广东银荔队的刘成武，一名是成都五牛队的赵琳。目前，延边敖东队已有 12 名球员向中国足协提出转会申请，他们是金永洙、方根燮、卡里沙、洪淳九、李光哲、李时锋、金哲学、崔光日、金明国、朴文虎、方永武、李喜青。①

延边敖东足球俱乐部 1998 年参加中国足球甲 A 联赛的阵容未发生太大变化，联赛目标仍定在保级上。延边敖东足球俱乐部主任全明镐告诉记者，对于 1997 年敖东队取得中国足球甲 A 联赛第四名的成绩，俱乐部实感意外，1997 年联赛许多球队大起大落，诸多不稳定因素使 1998 年的联赛变得扑朔迷离、难以预测，所以在 1998 年联赛开始之前，该俱乐部先将目标定在保级上。谈到队伍情况，全明镐说，主教练崔殷泽将留任队中，

---

① 孙玉伟：《延边敖东足球队将于 1 月 10 日再赴韩国练兵》，《延边日报》1998 年 1 月 7 日。

而且该队 1998 年联赛阵容基本保持不变，尽管在中国足球协会近日公布的本年度第四批转会球员名单中敖东队球员达到 11 人之多，但除金永洙转会陕西国力队已成定局外，其他队员的转会情况尚无定论；在外籍球员方面，原队中的锋线"杀手"佐拉已于日前回到延吉，现正随二线队伍进行恢复训练；卡里沙和门将布拉吉玛也将在近期归队。另据了解，有一名曾在东欧国家俱乐部队踢球的非洲球员已到敖东队试训。

全明镐认为，厦门足球邀请赛并不能反映参赛各队在 1998 年联赛中的真实水平，但他仍对敖东队的表现表示满意。他介绍说，全队将在比赛结束后直接赴昆明参加春训，并力争在南方打完 1998 年中国足球甲 A 联赛的第一场客场比赛后再回延吉大本营。①

（二）延边敖东队对阵武汉雅琪队

延边敖东队对阵武汉雅琪队。上半时，双方在中场拼争，均无建树。下半时，武汉雅琪队抓住延边敖东队"352"阵型中两边防守空当大的弱点，频频向延边敖东队施压，比赛进行至 10 分钟，蔡晟就利用延边敖东队造越位失误，打进一球。4 分钟后，蔡晟接韩国外援洪道柏左路传中球，头球攻进第二粒入球，比分扩大至 2：0。主教练崔殷泽欲将 1997 赛季地面进攻为主改为"立体"进攻，将身材不高的佐拉租借到天津泰达队，弃用卡里沙，引进两名高大的外援，然而首轮大战，外援莎沙、巴连塔的表现不尽如人意。

（三）延边敖东队对阵前卫寰岛队

1998 年甲 A 联赛第四轮，延边敖东队似乎找到了进攻的感觉，在精神上、气势上完全压倒了对手，但胜得非常侥幸。一是高峰在下半时第 38 分钟将宝贵的点球踢飞；二是在补时阶段凭借刘成武在乱军中顶进制胜一球。

（四）延边敖东队对阵广州松日队

1998 年甲 A 联赛第六轮，延边敖东队在外援方面进行了调整，引进了韩国的高中锋崔承范。上半时第 34 分钟,广州松日队得分手高洪波面对出击的延边敖东队守门员一脚挑射球进空门。第 43 分钟,延边敖东队吴永君禁区内接崔承范头球摆渡,头球顶进广州松日队大门,比分变为 1:1。下半时,延边敖东队打得缺乏章法。刚开场不到 7 分钟,广州松日队小将刘醒后场得球,沿右路带球后连过几名延边敖东队后卫,劲射破网。最终,延边敖东队以 1:2 的比分输给对手。

本场比赛结束后,崔殷泽教练正式向俱乐部提出辞职申请,延边足球俱乐部立即接受了崔教练的辞呈。

（五）延边敖东队对阵八一队

1998 年甲 A 联赛第八轮,延边敖东队打了 1998 年甲 A 联赛开赛以来的第一场漂亮仗,完全控制了场上局势。上半时第 37 分钟,崔承范在对方禁区前突发冷箭,洞穿八一队门将江津的十指关。下半时开场不久,八一队获前场任意球,姜坤补射得分,将比分改写为 1:1。战至第 35 分钟,延边敖东队获点球,高钟勋主罚命中,以 2:1 反超对手,并把比分保持到结束。

第八轮结束以后,延边敖东队积 7 分,在 14 支球队中列第 12 位。第一场作战,延边敖东弟子就献给高珲一份厚礼。延边敖东队又一次在八一队身上找到了转机,焕发了斗志。

（六）延边敖东队对阵广州太阳神队

1998 年甲 A 联赛第九轮,延边敖东队整场压制着广州太阳神队,进攻浪潮凶猛。开场仅 8 分钟,李光浩接高钟勋开出的角球头球破门。下半时,战至 9 分钟,崔承范接高钟勋的妙传,禁区内攻门,再度得手,延边敖东队以 2:0 战胜了广州太阳神队。延边敖东队积分 10 分,列第八位。高珲接队两战两捷,率队走出了低谷。

（七）延边敖东队对阵北京国安队

延边敖东队与北京国安队展开对攻战。上半时 12 分钟,周宁单刀直插敖东队腹地,眼见形势危急,布拉吉玛弃门出击飞身阻截,被主裁判朱六一红牌罚下。下半时，少一人的延边敖东队只能全线退守。第9分钟，周宁左路射门得手。第16分钟，安德雷斯头球再下一城，将比分扩大为0∶2。延边敖东队京城负于北京国安队。裁判朱六一的误判，影响了延边敖东队球员们的心态，致使队员在场上动作过大，崔承范一个报复动作，被足协后来补罚，停赛六场。延边敖东队与北京国安队一战不仅丢了3分，而且损失了两名大将，给延边敖东队之后的征战带来阴影。

（八）延边敖东队对阵山东泰山队

1998年甲A联赛第十轮，主力门将布拉吉玛因上一轮被红牌罚下，停赛一场，再加上高中锋外援崔承范被禁赛，使得延边敖东队进攻与防守都陷入了被动。第15分钟，山东泰山队李小鹏顶进一球。下半场第15分钟，山东泰山队外援巴力斯塔头球再破敖东大门。第20分钟，延边敖东队获点球，高钟勋一蹴而就，将比分缩小为1∶2。但第24分钟山东泰山队获任意球，邓乐军主罚直接射门得分，山东泰山队把比分扩大为3∶1。延边敖东队积10分，列第十位。损兵折将的延边敖东队未能扳动山东泰山队，士气也受到一定的影响。

（九）延边敖东队对阵大连万达队

1998年甲A联赛第十一轮，延边敖东队1998赛季首次将主场移师长春，延边敖东队在长春与实力强劲的大连万达队展开了对攻。第24分钟，延边敖东队获得前场任意球，韩国外援朴淳培主罚，一记低平球弹地后蹿入球门左下角，以1∶0的比分暂时领先。此后，延边敖东队顶住了大连万达队的"狂轰滥炸"，将比分保持至比赛结束。延边敖东队积13分，列第十位。

（十）延边敖东队对阵上海申花队

1998年甲A联赛第十二轮，延边敖东队战胜不可一世的大连万达队后，全队的状态极佳。与上海申花队的比赛一开始就反客为主，频频冲击上海申花队大门。但是，下半时第10分钟，上海申花队获得点球机会，祁宏一脚软弱无力的射门，被延边敖东队守门员布拉吉玛轻松没收。躲过此难，延边敖东队将士们越战越勇，第22分钟时，千学峰接高钟勋传球，快速起动，突破防守形成单刀，一脚巧射进入球门。临近比赛结束时，上海申花队又获得了一粒点球，刘军主罚，将比分扳平为 1∶1。本场比赛，延边敖东队再次受到裁判的错判。主裁判陈国强在根本没看清楚的情况下，判延边敖东队黄庆良禁区内手球，送给上海申花队本场比赛第二记点球，上海申花队主场幸运地战平了延边敖东队。

（十一）延边敖东队对阵沈阳海狮队

1998 年甲 A 联赛第十三轮，延边敖东队主场面对重兵防守的沈阳海狮队办法不多。第 12 分钟时，延边敖东队玄春浩大脚解围时出现了乌龙球。下半时，第 40 分钟，黄东春突入沈阳海狮队禁区被铲倒获得点球，黄东春一脚劲射，球中右门柱弹出失去绝佳的一次扳平良机，最终 0∶1 负于客队。延边敖东队积 14 分，列第十位。短暂的 20 多天时间里，延边敖东队两次受到裁判的不公正待遇。6 月 4 日，中国足协第一次向延边敖东队以公开信方式致歉。但无论如何比分不能更改。延边敖东队上下带着很多遗憾与失望结束了 1998 年中国足球甲 A 联赛上半段的征程。①

（十二）延边敖东队对阵深圳平安队

1998 年甲 A 联赛第二十轮，延边敖东队在深圳平安队的密集防守面前破门乏术，主场 0∶0 战平深圳平安队，取得并不满意的 1 分。

（十三）延边敖东队对阵上海申花队

1998 年甲 A 联赛第二十五轮，关乎延边敖东队命运的延沪之战开始。上一轮输给大连万达队之后，延边敖东队的保级形势并不乐观。本场比赛移到长春市南岭体育场。延边敖东队将士带着延边人民的重托，不负热情的长春球迷厚望，凭借顽强的拼搏精神，2∶1 力克实力强劲的上海申花队，保级前景一片光明。

（十四）延边敖东队胜利完成了保级任务

1998 年 10 月 25 日下午 3 时 55 分，裁判的一声哨响，拉开了延边敖东

---

① 李延江：《延边敖东队征战（19）98 甲 A 联赛回眸》，《延边日报》1998 年 6 月 5 日。

队保级大战的序幕。比赛进行至第 4 分钟时，沈阳海狮队在右路发动一次快攻，32 号罗西纳尔多禁区内得球挑射，延边敖东队守门员布拉吉玛一个跳卧扑救，将球紧紧压在身下。第 5 分钟时，延边敖东队获前场任意球，高钟勋助攻妙传给千学峰，千学峰下底传中，玄春浩头球攻门，球高出门楣。紧接着，沈阳海狮队快速推进至延边敖东队腹地，获得角球，角球开至延边敖东队禁区左侧，32 号罗西纳尔多跳起冲顶，布拉吉玛候个正着，双手将球抱住。第 10 分钟时，35 号菲拉里禁区外远射，被敖东队守门员布拉吉玛扑出。此后，双方你来我往，在中场展开激烈的拼抢。就在上半场即将结束时，沈阳海狮队 3 号陈故抢到球后一脚吊射，球擦横梁飞出，所幸有惊无险。下半场，双方的拼抢仍集中于中场。延边敖东队宋笑宇带球长驱直入，杀到沈阳海狮队禁区前被后卫绊倒，延边敖东队获任意球，黄东春直接攻门，球打高了。第 40 分钟，沈阳海狮队获任意球，球亦擦着横梁飞出底线。最后 5 分钟，双方均放慢了进攻节奏，力图保住 1 分。终场哨响，延边敖东队主教练高珲兴奋地从教练席上跳起来，走向场内，首先紧紧抱住为延边敖东队保级立下汗马功劳的布拉吉玛。历经一年的风风雨雨，延边敖东队将士们在沈阳顽强地战平了沈阳海狮队，胜利完成了保级任务。延边敖东队最后获得第 11 名。

大连万达队以 19 胜 5 平 2 负的成绩积 62 分获得了联赛的第一名，上海申花队和北京国安队分别获得了联赛第二名和第三名。大连万达队的教练徐根宝获得最佳教练奖。延边敖东队的朝鲜族球员千学峰以 6 球并列射手榜第 13 位。

六 1999 年中国职业足球甲 A 联赛——吉林敖东队

（一）延边敖东队核心高钟勋获得 1998 年"珀金斯中场发动机"称号

延边敖东足球俱乐部核心队员高钟勋以其良好的竞技状态，当选为第三届中国足球最佳中场球员。在北京长城饭店举行的颁奖仪式上，中国足球协会专职副主席王俊生和珀金斯公司代表共同将 1998 年"珀金斯中场发动机"称号授予 33 岁的绿茵老将高钟勋，并向他颁发了奖杯和奖金。

王俊生称："中场发动机称号对获奖球员是荣誉，也是鞭策。对未获此奖的球员也是一种激励；鞭策他们刻苦训练，不懈努力，进一步提高球技。"这项活动由中国足协和英国珀金斯发动机有限公司联合主办，由中国环球公共关系公司承办。由中国足协官员、足球专家和资深体育记者组成的评委会在活动前，推荐 8 名在 1998 年比赛中表现出色的中场球员作为候选人，供球迷投票选举，共有 8 万名球迷参与了本次活动。高钟勋凭借多年来的稳定表现、良好的竞技状态和在队中无可争议的核心作用，赢得了大部分球迷以及评委的认可，获得这一国内联赛中场球员的最高荣誉。①

（二）延边足球俱乐部与吉林敖东药业（集团）股份有限公司签订协议

延边足球俱乐部主任全明镐代表延边足球俱乐部与吉林敖东药业（集团）股份有限公司董事长李秀林正式签约，吉林敖东药业（集团）股份有限公司继续出资买断延边足球队 1999 年的冠名权，并将使用两年的"延边敖东足球队"更名为"吉林敖东足球队"。延边足球俱乐部负责人介绍说，1999 年之所以将广大球迷非常熟悉的"延边敖东"更名为"吉林敖东"，是应吉林敖东药业（集团）股份有限公司的要求。因为作为企业的吉林敖东药业（集团）股份有限公司将延边足球队的队名改为与自己的企业名称相同后，将更有利于扩大本企业的知名度，有利于吸引吉林省的广大球迷更加关心、支持吉林省唯一的一支甲级队，这对延边足球的发展是非常有好处的。此次已是吉林敖东药业（集团）股份有限公司第三次出资买断延边足球队的冠名权。1999 年，延边足球队披上"吉林敖东"的战袍出征甲 A 联赛赛场。②

（三）吉林敖东队对阵广州松日队

1999 年中国足球甲 A 联赛重新开赛。甲 A14 支劲旅在 7 个赛场展开较量。吉林敖东队首次在贵阳挑战 1998 赛季"黑马"广州松日队，双方激战 90 分钟，吉林敖东队凭借新外援泰利克的一记精彩入球，将广州松日队

---

① 新华社：《高钟勋当选中国足球最佳中场球员》，《延边日报》1999 年 1 月 8 日。
② 孙玉伟：《"延边敖东"更名"吉林敖东"》，《延边日报》1999 年 1 月 11 日。

挑于马下，实现联赛开门红。综观整场比赛，吉林敖东队均表现出了良好的竞技状态，三条线配合默契，队员拼抢积极，两名外援的表现也可圈可点，赢得比赛在情理之中。[①]

（四）吉林敖东队将士争胜上海滩，泰利克单骑建功

1999 年甲 A 联赛第二轮，上海申花队虽然占据天时、地利、人和，但被前来挑战的吉林敖东队 1∶1 逼和。这场比赛中，上海申花队付出了 2 张红牌的惨痛代价。比赛开始后，吉林敖东队逼抢凶狠，多次发起有威胁的进攻。上海申花队则更注重从两个边路的进攻，也有 3~4 次精彩的配合。上半场，第 43 分钟时，吉林敖东队 9 号佐拉右路传中，早已埋伏在禁区的 10 号泰利克一脚大力抽射中的，拔得头筹，率先射门命中，但被判越位在先，进球无效。上半场，吉林敖东队 0∶1 落后。易边再战，下半场仅过 10 分钟，吉林敖东队打了一个快速反击，10 号外援泰利克趁主队后防的一次失误，带球冲入禁区攻入一球，将场上比分扳成 1∶1。被逼平后的上海申花队球员情绪有些急躁，尽管全力进攻，却无法撕破吉林敖东队的稳固防线。终场前 9 分钟，主队 18 号朱琪在双方冲突中有不冷静的动作，被裁判红牌罚下场。上海申花队 10 号刘军替换下 20 号谢晖，但刘军球还没有摸到，终场哨声就已响起。最终，两队比分定格在 1∶1。

（五）"长白虎""津门虎"平分秋色

在寒风和雪花中，吉林敖东队迎来了 1999 年甲 A 联赛开赛以来的第一个主场比赛——迎战天津泰达队。前两轮，吉林敖东队 1 胜 1 平积 4 分，正值上升势头，又借主场之利，主教练高珲志在必得。天津泰达队前两轮平申花队和万达队，虽然与强队打成平手，但是可以接受的成绩。另外，主教练金志扬更想通过这场比赛提升津门的威望。是役，老将高钟勋推操天津泰达球员被中国足协给予停赛两场的处罚，不能上场。比赛一开始，主场作战的吉林敖东队缺少核心人物，组织不起有效的进攻，对天津泰达队大门构不成威胁。而客场作战的天津泰达队反客为主，在稳固防守的前

提下，采用防守反击战术。第 22 分钟，吉林敖东队 9 号佐拉带球突入禁区，将球前塞，11 号千学峰脚下一滑，没接到球，错失良机。第 26 分钟，天津泰达队 9 号小将张效瑞前场带球连过两人，下底一个横传，只可惜天津泰达队有两名接应队员都没碰到球，失去一次得分机会。上半场，两队均无建树。下半时，天津泰达队明显加强了攻势，并成功地冻结了吉林敖东队的两名锋线杀手——佐拉和泰利克。天津泰达队外援 11 号荷塞和 9 号张效瑞频频撕开吉林敖东队后防线，并加强了禁区外的远射。吉林敖东队也不甘示弱。第 18 分钟，吉林敖东队利用中场积极拼抢，6 号王海波禁区前沿得球一个大力抽射，球被天津泰达队后卫挡出。此后，吉林敖东队几名队员在对方腹地进行了一系列眼花缭乱的配合，可惜没能破门得分。第 22 分钟，天津泰达队终于抓住机会，9 号张效瑞从吉林敖东队后防中坚李光浩脚下抢断成功，带球疾进，突入禁区，成单刀之势，29 号布拉吉玛被迫弃门出击，张效瑞在布拉吉玛扑球前将球横传，天津泰达队 11 号外援荷塞迅速插上，轻松将球打入空门，天津泰达队 1∶0 暂时领先。失球后的吉林敖东队略显急躁。就在比赛还剩 5 分钟的时候，被天津泰达队冻结的泰利克和佐拉在前场做了一个漂亮的配合，将球回传 13 号黄东春，黄东春横带两下，将一个似射非射、似传非传的球斜塞禁区，下半场替换 11 号千学峰上场的 7 号小将郑东七在门前候个正着，在天津泰达队守门员 22 号张凤梧出击的一刹那，抢先捅射，球应声入网，打入扳平的一球。此后，天津泰达队也有两次绝佳的扩大比分的机会，但都被表现神勇的布拉吉玛一一化解，1∶1 的比分保持到终场。虽然延吉天气突然变冷，但能容纳 4.2 万人的延吉市人民体育场仍座无虚席，延边朝鲜族自治州委书记王儒林、州长南相福等州党政领导也亲临赛场观看比赛，为吉林敖东队加油助威。①

（六）高珲击碎徐根宝狂言

大连万达队 2 平 1 负仅积 2 分，处境艰难。对于实力强劲的大连万达队来说，与吉林敖东队之间的比赛没有退路，必须全取 3 分。因此，比赛

---

① 孙玉伟：《"长白虎""津门虎"平分秋色》，《延边日报》1998 年 4 月 2 日。

伊始，就给吉林敖东队带来巨人的压力，他们一直控制着场上的局面，只是大连万达队中场组织依旧不力，无法给前锋输送有效炮弹。第 22 分钟，艾里禁区左侧下底传中，王涛抢点一记有力的头球直奔大门，吉林敖东队后卫张庆华在离球门不到 2 米处飞身把球挡出，随后吉林敖东队快速反击，黄东春在禁区右侧接队友传球大力抽射，可惜踢得太正，被韩文海轻松没收。此后，双方你来我往，场面踢得比较混乱，大连万达队虽然占优，可惜射门的准确率太差。补时阶段，大连万达队获得一次绝佳良机，内梅切克左侧下底传中，艾里禁区内打门，可惜踢得太正。下半场，大连万达队一开始便得到几次绝好的机会，只是前锋把握能力差，都没能形成进球。15 分钟后，大连万达队前场断球，李明带球疾进，在禁区右侧传中，王涛高高跃起一记漂亮的狮子甩头，门将布拉吉玛反应奇快，将这一必进之球扑出，吉林敖东队死里逃生。吉林敖东队这才开始缓过神来。第 23 分钟，吉林敖东队 15 号金青接队友长传突入禁区，在无人防守情况下，将球直接打入韩文海怀里。第 27 分钟、第 31 分钟，泰利克连续两次中场断球，造成单刀良机，可惜两次射门全打得太正，未能打破场上僵局。此后，吉林敖东队只要一得球，马上就打有效的反击，第 40 分钟，佐拉门前 30 米处突施冷箭，球擦着立柱飞出，韩文海没有做出任何动作。临近比赛结束，双方队员都无心恋战，最终比分定格为 0∶0。①

（七）"长白虎"未撼倒泰山

吉林敖东队在第一个主场（长春）迎战"克星"山东鲁能泰山队。经过 90 分钟的较量，吉林敖东队还是没能走出遇泰山输多赢少的怪圈，以 0∶2 败在泰山脚下。赛前，人们普遍看好吉林敖东队。前四轮保持不败，再加上高钟勋的解禁；而山东鲁能泰山队的 4 员猛将宿茂臻、李小鹏、刘越、孙晓东又因伤病无法登场，一切因素都有利于吉林敖东队。吉林敖东队主教练高珲在赛前发布会上还很自信地说，我们有理由笑到最后。下半场，尽管吉林敖东队的射门次数明显多于客队，但每次都无功而返。近三年主场打败"克星"山东鲁能泰山队的愿望最终没能实现，只能在狂风中把遗憾

---

① 孙玉伟：《高珲击碎徐根宝狂言》，《延边日报》1999 年 4 月 5 日。

留给了自己，留给了热情的长春球迷。①

（八）吉林敖东队挺进足协杯四强

缺少了高钟勋、王海波两员大将的吉林敖东队，在本轮足协杯客场与云南红塔队争夺四强席位的比赛中，凭借外援佐拉的一记金球，终止了云南红塔队在足协杯开赛以来继续当黑马的势头，昂首挺进足协杯四强。本场比赛，云南红塔队只要 0 : 0 战平吉林敖东队，就可挺进足协杯四强。90 分钟结束后，双方打成了 1 : 1，不得不打加时赛。加时赛开场仅 1 分钟，又是 5 号王光伟中场得球后迅速斜传给插上的 9 号佐拉，佐拉在禁区前沿果断起脚打门球从右下角滑进网内，从而凭借这粒金球以 2 : 1 战胜云南红塔队，最终以总比分 3 : 2 淘汰云南红塔队，昂首杀进四强。②

延边足球俱乐部年初交给高珲两大任务：一是保级；二是解决新老交替问题。这两大任务说起来容易做起来难，保级需积分，要想让年轻人尽快成长、早日挑大梁，就得多让他们打比赛，这让主教练高珲的担子越来越重。由于赛程编排的巧合，前三轮的对手均是甲 B 队，如果吉林敖东队一路打下去，很有希望进入四强，在半决赛中击败对手闯进决赛，亦有可能夺冠。吉林敖东队虽然最终未能如愿杀进足协杯决赛，但通过足协杯的比赛，锻炼了年轻队伍，也为吉林敖东队留下了宝贵的财富。

（九）"长白虎"猛吞羊城"落日"

1999 年甲 A 联赛第二阶段，首轮对广州松日队的比赛中，吉林敖东队以 2 : 1 完胜对手，为吉林敖东队的积分榜献上宝贵的 3 分。比赛一开始，吉林敖东队就利用刚刚伤愈复出的 10 号泰利克，大大加强了攻势。主帅高珲在锋线上派出 9 号佐拉与泰尼搭档，把后卫队员王光伟安排在后腰位置，意图通过王光伟的奔跑能力和远射来撕开对手的防线。带领广州松日队打第五场联赛的盖增君则排出 "442" 阵型。比赛开始后，吉林敖东队全线压上，凌厉的攻势一度压得客队喘不过气来，特别是上半时第 10 分钟，10

---

① 孙玉伟：《 "长白虎" 未撼倒泰山》，《延边日报》1999 年 4 月 12 日。

② 杨嵘：《敖东挺进足协杯四强》，《延边日报》1999 年 7 月 12 日。

号泰利克禁区内转身打门，松日队守门员慕军侧身将球扑出，15 号金青速传佐拉，佐拉回敲，跟上的 22 号高钟勋再打，被后卫挡出，险些敲开对手大门。接着 8 号玄春浩的远射和 22 号高钟勋的门前抢点，也颇具威胁。在吉林敖东队强大的攻势面前，广州松日队毫无还手之力，前 30 分钟，松日队仅有 1 次远射。虽然，吉林敖东队在攻势上占优，但在门前的把握能力欠佳，只开花不结果，双方 0∶0 结束了上半场比赛。

下半时，易边再战，吉林敖东队攻势不减。刚开场 5 分钟，吉林敖东队在右路获得任意球，9 号佐拉操刀主罚，将球吊向禁区，埋伏在禁区内的 5 号王光伟迅速插上抢点，一记凶狠的头球击中横梁，球弹地后入网，而想在客场拿 1 分的广州松日队失球后，有些沉不住气。双方攻防转换加快，客队在中前场投入的兵力开始增多，并凭借良好的技术配合，给吉林敖东队门前造成了一定的压力，场面变得精彩起来。在顶住了客队一阵猛烈进攻后，越战越勇的吉林敖东队并不满足 1 球在手。25 分钟时，5 号王光伟中路得球后，在 40 米处突射冷箭，再次上演了在足协杯上的一幕，把比分扩大到 2∶0。仅过 4 分钟，客队抓住反击机会，7 号胡志军突入禁区，布拉吉玛出击将其绊倒，主裁判孙葆洁判罚点球，并由 20 号赵昌宏一蹴中的。扳回 1 分的客队加快了反击速度，吉林敖东队丝毫不敢怠慢，连续瓦解了客队的几次进攻。第 35 分钟，吉林敖东队再次获得前场任意球，佐拉将球吊入禁区，10 号泰利克高高跃起头球回传给 7 号郑东七，郑东七插上攻门将球顶入网内。但边裁举旗判郑东七越位在先，此球被判无效。在剩下的 10 分钟里，高珲用 2 号南虎替下了体力渐渐下降的 19 号郝卫东，用 16 号宋笑宇换下了 10 号泰利克。凭借顽强的防守和必胜的信念，吉林敖东队最终把胜利牢牢地握在了手中，从而在 1979 年的甲 A 联赛对广州松日队的主客场比赛中全取 6 分，报了 1998 年颗粒无收之仇。[①]

（十）最后 1 分钟丢了 2 分

1999 年甲 A 联赛下半段，已三连胜势头正旺的大连万达队在 7 月 30 日夜晚抵达延吉。由于 7 月是延边的旅游旺季，机票非常紧张，队员只能

---

① 孙玉伟：《"长白虎"猛吞羊城"落日"》，《延边日报》1999 年 7 月 19 日。

分乘两个航班，主力队员乘头班，替补队员乘第二班。再加上沈阳、延吉正下着一场大雨，大连万达队队员夜晚才抵达延吉。不知什么原因，经济实力雄厚的大连万达队没有住进延吉两家高档豪华的宾馆，而选择了赛区组委会安排的延边宾馆。据了解，可能与之前大连万达队住进两家宾馆以后均未赢过球有关。7月31日，大连万达队适应场地时，足球场积水很厉害，再加上工作人员正开着剪草机在剪草，大连万达队只能在做简单的活动之后就草草结束。

随着主裁判张宝华一声哨响，比赛开始。看台上的球迷乐队随之吹响了进攻的号角，一时间场内气氛骤然升温。但不知是天气闷热的原因，还是主教练的战术安排，一开场双方都很谨慎，攻防转换也很慢。在前10分钟里，双方都没有形成有威胁的射门，一度使场上的气氛比当时的天气还要沉闷。上一轮吉林敖东队以1：4的比分惨败给"津门虎"后，主教练高珲心里一直憋着一股劲，一定要在主场拿下大连万达队，再为家乡球迷奉上一场精彩的对攻战。当他看到吉林敖东队在进攻和拼抢上并不很积极时，迅速从教练席上站起走到场边，大声向高钟勋喊着什么，并打着手势，示意大胆进攻。队员们心领神会，在进攻上敢于投入兵力，果然有了些起色。当比赛进行到第25分钟时，22号高钟勋凭借自己出色的技术和开阔的视野，在中前场突然打了一个直传球，9号佐拉迅速插上，突入禁区后抬脚就射，守门员韩文海反应极快，一个侧扑将球扑了出去。此后，双方的进攻节奏明显加快。大连万达队中场灵魂内梅切克抓住了吉林敖东队后卫队员的一次失误断球成功，在禁区前沿一记大力抽射，球擦着立柱飞出底线，极具威胁。吉林敖东队也不甘示弱，迅速组织反击，并在2分钟内连续逼得3个角球，但均被大连万达队员破坏。应该说，孙继海的"回归"，稳定了大连万达队的后防线，也使队员产生了安全感，更使李应发教练心头的一块石头落了地。看孙继海在场上的表现，不论是助攻还是防守卡位，都非常有威胁。在大连万达队稳固的后防线面前，吉林敖东队虽然也创造了一些机会，但始终没能破门得分。相反，大连万达队却有几次颇具威胁的射门，险些敲开吉林敖东队大门。特别是当上半时比赛即将结束时，28号吴俊左路下底后传中，高中锋20号王涛高高跃起头球攻门，球擦着横梁飞出底线。

　　下半场，吉林敖东队队员在气势上明显高于上半场。开场 1 分钟时，22 号高钟勋一记妙传给禁区内的 18 号吴永君，不知是久疏战场的原因还是由于过于紧张，吴永君竟将这一势在必进之球打偏。第 14 分钟时，吉林敖东队在中前场断球成功，22 号高钟勋快速斜塞给替换 10 号泰利克上场的 7 号郑东七，郑东七三盘两带，拉开空当，禁区内一脚劲射，韩文海移动靠左，球直奔球门右侧死角。失球后的大连万达队主帅李应发再也坐不住了，马上站起调兵遣将，分别用 11 号阎嵩、4 号刘玉建替下 20 号王涛和 28 号吴俊，并将阵型由"442"变为"433"。孙继海频频助攻，连 2 号张恩华也时而充当前锋的角色。离比赛结束只剩 1 分钟，到场的球迷、场上的吉林敖东队员乃至主帅高珲，都觉得这场球赢定了。然而"奇迹"就在这时发生了。大连万达队获得角球，李明开出战术角球给孙继海，孙继海迅速吊向禁区，埋伏在禁区内的 10 号奥兰多一个狮子甩头，球竟在布拉吉玛和吉林敖东队防守队员的空隙处飞入球门。这迟来的入球救了李应发，救了大连万达队。大连万达队给我们上了一堂什么是足球的课。①

（十一）高珲激活敖东队这盘棋

　　吉林敖东队虽未能在客场把"领头羊"拉下马，但从场面上看，吉林敖东队大部分时间还是占据主动的。吉林敖东队能在四员主力战将——张庆华、王海波、泰利克、玄春浩（76 分钟上场只打了十几分钟比赛）缺阵的不利情况下，战平曾屡次战胜其的山东泰山队，实属不易。若想有效遏制山东泰山队的高空轰炸，在地面上唯有快，才能彻底打乱山东泰山队的打法。比赛前 70 分钟，吉林敖东队消耗掉了山东泰山队的大部分体力，在后 20 分钟，高珲用"快马"千学锋替下老将高钟勋，改打"343"强攻阵型。主帅高珲的战术意图非常明显，就是在最后 20 分钟全线出击，放手一搏。若不是吉林敖东队小将把握攻门机会的能力欠缺，若不是山东泰山队的高大后卫队员严防死守，吉林敖东队很可能取得本场比赛的胜利。从吉林敖东队与山东泰山队一役可以看出，吉林敖东队年轻的主帅高珲不仅已激活了敖东队这盘棋，且以这种上升势头看，吉林敖东队的前景还是蛮光

---

　　①　孙玉伟：《最后一分钟丢了 2 分》，《延边日报》1999 年 8 月 2 日。

明的。①

几乎年年为保级而战的青岛颐中海牛队 1999 赛季再次保级成功。在后三轮的保级大战中,该队以三战三捷进 9 球失 1 球的成绩成功保级。而吉林敖东队提前四轮保级后的四场比赛中,1 平 3 负仅积 1 分,导致成绩下滑,未能实现冲进前六名的目标。

甲 A 二十六轮战罢,吉林敖东队 8 胜 9 平 9 负积 33 分,列甲 A 联赛排行榜第八位。② 而获得联赛前三名的球队依次为:山东鲁能队、辽宁队、四川全兴队。

七 2000 年中国职业足球甲 A 联赛——吉林敖东队

2000 年中国足球甲 A 联赛中,吉林敖东队以 0∶1 不敌同样渴望胜利的四川全兴水井坊队。吉林敖东队在 2000 赛季的七个客场比赛中颗粒无收,全部落败。③

(一) 第二循环比赛吉林敖东队面临前所未有的困境

吉林敖东队主场迎战云南红塔队。凭借高昂的斗志和破釜沉舟的勇气,主场作战的吉林敖东队终于迎来了一场久违的胜利。吴永君、佐拉双双建功,在积分榜上为吉林敖东队添上了宝贵的 3 分,从而使吉林敖东队与前面队伍的差距缩小到 3 分,吉林敖东队又重新燃起了保级的希望。

第二循环比赛开始后,吉林敖东队曾先后在大好形势下被天津泰达队逼平,被上海申花队反超,上轮又 0∶1 败走蜀道。同第一循环比赛的开头一样,开局对吉林敖东队极其不利。吉林敖东队已经到了生死攸关的时刻,若本轮再不能拿下云南红塔队,吉林敖东队降级必成定局。在如此严峻的形势下,摆在吉林敖东队面前的只有一条路:背水一战,不拼没有出路。上任不久的吉林敖东队主帅廉胜必不止一次地说过:"后面的比赛我们要一场一场地拼,要把每场比赛当作最后一场来打,只要还有比赛,我们就不能死掉。"延边广大球迷终于看见了吉林敖东队的复活,重新燃起

---

① 李延江:《高珲激活敖东这盘棋》,《延边日报》1999 年 8 月 9 日。
② 丛云:《三球负海牛敖东被挤出甲 A 六强》,《延边日报》1999 年 12 月 6 日。
③ 小舟:《敖东客场七连败,零比一不敌全兴》,《延边日报》2000 年 7 月 3 日。

了吉林敖东队保级的希望之火。高温、闷热的天气加上吉林敖东队糟糕的成绩，已经使得延吉市人民体育场的空间变得越来越大。开赛前，当一声声稚嫩的童音喊出"敖东队，加油！"的时候，场上的球迷似乎已变得有些麻木，没有人附和，没有人声援，对吉林敖东队的一次次失望，在无情地吞噬着球迷的心。然而，此役吉林敖东队将士们终于没有让广大球迷再一次失望，流畅的进攻、积极的拼抢、严密的防守，球迷仿佛又看到了昔日的吉林敖东队。比赛一开场吉林敖东队球员便在气势上压住了对手。比赛2分钟时，11号千学峰打门被区楚良扑出；4分钟时，12号文光赫一脚劲射，球高出门楣；5分钟时，18号吴永君禁区前沿接9号佐拉的传球，巧妙地晃过云南红塔队防守队员推远角，区楚良扑救不及，吴永君终于抓住机会为吉林敖东队先下一城，比分为1：0。这一入球，极大地鼓舞了敖东队员的士气，万余名球迷们沸腾了。锣声鼓声响成一片，呐喊声、助威声震耳欲聋。场上，吉林敖东队员越战越勇，9号佐拉在中前场异常活跃，当比赛进行到上半时第10分钟时，佐拉接队友后场长传球，迅速摆脱云南红塔队最后一名防守队员，突入禁区，面对区楚良冷静推射，又攻破了区楚良的十指关，将比分扩大到2：0。

上半时比赛即将结束时，在全场一片"3：0"的助威声中，吉林敖东队终于抓住一次机会，由9号佐拉接千学峰下底回敲球，第三次洞穿区楚良把守的大门，将场上的比分扩大为3：0。云南红塔队主教练戚务生默默注视着对面看台上挥舞的红旗、欣喜的球迷，感受着足球给自己带来的那份复杂的情感。下半时，戚务生索性用16号张迅、20号董俊鹏分别换下了上半场毫无建树的10号福迪和14号提科，在进攻上稍有起色。当比赛进行到第72分钟时，云南红塔队6号周挺在禁区前沿的一脚劲射，打在球门立柱上弹出，颇具威胁；第80分钟，又是周挺一脚远射，皮球被吉林敖东队守门员布鲁诺没收；就在全场比赛即将结束时，云南红塔队有一次绝好的破门机会，可惜16号张迅将门前近在咫尺的球打高，错失挽回面子的机会。吉林敖东队终于没再犯以往先赢后被对手追平或反超的错误，将3：0的比分一直保持到终场哨响，获得了宝贵的3分。①

---

① 孙玉伟：《胜红塔，敖东逼近保级军团》，《延边日报》2000年7月10日。

（二）吉林敖东队南下挑战同在降级区的深圳平安队

在炎热的天气里，吉林敖东队打了一场乏味的比赛。0∶3 败下阵来，保级的形势更加艰难。比赛伊始，深圳平安队就打得积极主动，完全占据了场上的优势。李毅、陈琛宇为深圳平安队打进了 3 球，3∶0 战胜吉林敖东队。综观整场比赛，吉林敖东队被打得一点脾气都没有，无论是斗志、精神面貌均不如对手，输得心服口服。①

（三）召开紧急会议，探索未来出路

2000 年 7 月 19 日晚，延边体委、延边足协、延边足球俱乐部领导与教练班子又一次召开专题会议，查找第十八轮客场失利的原因，分析吉林敖东队面临的形势，研究今后的对策。延边朝鲜族自治州体委领导首先向教练班子反馈了与运动员之间谈话的情况，运动员普遍感觉到：目前吉林敖东队的形势比较严峻、心理负担较重、体力明显不如上年、精神力普遍下降、后防线脆弱、盯人不紧、锋线得分能力差、战术打法和个别位置上用人也存在一些问题等。此外，与深圳平安队客场比赛的失利还包括天气热等客观因素的问题较大。教练组基本认同了运动员所提出的意见和想法，为了迎战与深圳平安队这场比赛，从俱乐部到教练组都进行了充分的准备，包括提前三天赴深圳适应炎热的天气、解除旅途疲劳、选择条件较好的酒店以保证运动员的休息等，尤其是赛前训练内容的安排，准备会上所进行的周密部署，处处围绕着减轻压力、轻装上阵、保平争胜而展开。但是，比赛中运动员没有很好地贯彻教练组的战术安排，尤其是失球后精神懈怠，毫无斗志。如果炎热的气候是客观原因，那么主观上应该是自己打败了自己。尤其是逆境中缺少主心骨，未能及时稳住阵脚，老队员的作用没能发挥好，如何使用好年轻队员、如何科学地安排训练强度和负荷、如何增强全队凝聚力和精神力等是摆在教练组面前亟须解决的课题。

会上，延边朝鲜族自治州体委主任崔光仑传达了延边朝鲜族自治州政府李洁思副州长对今后吉林敖东队提出的要求，李洁思要求吉林敖东队：

---

① 舒桂林：《廉胜必：我们自己打败了自己》，《延边日报》2000 年 7 月 17 日。

"一定要拼到最后，坚决不允许出现'买球''卖球'的现象。在今后的比赛中赛出风格，赛出形象，以赢得广大球迷的理解和支持。"崔光仑主任对吉林敖东队的现状和今后工作进行了较全面的分析和部署。他指出，要正视现实，正确对待自己。吉林敖东队面临着积分垫底的形势，一些队员在情绪、心理压力、体力、精神力等方面都面临着考验。甚至在球迷中产生的一些悲观思想也在社会上和队内蔓延，虽然面临很大的困难，但是还有"一口气"，还有八场比赛。与云南红塔队比赛的情形表明，只要我们自身不懈努力，希望还是有的。为此，要正确处理好几个关系，这对完成任务是有所帮助的。

一是保级与降级的关系。这是衡量一个运动队水平高低的标准，是提高足球水平的一个竞争机制，也是提高我国足球水平的一个过程，保级或降级并不是足球的全部，只要我们遵循足球规律和市场经济规律，按照中国足协的要求去做，为提高中国足球的水平、为捍卫延边的荣誉而战，我们就问心无愧。降级，这是事物发展的自然规律。如果降级，吉林敖东队要重整旗鼓，再接再厉，这样目标才能实现，这是放下包袱的关键所在。

二是体力、精神力与技战术的关系。体力是基础，精神力是为实现目标，在充沛体力支撑下呈现的精神状态和能量，二者相互作用，相互补充，不可忽视。与深圳平安队比赛之前，吉林敖东队信心足、训练积极，教练组制定的战术打法思路比较清晰，俱乐部的后勤保障工作也做了最大努力，但比赛结果和队员表现不尽如人意。这其中有精神压力大、气候条件艰苦等原因，但这些不是主要原因，今后的体能训练要讲科学，并及时地进行调整。吉林敖东队的战术打法和风格是建立在充沛的体能和勇猛顽强精神的基础上的，所以解决吉林敖东队体能问题是非常重要的，体能是关键的物质基础。要把体能的标准放在"充沛"两个字上，这需要加强训练、调整肌体、补充营养等。目前，我队的体能训练内容应放在"储备"上，训练计划的着眼点要放得远一些，要充分利用两周的间歇时间，多安排有氧训练，将有球训练与无球训练结合起来。

三是精诚团结与拼搏的关系。吉林敖东队的战术打法、战斗力是建立在精诚团结的基础上的，一旦丢掉了这一传统，就失去了战斗力。一个人拼搏无济于事，必须是团队拼搏，教练组要在精诚团结的问题上做好细致的工作，必须团结在主教练周围，团结就是力量，教练、队员之间有不理解、有矛盾是现实存在的，但应该及时妥善解决。

四是相信队员与发挥能动性的关系。要充分相信队员，依靠队员，发挥他们的主观能动性。应该看到，队员是可爱的，大部分队员都在为球队的前途担忧，思想工作的重点要放在调整心态、精诚团结、树立信心上。要做好后勤保障工作。第一，俱乐部要全力保证后勤服务工作，工资、奖金要想方设法及时解决；第二，队医在治疗运动员伤病的同时，要研究实施一些食补的措施，以增加和补充运动员的体能；第三，延边朝鲜族自治州体委党委要配合教练班子，做好运动员的思想工作；第四，延边足球协会要做好外围情报等项工作；第五，建议俱乐部近期安排一些活动，包括请领导作一次动员报告，组织一次调剂队员生活的文化娱乐活动（如野游），召开一次以"我与延边足球前途命运"为主题的讨论会。①

（四）吉林敖东队对阵青岛海牛队

就在人们认为吉林敖东队无药可救时，吉林敖东队却在客场踢出了一场本赛季少有的好球，使自己成功地结束了 2000 赛季逢客必败的困境。虽然比赛最终打成平手，但吉林敖东队的精神面貌却焕然一新。各得 1 分对双方都不是什么好结果，双方注定要在后七轮的比赛中为保级而苦苦挣扎。比赛结束后，廉胜必说："我首先要感谢全体球员，他们是带着巨大的压力在比赛，但队员们一直踢得积极主动，发挥出了自己的水平。另外，青岛炎热的天气也对我们是一种考验，来到青岛以后，球员们都感到很不适应。"青岛海牛队主教练国作金说："正如刚才廉指导所说的那样，吉林敖东队在压力下打出了高水平。我们今天的比赛打得不好，并没有体现出吉林敖东队那样一拼到底的信心。我们很清楚这是一场关键的比赛，也清楚我们形势很严峻，我们全队一定会尽全力打好以后的比赛，从而实现保级的目标。"

吉林敖东队在 2000 年甲 A 联赛中，9 场客场比赛仅积 1 分。但这 1 分凝结着吉林敖东队教练、队员们的心血与汗水。就在外界普遍认为，吉林

---

① 高伟：《放下包袱，放手一搏——由敖东队第十八轮客场失利看保级前景》，《延边日报》2000 年 7 月 24 日。

敖东队会"卖球"时，吉林敖东队将士用实际行动回击了"卖球"说。甲A联赛还剩下七轮比赛，从积分榜上看，吉林敖东队创造奇迹、保级成功的可能性还是有的。①

（五）胜山东鲁能泰山队，吉林敖东队保级曙光又现

2000 年，中国足球甲 A 联赛第二十轮的比赛中，吉林敖东队在主场，凭借小将吴永君和千学峰的两粒精彩入球，一举将 1999 赛季"双冠王"山东鲁能泰山队斩于马下，拿到宝贵的 3 分，保级前景隐约露出了一线曙光。此役，客场作战的山东鲁能泰山队有王超、舒畅、李明、卡西亚诺、高尧五员大将由于伤病或停赛等未能随队来延，使主帅桑特拉奇在排兵布阵上捉襟见肘，特别是排在射手榜首位的卡西亚诺的缺阵，使客队的锋线杀伤力大打折扣。此外，延吉高温闷热的天气多少影响了比赛的精彩程度。吉林敖东队目前仅积 13 分，若想最终保级成功，必须一场一场拼，特别是剩下的几个主场，必须力争全部拿下。而对山东鲁能泰山队一役，则是吉林敖东队能否重振雄风的关键之战。重压下的吉林敖东队员，表现出了少有的斗志，相反山东鲁能泰山队似乎是心理准备不足，根本没把吉林敖东队这只"病虎"放在眼里。结果，意外地被这只"病虎"活生生地剥了两层皮。

比赛开始后，吉林敖东队便向山东鲁能泰山队腹地发起了猛攻。第 5 分钟、7 分钟，泰利克和佐拉的头球攻门颇具威胁，险些敲开对手大门。当比赛进行到 12 分钟时，吉林敖东队在角球附近获得任意球机会，16 号宋笑宇主罚开向禁区，埋伏在禁区内的 18 号吴永君高高跃起，一记强有力的狮子甩头，球反弹地面后滚入网窝，吉林敖东队先下一城。失球后的山东鲁能泰山队仍然组织不起有效的进攻，头号杀手 10 号宿茂臻被吉林敖东队 27 号张庆华成功冻结，难以发挥作用。比赛开始 20 多分钟的时间内，山东鲁能泰山队竟没有一次射门，而吉林敖东队却越战越勇。第 19 分钟，吴永君接 8 号玄春浩的头球摆渡，一脚垫射，可惜偏出。虽然，山东鲁能泰山队也获得几次前场任意球和角球的机会，但均没能造成任何威胁。下半时，桑特拉奇分别用 17 号徐锋、33 号孟尧换下了 7 号宋黎辉和 32 号查

---

① 丛云：《平海牛敖东客场终得分》，《延边日报》2000 年 7 月 31 日。

尔斯，试图用年轻队员的冲劲去拼吉林敖东队。果不其然，山东鲁能泰山队这两个小将一上场便拼劲十足。第 6 分钟，17 号徐峰禁区前沿大力抽射，球擦着立柱飞出，险些破门得分。第 10 分钟，山东鲁能泰山队发动反击，球传到 33 号孟尧的脚下，孟尧突入禁区，已成单刀之势，在小角度打门时，被表现神勇的吉林敖东队守门员布鲁诺侧身扑出。5 分钟后，桑特拉奇见年轻队员表现不错，索性用 31 号小将于绍波换下了表现平平的 10 号宿茂臻。此时，场上球迷又开始担心了，吉林敖东队在第十四轮主场同天津泰达队比赛时，在 2∶0 领先的情况下被天津泰达队换上的年轻小将拼成了 2∶2 平，今天又领先，吉林敖东队会不会重蹈覆辙？这种担心不是没有道理。当比赛进行到第 25 分钟时，8 号李小鹏在禁区内转身打门，球击中横梁弹出底线，惊出吉林敖东队一身冷汗。第 34 分钟时，又是 8 号李小鹏将一近在咫尺的球打高。面对山东鲁能泰山队的一阵猛攻，吉林敖东队不甘示弱，打法并不保守，队员之间的配合仍有条不紊，极为流畅，让人们又看到了吉林敖东队以往"小、快、灵"的技战术打法。在全场一片"3∶0"的呼喊声中，吉林敖东队员果然不负众望。第 39 分钟，11 号千学峰接山东鲁能泰山队后卫队员挡进来的球，抬左脚劲射，挂远角应声入网。全场球迷都为这一精彩入球鼓掌欢呼。吉林敖东队最终凭借吴永君和千学峰的入球，主场 3∶0 力克山东鲁能泰山队，重新找到了赢球的感觉，找回了保级的信心。

赛后，山东鲁能泰山队主帅桑特拉奇明显对裁判及部分队员的比赛状态提出很多不满。吉林敖东队主帅廉胜必则表示，敖东队在形势不利的情况下，队员们齐心协力，拿下关键场次，他对队员们表示感谢。输掉本场比赛也使山东鲁能泰山队后悔莫及。因为，大连实德队意外地以 1∶2 负于天津泰达队，这是山东鲁能泰山队追赶大连实德队的最好机会，可惜山东鲁能泰山队没能把握住。而吉林敖东队在赢得了这场关键性的比赛后，与前面队伍的积分差距在逐渐缩小，为保级迈出了坚实的一步。①

（六）巩固体能，不言保级，为荣誉而战

2000 年 8 月 9 日上午，延边朝鲜族自治州体委领导向俱乐部领导和敖

---

① 孙玉伟：《登泰山，敖东保级曙光又现》，《延边日报》2000 年 8 月 7 日。

东队教练组传达李洁思副州长对今后工作的要求和建议，大家对今后的形势和任务也进行了分析与研究。李洁思指出："与山东队的比赛，充分说明我队运动员放下了包袱，发挥出了自己的水平，应该继续发扬。同时，不要因为暂时的胜利而冲昏了头脑，要保持冷静、戒骄戒躁、不断总结经验教训，不能有丝毫的松懈。"李洁思还强调："我们要靠自己的实力打比赛，绝不允许出现不应该出现的问题。敖东足球队有两种'传统'。一是需要继续发扬光大的'勇猛、顽强、快速、以我为主'的风格传统；二是需要克服和解决的所谓'传统'，也是我队的'症结'，即'发挥水平起伏大、起伏间隔过频、状态不稳定'。如何稳定、持续地保持最佳状态，这是我们当前要研究和解决的重要课题，也是打好剩下六轮比赛的关键因素。希望教练组要对剩下的六轮比赛进行认真的分析研究，不仅要研究自己，而且要研究对手。"为此，延边朝鲜族自治州体委领导与足球协会、俱乐部、教练组围绕如何稳定和保持最佳状态等问题进行了专题研究。

延边朝鲜族自治州体委主任崔光仑指出："要打好今后六轮的比赛，力争完成保级任务。希望把握以下五点：一是保持冷静清醒的头脑，戒骄戒躁；二是彻底放下包袱，不去考虑比分、积分，为捍卫荣誉而战；三是全队要保持高度团结和一致性；四是充分利用比赛间歇期（有两次两周的间歇机会），继续抓体能训练，保持充沛的体力，发扬传统风格，提高技战术水平；五是继续做好运动员的思想工作和俱乐部的后勤保障工作。只有做好上述各项工作，才能有效地预防'症结'，克服不良'传统'，发扬好的传统，保持稳定、持续、良好的状态，同时要充分估计到可能出现的各种各样的困难。"

俱乐部主任金辉指出："延边朝鲜族自治州领导要求我们'保持冷静的头脑'非常及时和必要。逼平青岛队是今年敖东队在客场的首次得分；战胜山东队则改变了4年来主场逢山东队不胜的历史，这对鼓舞全队士气有一定的作用。今后工作中要放下包袱，提倡为'三个荣誉'而战（延边的荣誉、敖东的荣誉、队员个人的荣誉）；要狠抓体能训练（这在上两轮比赛中已看到效果），加强针对性训练，俱乐部将全力以赴做好后勤服务工作。"金辉还表示："教练组对今后的比赛的态度是，6场比赛场场是关键，只能一场一场地打，一场一场地拼。"主教练廉胜必表态："虽然两轮取得了 4 分，但今后的比赛仍很艰巨。要保持高昂的斗志，发扬团队精神，形成凝聚力。从队员的心态看，尽管心理压力有所减轻，但包袱并没有完全放下。如果今后比赛中再有不顺的时候，这些矛盾和不足就会很快暴露出来。充分利用两个两周的调整期，首先巩固体能优势，然后再安排技战术训练，重点加强针对性训练。总之，关键是体能的巩固、保持、储备和分配。"

教练组表态："联赛已进入冲刺阶段，我们已经没有退路。各队体力消耗都比较大，谁有体能谁就会占优势，而我队中年轻队员的状态有回升的趋势。同时，我们对一些场外因素的影响和可能产生的问题也要有所重视。"与会的有关人士还具体分析了今后六轮比赛中，对保级关系影响较大的几个队的走势。大家普遍感到，如何打好两周后与北京国安队的客场比赛和客场对重庆队的比赛是十分重要的。"我们对今后的各场比赛不能抱有任何幻想，在研究对手和科学训练的同时，只能靠实力、靠体力去一场一场地拼，拼意志，拼体力。奇迹是人创造的。"①

（七）敖东国安大比拼，两队结局各不同

当 4∶1 的比分在巨大的记分牌上定格时，北京工人体育场又成了欢乐的海洋。国安队终于在联赛第二十一轮，获得了宝贵的 3 分。积 27 分，意味着国安队的保级任务基本完成。本场比赛国安队排出了最强阵容，刚刚归队的四名国脚悉数披挂上阵，国安队虽然在比赛一开局就展开了大举进攻，但敖东队也表现出了誓死一搏的决心。经过两周魔鬼式训练的球员们，跑动积极，拼抢异常凶狠，尤其是对国安队的重点人物王涛、邵佳一和徐云龙完全是贴身紧逼防守，还不时以快速反击来牵制国安队。或许是比赛的结果直接关系到保级大业，敖东队球员在比赛中的动作较大，外援倒地受伤，邵佳一被担架抬出场外……在主裁判偏软的哨声中，比赛的火药味越来越浓。

上半场第 43 分钟，国安队 13 号徐云龙带球到禁区，被敖东队 2 号南虎绊倒，国安队获得点球。正当王涛将球放好准备罚时，敖东队的外援门将布鲁诺却因王涛把球放得离门太近而与王涛争吵起来，险些动手，而王

① 高伟：《巩固体能，不言保级，为荣誉而战》，《延边日报》2000 年 8 月 14 日。

涛在点球命中后，也很不礼貌地走上前去向对方挑衅性地示威。下半场，1999 年为敖东队获得"巨人杀手"美誉的功臣小将 7 号郑东七被替换上场，敖东队也展开了凶狠的反攻，可后防线却出现了致命的漏洞。第 65 分钟，王涛射门被守门员布鲁诺扑出，20 号南方跟上补射进网。虽然 5 分钟后，国安队 3 号谢朝阳禁区内拉倒敖东队 9 号佐拉，使敖东队获得点球机会，6 号泰利克将比分改写为 1：2。但仅过 1 分钟，王涛接邵佳一的任意球头球破门。本场比赛的梅开二度也使王涛的进球达到 11 个，在射手榜上仅落后卡西亚诺一球，列射手榜第二位。而这粒进球也将敖东队彻底打入降级的深渊。比赛的最后阶段，敖东队全线压上试图做最后一搏，场面也变得更为激烈，但国安队防守严密。补时阶段，新换上场的 9 号田野锦上添花，将比分定格为 4：1。京吉之战的激烈在国安队 2000 年的比赛中十分罕见，甚至可以与 1999 年 12 月 5 日国安队阻击辽宁队夺冠那场比赛相媲美。战胜敖东队后，国安队基本可以实现保级目标，而敖东队除为保级做拼死一搏外，双方死掐的渊源恐怕要追溯到上半年的国安"退出风波"。正是在 4 月 30 日的吉京之战中，主裁判张业端在长白山脚下导演了王涛被红牌罚下的局面，才使忍无可忍的国安队陷入了"退出风波"，让国安队经历了职业联赛以来最危急的时刻，再大气的国安队恐怕也不能不急。

主教练魏克兴也表示："出现火药味不可避免，但保级还是最主要的。"赛后新闻发布会上他也向吉林队主帅廉胜必诚恳地表达了祝愿："希望对手保级成功。"

赛后敖东队主教练廉胜必冲向了主裁判杨志强，并对第一个点球提出了质疑。不过，在赛后的新闻发布会上廉胜必只说了一句话："祝贺国安队胜利，我向我的队员们表示感谢。"赛后，几百名敖东队的球迷，没有离开席位。而敖东队主帅，这位朝鲜族汉子却在北京的秋风中静静地坐在工人体育场的看台上，或是追忆他们心中挚爱的球队曾经有过的辉煌，或是在沉默中期待着"蓄芳待来年"！[1]

虽然，在八连败的关键时刻，敖东队如猛虎发威，3 战 2 胜 1 平得了 7 分。但是 1：4 大比分败给国安队以后，敖东队的降级基本上已成定局。7

---

[1]　思锐：《敖东国安大比拼，两队结局各不同》，《延边日报》2000 年 8 月 21 日。

年的职业联赛中，敖东队是为数不多的从未降级的队伍。许多传统强队诸如辽宁队、八一队、广东宏远队、广州太阳神队等都有过降级的经历，而敖东队这支特色鲜明的球队却一直留在了甲A联赛中，也算是一个奇迹。

2000年甲A联赛第二十一轮战罢，吉林敖东队积16分垫底，保级希望异常渺茫。保级军团中云南红塔队、辽宁抚顺队、青岛海牛队、厦门厦新队尚在保级的泥潭中挣扎。因此，敖东队在最后5轮以何种心态出战成为时下的焦点。按照以往降级的现实推断，二十一轮过后，积分垫底的球队很难最后出现奇迹。因而，2000年敖东队的保级困难重重。理由是，假设敖东队无心恋战后五轮，那么受益的将是辽宁抚顺队与厦门厦新队，而最倒霉的将是21战积20分的青岛海牛队。因为，敖东队已与海牛队打完主客场，而与辽宁、厦门各有一场比赛，无心恋战意味着存在放弃的可能，而海牛队最怕的就是敖东队这一招。

2000年的传言矛头集中到敖东队头上。取消升降级是当时足坛的热点，在济南、四川召开的全国足协会员甲级俱乐部负责人的研讨会上，对于"取消升降级"分歧较大。济南大都支持取消升降级，而四川反对取消升降级。能否取消升降级尚无定论。有消息说，敖东队如果想保住甲A一席之地，唯有2000年暂时取消升降级才有机会，否则敖东队没有机会。敖东队如果想让取消升降级成为现实，只有将青岛海牛队"拉下水"，才有机可乘。面对种种传言，俱乐部主任金辉说："在理论上，敖东队还有保级可能的情况下，传言纯属无中生有。我们早已定下后几轮的作战计划，放下包袱，以我为主，一场一场地打，打到什么程度算什么程度，卖球的事，敖东队绝对不干。辽宁队是离我们很近，但我们不会拱手放弃争胜的机会。厦门队现在很困难，敖东队的主教练廉胜必又是从厦门队过来的，敖东队客场该怎么打还怎么打，输赢都正常。至于有人说，敖东队主场胜厦门队是'君子协议球'，我绝不赞同这种说法。"[1]

后五轮比赛，延边朝鲜族自治州委、州政府做了很多思想工作，但是无济于事。已确定降级的敖东队，无心恋战，1：7大比分败给重庆力帆队。以1平4负的战绩告别了征战7年的中国甲A联赛赛场。获得中国足球

① 李延江：《敖东，人在阵地在》，《延边日报》2000年8月28日。

甲A联赛前三名的球队依次为：大连实德队、上海申花队、四川全兴队。

2000年，吉林敖东队不幸降入甲B。一线队部分主力球员和拥有甲B参赛资格的球员以2500万元转卖给浙江绿城足球队。

八　2001～2003年中国职业足球乙级联赛——延边足球队

2001～2003年，吉林敖东足球队更名为延边足球队（以下简称"延边队"），并在全国足球乙级联赛中表现不俗，多次有望升入中国足球甲级联赛。2001年，甲A联赛为中国足球队参加2002年世界杯让路，实行只升不降的政策。2002年，由于2001年甲B联赛最后阶段的"甲B五鼠案"事件，甲B亚军长春亚泰队被取消升级资格，结果甲A联赛成为15支球队，每轮比赛都有一个球队轮空。2003年为最后一届甲A联赛，为准备转化为中国足球超级联赛，三支球队被降入次年的中国足球甲级联赛，是中国足球顶级联赛职业化以来降级球队最多的一届。

从延边足球俱乐部获悉，延边队将2001年的中国足球乙级联赛的主场定在了和龙市人民体育场。其原因是：多年来承办延边队主场的延吉市人民体育场的草坪无法满足承办足球赛事要求；承办过延边队主场的图们市体育场与龙井市体育场的设施已老化，而且草坪质量较差。而和龙市人民体育场是一座新建的体育场，草坪的质量可以满足比赛的要求。于是，2001年延边队参加乙级联赛的主场定在能容纳3万多名观众的和龙市人民体育场。[①]

2001年5月19日，中国足球乙级联赛全面打响。延边队在家门口（和龙）迎来第一个对手辽宁青少队。吉林敖东队2000年降入甲B，整体被出售后，延边球迷把所有的希望寄托在这支征战乙级联赛的延边队身上。2001年初，延边足球俱乐部就提出延边队冲击甲B的目标。延边队主教练李虎恩也信誓旦旦地指出："力争战胜对手，取得开门红，并报去年主场0：3不敌对手的一箭之仇。"因而这场比赛有了新看点，并吸引了1万多名球迷前来观战。[②] 延边队在占尽优势的情况下，以0：1负于对手。

2001年5月26日，中国足球乙级联赛预赛阶段进行了A区第二场比

① 李延江：《和龙市人民体育场》，《延边日报》2001年2月25日。
② 董乐平：《首战失利更需努力》，《延边日报》2001年5月19日。

赛。延边队坐镇主场（和龙）以 4∶0 大胜鞍山队。延边队 10 号郑林国上演了个人独进 4 球的好戏。此后，延边队再与主场作战的鞍山队 0∶0 战成平局。在小组赛前五轮中，延边队以 5 战 1 胜 2 平 2 负积 5 分的成绩，获得 A 区第三名，并冲入乙级联赛的复赛阶段。同组的辽宁青少队与大连赛德隆队的战绩均为 5 战 3 胜 1 平 1 负，积 10 分。最后一战，延边队即使战胜大连赛德隆队也仅积 8 分。因此，延边队只能以 A 区第三名进入复赛。虽然延边队打进决赛，但是遗憾地输给杭州绿源队，冲击甲 B 失败。

延边足球俱乐部在延边朝鲜族自治州体委的倡导下，结合本地实际，认真贯彻执行了《关于延边足球明星本地化工程》，根据延边经济的实际情况和延边足球发展的实际需要，经过多方面的选拔，在延边朝鲜族自治州范围内组建了全新的延边足球二队，并赴朝鲜进行了为期两年的训练和比赛。

李虎恩率领的延边二队从朝鲜归来，参加了乙级联赛。但在乙级联赛预赛阶段遭淘汰出局。

2001 年 10 月，延边队在乙级联赛决赛中兵败上海滩后，全队开始放长假。但是，12 月初集训的时候，俱乐部却做出令人难以接受的决定：因缺乏资金等，放弃所有内援，全部以延边籍球员为主组队。延边队于 12 月 1 日开始集训，但是因为资金问题，没有制订训练计划，更没有增补内援的计划，球队训练位置上又严重缺人，召回敖东队的老将和绿城队的弃将李光浩、崔勇、黄龙福、金正根和金龙泽等为延边足球贡献自己的余热。[①]

2002 年定为延边足球冲击甲 B 年，让延边足球以最快的速度在全国足球甲 B 联赛上占有一席之地，使延边这个"足球之乡"名副其实，这在某种程度上是个伟大的举措，这个举措将迎来延边足球一个继往开来的时代。[②]

参加全国 U17 集训的延边队中，皮成海、朴光国、李成日、崔文一、李贤哲、金明虎六名队员被选入中国少年集训队。可以说，这是延边队队员近年来首次进入国字号队伍。2001 年 12 月 5 日至 2002 年 1 月 10 日，U17 全国少年队集训，旨在为中国足协 2008 年奥运会组队做准备。此次集训的广州清远共集中了全国 1985、1986 年龄段的 40 支队伍 1000 多名队

---

① 牛志伟：《没有钱足球咋能玩得转》，《延边日报》2001 年 11 月 25 日。
② 牛志伟：《延边足球要重登甲级舞台》，《延边日报》2001 年 11 月 25 日。

员，是中国足协开展打击假年龄后的一批队员。

集训队总教练是山东鲁能青少年队原主教练南斯拉夫籍的可可维奇。他评价延边队时说，延边队整体水平应该在前三名至前五名之间。这6名队员的入选，是延边队训练水平高于其他队的真实反映。这次组成的87名选手将分成三个队伍，分别到欧洲、南美等地进行训练和比赛。参加2008年北京奥运会的球员将从这三支队伍中选拔产生。

2002年4月，延边一线队的后备队伍刚刚组建完成，且并入朝鲜集训的二队。这次入选中国少年集训队的6名队员场上位置分别是：中锋是崔文一、李成日；前卫是朴光国、金明虎、李贤哲；中卫是皮成海。[①]

2002年，新加坡U20青年足球锦标赛名单中，延边球员金孟山入选。

延边朝鲜族自治州体育局局长向延边朝鲜族自治州州长南相福详细汇报了目前延边足球队的基本状况。南相福州长听到延边足球队准备要参加全国足球乙级联赛经费不足时，意味深长地说："延边不能没有足球，延边足球队卖了实在太可惜，我们的经济再困难，也不至于到了连支球队都养不起的地步啊！"南相福说："延边朝鲜族自治州政府决定，给延边足球俱乐部拨款200万元，这部分款项已纳入延边朝鲜族自治州财政预算。"在延边经济如此困难的情况下，延边朝鲜族自治州政府能拿出专项经费为延边足球队"充血"，这对进入职业联赛后的延边足球队来说还是第一次。

2001年，年轻的延边足球队成功打入中国足球乙级联赛决赛阶段，充分显示出全队的训练效果、努力结果和梯队建设上取得的效果。2002年，延边队还要继续冲击甲B，虽然困难重重，但是难度和希望并存。延边足球历史上又出现了第二个高峰期，这其中最值得自豪的就是后备人才的培养，延边足球经过5年后备力量的培养，终于有了起色。[②]

从延边足球俱乐部获悉，2002年全国足球乙级联赛赛程已经出台，共有17支队伍参加比赛。延边队和大连三德汽车队、哈尔滨兰格队、盘锦队被分在A区。中国足协2002年决定在乙级联赛中增加两个甲B名额，这无疑给准备退出乙级联赛的各支球队注入了一针兴奋剂。2001年仅有15支球队参加的乙级联赛，2002年一下子扩充到了17支。2002年的乙级联

---

① 李延江：《延边二队六名队员入选中国少年集训队》，《延边日报》2001年11月28日。

② 牛志伟：《艰苦奋斗实现甲B目标》，《延边日报》2002年1月18日。

赛仍然采取三个阶段进行比赛。三个阶段分别是：分区预赛、大区复赛和决赛。决赛采用两回合双淘汰制。2002 年的乙级联赛分区预赛：5 月 25 日至 7 月 20 日，A 区共进行六轮比赛。北区复赛：8 月 17 日至 9 月 21 日，比赛进行六轮。决赛时间：10 月 13~21 日。2002 年 5 月 25 日，延边队首轮主场对阵大连三德汽车队，延边足球俱乐部已将预赛的三个主场定在图们市体育场。①

2002 年，乙级联赛北区延边队以 4 胜 4 平 2 负排名第三，携手哈尔滨兰格队、大连三德汽车队、锦州庄毅队晋级决赛阶段。经过决赛阶段的角逐，最终哈尔滨兰格队、广东雄鹰队升入甲 B 行列。延边队再一次冲击甲 B 失败。

2001~2002 年，连续两年打入中国足球乙级联赛决赛阶段的延边足球队，在冲击甲 B 的旅途上再遭重创。两次失利，对于正处于成长期的、年轻的延边足球队来说也是一种成长的过程。

王晓东副州长在延边足球工作座谈会上，明确提出了今后延边足球发展的总体思路："锁定冲甲目标，大胆解放思想，实现三个发展，再创延边足球辉煌。"

延边足球队失败的很大原因还是资金不足。由于资金不足，主力队员的工资是每月 1000 元左右，且每次参加比赛，延边队队员要坐几天的火车才能到达赛区并参赛。2002 年，为了备战全国乙级联赛，提升全队的整体实力，要带队到韩国进行为期 60 天的强化训练，而经费不足成了很大阻碍，如何解决这个问题呢？从俱乐部到教练组再到队员，一致认为要齐心协力，艰苦奋斗，克服困难，自找出路，于是就打包行李，带着厨师和部分食品，甚至允许队员们带着药品到韩国去卖，所得利润补充伙食和住宿费的不足。自从敖东药业退出延边足球冠名后，延边足球队仅靠白头山实业冠名一年的 200 万元。部分的经费仅仅靠政府的"输血"来维持，外加俱乐部自主经营。

延边队虽然组建时间不足 4 年，但是不折不扣的"老乙级"。2000 年，组建不足一年的延边二队从朝鲜返回，首次参加了中国足球乙级联赛。实

---

① 牛志伟：《全国足球乙级联赛赛程敲定》，《延边日报》2002 年 3 月 25 日。

力差距悬殊的延边二队在小组赛上即被淘汰出局。2001 年，延边二队正式
参加了中国足球乙级联赛。但是，由于队伍过于年轻缺乏大赛经验，延边
二队最终未能如愿进入四强。2002 年，延边队冲击甲 B 的目标已经非常明
确，但在成都的决赛失利，再一次被挡在了四强门外。虽然延边队再一次
冲击甲 B 失败，但连续三年的乙级联赛经历，也给年轻队员们积累了很多
宝贵的经验。

2003 年 7 月 12 日，延边足球队将在延吉市人民体育场迎来中国乙级
足球联赛预赛的首个主场。这也是吉林敖东足球队解散后，在延吉市人民
体育场近 3 年来举办的第一场全国性的足球赛事。主场场地焕然一新，走
进久违的延吉市人民体育场，仿佛走进了电视转播中的欧洲足球赛场，绿
草覆盖整个球场。体育场负责人说，为了做好 2003 年延边队的主场赛事，
体育场重新栽种了球场草坪，更换了音响设施，翻新了观球台，一切准备
工作就绪。①

2003 年 8 月 2 日，延边队主场 2∶0 战胜西藏雪泉队。这是继首个主
场 2∶1 战胜锦州锦师队、第二场 2∶0 战胜上海良千队后，延边足球队在
2003 年乙级联赛预赛所取得的主场三连胜，也是延边足球队历年征战乙级
联赛所取得的最好成绩。通过这三场比赛，我们确实看到了延边足球的进
步。其连胜原因主要有如下几点。一是经过近几年的考验，球队越来越成
熟稳健；二是从技战术方面传承了体能好、技术好、以地面配合为主等传
统优势。总之，通过三场比赛，我们仿佛看到了曾经甲 A 联赛辉煌时期的
"巨人杀手"延边队。②

2003 年 8 月 9 日，延边足球队在延吉市迎来 2003 年中国乙级联赛正
式比赛的第一个主场，延边足球队坐镇延吉市人民体育场迎战北京宏登
队。延吉市人民体育场变成了球迷欢乐的海洋。延边足球队 1∶0 战胜北京
宏登队。此役是延边队 2003 年中国足球乙级联赛正式比赛的第一个主场。
此前，延边球迷 3 年没在自己的主场观看全国性足球比赛，竟有两万多名
球迷到现场为延边队呐喊助威。球迷人数超过 2000 年甲 A 联赛时期。延
边队以"352"阵型对阵北京宏登队，最终利用文虎一的入球，以一球小

① 王荫生：《延吉主场万事俱备》，《体育时空》2003 年 7 月 28 日。
② 王荫生：《原延边队一路凯歌》，《体育时空》2003 年 7 月 28 日。

胜北京宏登队，全场观众对延边队整场的表现鼓掌叫好。①

2003 年 8 月 16 日下午，延边足球队在 3 万多名观众的呐喊助威声中，大开杀戒，利用金涛、韩松峰（2 球）的进球 3∶0 战胜了客队。延边队迎来了历史上少有的 5 连胜。

2003 年 8 月 23 日下午，延边队在人民体育场 3∶0 战胜了上海科化队，取得 2003 年中国乙级联赛开赛以来的六连胜。②

延边队取得六连胜，创下了连胜纪录。是什么原因让延边队在短短两年多的时间里脱胎换骨呢？老将李光浩、张庆华、千学峰、宋笑宇等成为延边队稳定军心的"定心丸"。综观延边队的 6 场比赛，老队员在球队中起着稳定军心的作用。在 2003 年乙级联赛的首场比赛中，锦州锦师队开场不久便打入一球，延边队一度陷于被动。此时，主教练李虎恩果断换上老将张恩华、李光浩、千学峰，使三条线连接有序，活而不乱，攻防转换自如，场上形势立刻发生了逆转，最后延边队反败为胜。我们看到，以李光浩为首的几员老将，在场上的跑位准确，防守到位，动作干净利落，简捷有效。比赛中，只要有一名老将在场上坐镇，年轻队员就有了主心骨。6 场比赛延边队共打进 13 粒球，除老将千学峰打进两球外，其余均由年轻球员打进。比赛中，我们看到了以郑林国、文虎一、韩松峰、金涛等球员为代表的年轻队员已经完全有能力挑大梁。尤其是，在延边队主场与上海科化队的比赛中，年轻队员用自己充沛的体能、娴熟的技术、灵活的跑动，打出了漂亮的战术配合。这种实用性与观赏性相结合的打法，是主帅李虎恩一直所倡导的战术打法。③

此后，延边队越战越勇，在延吉市人民体育场 3∶0 再次战胜西藏雪泉队，取得预赛七连胜，书写不败神话。

中国乙级联赛复赛全面开战。预赛中已取得 7 胜 1 平的优异战绩的延边队做客沈阳，利用文虎一、韩松峰、郑林国的进球，3∶0 轻松拿下了辽宁青少队。④

---

① 王荫生：《三连胜主场开门红》，《体育时空》2003 年 8 月 11 日。

② 王荫生：《延边队 3∶0 大胜科化队》，《体育时空》2003 年 8 月 23 日。

③ 王荫生：《延边队制胜之道》，《体育时空》2003 年 8 月 24 日。

④ 王荫生：《延边队 3∶0 战胜辽青队》，《体育时空》2003 年 9 月 23 日。

延边足球队在复赛中首遇强敌大连三德汽车队，双方激战 90 分钟，以
1∶1 握手言和。此役是 A、B 两组第一名的较量，也是争夺北大区第一名
的实力之战。为了能够在主场顺利战胜大连三德汽车队，延边队主教练李
虎恩尽遣主力上场，老将李光浩、张庆华、杨常进、宋笑宇坐镇中后场；
新秀郑林国、韩松峰、文虎一司职前锋。开场后，在 A 组以不败战绩进入
复赛的大连三德汽车队便与延边队打起对攻战。双方势均力敌，在中场展
开激烈的争夺战。第 26 分钟，客队 8 号刘水波越位，在边裁举旗、主裁吹
哨的情况下，仍然我行我素，将球打进主队大门，主裁当即亮出黄牌。第
27 分钟，大连三德汽车队在右路突破传中，双方队员争抢头球时，埋伏在
大禁区弧圈处的客队 7 号杨冬对着飞来的皮球凌空劲射，球穿过人墙直挂
延边队门网，大连三德汽车队率先打破场上僵局。先失一球的延边队更加
稳扎稳打。果然，第 31 分钟时，延边队宋笑宇在客队大禁区右侧逼得一个
任意球，8 号韩松峰将球开到禁区，9 号文虎一高高跃起，一个漂亮的狮
子甩头将球顶进客队大门，全场比分定格在 1∶1。①

中国足球乙级联赛复赛最后一轮，在 2003 年联赛中保持不败的延边队
主场迎战弱旅抚顺深抚队，依靠替补队员出场的延边队队员在场上如梦游
一般，以 0∶1 不敌抚顺深抚队，联赛金身不败的纪录就此被打破。②

2003 年 11 月 10 日，中国乙级联赛决赛阶段在杭州市开赛。这是近 3
年来延边队首次冲甲希望最大的一年。

2003 年 11 月 16 日晚举行的中国足球乙级联赛四强赛中，延边队与西
安安馨园队通过加时赛的较量打成 0∶0。点球大战中，延边队遗憾地以
2∶4 输给西安安馨园队。

上半场，双方展开激烈对攻，西安安馨园队队员在场上的动作很大，
开场后踢伤了 4 名延边队队员。第 30 分钟，郑林国一记远射，打在对方球
门横梁上弹出，延边队 8 号韩松峰跳起争顶，被对方球员推倒，延边队获
得点球。10 号郑林国主罚命中，延边队 1∶0 领先。下半场，西安安馨园
队加强进攻，延边队则采取防守反击战术。终场前 2 分钟，西安安馨园队
队员从右侧边路进攻，在禁区内小角度射门，将比分扳平为 1∶1。加时

---

① 王荫生：《蛟龙遇猛虎方知天外天》，《体育时空》2003 年 9 月 29 日。
② 吕洪林：《替补队员场上梦游"长白虎"被破金身》，《体育时空》2003 年 10 月 20 日。

赛，双方 0∶0 互交白卷。在点球大战中，延边队以 2∶4 告负，结束了 2003 年的冲甲征程。在当天的另一组比赛中，大连三德汽车队以 2∶0 战胜上海天娜队，取得决赛权，并晋升甲级。①

九 2004 年中国职业足球乙级联赛——延边世纪队

2004 年，延边足球队更名为"延边世纪集团足球队"（以下简称"延边世纪队"），获得了中国足球乙级联赛亚军，拥有了升入中国足球甲级联赛的资格。

哈尔滨啤酒（延吉）有限公司向延边足球俱乐部赞助 70 万元人民币。在白山大厦国际会见厅举行的新闻发布会上，"一分钱、一份情，重圆延边甲级梦"的标题格外醒目。哈尔滨啤酒（延吉）有限公司负责人表示："从即日起，延边朝鲜族自治州的消费者每饮用一瓶哈尔滨啤酒（延吉）有限公司生产的哈尔滨啤酒 1900、冰川啤酒、冰川清纯啤酒就相当于为延边足球贡献了一分钱。"② 延边世纪集团公司出资 300 万元人民币，冠名延边足球队。2004 年，延边足球队更名为"延边世纪集团足球队"。在白山大厦二楼会见厅举行的冠名新闻发布会上，延边世纪集团公司总经理崔龙石向延边足球俱乐部赞助 300 万元人民币。崔龙石说："世纪集团公司在各级领导、社会各界和广大客户的关爱和帮助下才有了今天的发展，我们理应回报社会，我们拿出一年的全部心血赞助延边队，为延边足球重振雄风尽一分力量。希望延边世纪集团足球队，继续发扬延边足球勇猛顽强、敢打、敢拼的作风，苦练本领，提高技战术水平和整体实力，争取 2004 年重返甲级队行列，为延边人民争光。"③

5 月 8 日，中国乙级联赛在各大赛区全面开战，延边世纪队在主场以 2∶0 的比分轻取甘肃众友队，获得开门红。

5 月 22 日，凭借郑林国的一粒进球，延边世纪队主场小胜西藏惠通陆华队，取得三连胜。

5 月 29 日，延边世纪队在主场以 6∶0 大胜火车头京津队，取得 2004

---

① 王荫生：《延边队结束冲甲征程》，《体育时空》2003 年 11 月 17 日。
② 王荫生：《哈啤捐巨资资助延边足球冲甲》，《体育时空》2004 年 4 月 24 日。
③ 王荫生：《延边世纪集团足球队》，《体育时空》2004 年 5 月 2 日。

年全国足球乙级联赛四连胜。

6月5日，延边世纪队主场以5：0大胜兰州新星队，取得五连胜。

6月26日，延边世纪队在主场以4：0大胜锦州庄毅队，取得乙级联赛七连胜。

7月10日，延边世纪队以8：0狂胜辽宁队，取得乙级联赛九连胜。

10月2日，延边世纪队客场以3：2击败辽宁星港队。延边队以17胜1平的优异成绩为2004年中国足球乙级联赛预赛写下了完美的一笔。

11月3日，延边世纪队主场以4：0战胜云南丽江东巴队，夺得中甲联赛入场券。之后，中国乙级联赛冠、亚军比赛在河南省郑州市省体育中心举行。延边世纪队以1：2不敌上海九城队获得亚军。

十　2005年中国职业足球甲级联赛——延边世纪队

2005年，中甲联赛首轮比赛，延边世纪队客场挑战厦门队。面对联赛第一个对手厦门队，延边世纪队以0：2负于对手，未能取得开门红。

3月13日，第二轮主场迎来了第二个对手青岛海利丰队。通过俞峰、金涛等队员的优秀发挥，3：0轻取青岛海利丰队，拿到了联赛首场主场胜利。

第三轮比赛，延边世纪队赴上海客场挑战上海九城队。2004年的乙级联赛决赛中，延边世纪队曾负于对手，屈居亚军。因此，此役是一场复仇之战，也是两支"升班马"在上海滩上的大战。经过90分钟的激烈角逐，最终上海九城队以2：0战胜客队，取得了中甲联赛开赛以来的首场胜利。

4月2日，延边世纪队在中甲联赛第四轮比赛中，没有很好地把握住主场优势，被广州日之泉队轻松拿走3分。此役是延边世纪队的第二个主场。由于受第一个主场延边世纪队以3：0大胜青岛海利丰队的鼓舞，2万多名球迷冒着4~5级的寒风，前往延吉人民体育场，为延边世纪队加油助威。比赛开始后，延边世纪队向广州日之泉队发起猛攻，早有准备的广州日之泉队利用稳固的防守、娴熟的贴身逼抢和快速的反击，在第7分钟时，11号温小明左路传中，31号外援林久克跳起甩头将球送进延边世纪队大门，场上比分为1：0。先失1球的延边世纪队积极组织反攻，第14分钟，7号佐拉争得右前场界外球，13号赵铭将球掷进大禁区，佐拉接球就射，球正中门楣弹出，5号左兆凯补射将球打进。就在延边世纪队队员和球迷欣喜狂欢之时，当值主裁判张正平判定延边世纪队手球在先，此球无效。失一球又被判掉一球，使延边世纪队场上队员的心理受到很大影响，失误开始增多。第 37 分钟，日之泉队 12 号黎志星利用边队后队员失误打入一球，场上比分扩大为 2：0。①

4 月 9 日，延边世纪队客场挑战中甲联赛领头羊——长春亚泰队。就在比赛结束前 9 分钟，延边世纪队 7 号佐拉突入禁区，晃过守门员杨君，可惜将球打高，亚泰队逃过一劫。最终，长春亚泰队以 3：2 的比分，结束了吉林德比大战。②

4 月 16 日，延边世纪队主场迎来了成都五牛队。双方都排出"442"阵型，力拼中场。第 10 分钟后，面对延边世纪队的进攻，五牛队凭借身高体壮和凶狠抢断在自己半场密集防守，对延边世纪队的进攻高拦低挡——破坏。五牛队在做好防守的同时，频频将球传给游荡在延边世纪队后防线上的外援图雷，使其趁机偷袭，这一招果然奏效，图雷在第 26 分钟给延边世纪队致命一击。当时延边世纪队 2 号白胜虎将解围球回敲给门将尹光，图雷继续前抢，尹光迎球就踢，却打在图雷身上反弹入网。客队一球领先。失球后，主教练高珲调兵遣将，先后换上 9 号文虎一、8 号韩松峰、10 号郑林国。下半场，第 10 分钟时，延边世纪队的角球直接开进五牛队禁区，客队门将 22 号扑球脱手，文虎一在混乱之中将皮球捅进网窝，场上比分变成 1：1。此后，延边世纪队在现场万余名观众的助威声中，继续围攻五牛队，而余东风战术不变，继续死守，力争客场拿走 1 分。第 41 分钟时，延边世纪队韩松峰在 35 米开外一脚大力抽射，皮球划着弧线飞进五牛队大门，比分扩大为 2：1，最终延边世纪队取得胜利。延边世纪队这一进球彻底打碎了客队在客场拿走 1 分的美梦。③

2005 年 4 月 30 日，备受人们关注的一场中甲焦点之战在延吉人民体育场打响。5 年前，曾收购吉林敖东队的浙江绿城队首次在延吉与中甲新军延边世纪队一决高下。两万多名球迷现场助威。上半场即将结束前，千

---

① 王萌生：《延边队主场优势荡然无存 0：2 被广州日之泉轻松拿下》，《延边日报》2005 年 4 月 4 日。

② 王萌生：《亚泰惊一身冷汗》，《延边日报》2005 年 4 月 11 日。

③ 王萌生：《"长白虎"家门口活剥五牛》，《延边日报》2005 年 4 月 18 日。

学峰右路下底传中，佐拉面对绿城队门将再次踢空。上半场，延边世纪队虽占优势，但是临门一脚欠缺，双方互交白卷。易地再战，天空下起春雨。由于场地湿滑，金青、韩松峰因动作过大先后被亮黄牌。客队外援图穆突然快速带球左侧底线传中，杀入禁区的 2 号焦凤波头球破门，绿城队1∶0 领先。一球落后的延边世纪队随后发起反攻。第 20 分钟时，佐拉大禁区内接球后晃过两名防守队员，起左脚将皮球打入绿城网窝，场上比分扳成 1∶1。延边世纪队的球迷看到了希望，呐喊声和着雷雨声震撼人心，球场沸腾了。放手一搏力图拿下绿城队的延边世纪队忽视了对图穆的盯防，犯下了致命的错误。第 31 分钟，延边世纪队右路失守，绿城队 23 号下底传中，门前等候的图穆，抢先一脚将球捅进延边世纪队大门，绿城队再一次改写场上比分。第 44 分钟时，9 号文虎一反越位成功打进一球，但被主裁吹掉进球无效。此举引起全场球迷的不满，比赛在一片不满声中结束。①

5 月 21 日，延边世纪队主场迎战大连长波队。郑林国、佐拉梅开二度；韩松峰、文虎一锦上添花，延边队 6 粒进球打得大连长波队蒙头转向，令情绪低落的延边球迷扬眉吐气。最终，延边世纪队以 6∶1 狂胜大连长波队。

5 月 28 日，延边世纪队在中甲联赛第十一轮比赛中，客场 0∶2 不敌江苏舜天队，被客队外援罗德里格斯独进两球，仍然没有走出客场不胜的怪圈。②

6 月 11 日，延边世纪队凭借佐拉与金涛的两粒进球，客场 2∶0 战胜湖南湘军。不仅走出了客场不胜的怪圈，而且以一场胜利结束了中甲联赛第一阶段收官之战。

7 月 2 日，中甲联赛重燃战火，"升班马"延边世纪队主场迎战厦门蓝狮队。经过 90 分钟激战，延边世纪队 1∶2 不敌中甲领头羊厦门蓝狮队。

7 月 9 日，延边世纪队难吞"生猛海鲜"，在场面极其占优的情况下，以 0∶2 客场负于青岛海利丰队。

7 月 16 日，延边世纪队主场 4∶2 大胜上海九城队，上演了一场漂亮的复仇之战，朝鲜外援蔡头永首次亮相便建奇功。延边世纪队和上海九城队是 2003 年中甲联赛的一对"升班马"。在 2004 年乙级联赛的冠、亚军

---

① 王萌生：《绿城盼来及时雨》，《延边日报》2005 年 5 月 1 日。
② 王萌生：《世纪客场不胜　舜天主场开和》，《延边日报》2005 年 5 月 30 日。

之争中，延边世纪队曾以 1∶2 不敌九城队，屈居亚军。在 2005 年的中甲联赛首回合交锋中，九城队凭借主场之利又以 2∶0 让延边世纪队上海滩蒙羞。本场比赛延边世纪队目标就是报"一箭之仇"。

8 月 20 日，中甲联赛第十八轮全面开战。在吉林德比大战中，延边世纪队客场以 1∶3 不敌长春亚泰队。通过本场比赛的胜利，长春亚泰队已经积 40 分，继续稳坐中甲联赛第二把交椅。①

10 月 22 日，中甲联赛迎来最后一役。"升班马"延边世纪队主场 3∶2 力擒湖南湘军队。以联赛第八名的成绩，结束了中甲第一年的征战。②

十一　2006 年中国职业足球甲级联赛——延边足球队

2006 年，足协杯首轮比赛即将打响，中甲联赛的大幕也即将拉开。延边足球队要迎接的两项赛事，是真正考验队伍训练水平的平台。然而，就在这个关键时刻，延边足球队由于工资和奖金的问题，掀起了一个小小的波澜。③

通过近 3 个月的冬训，延边队的训练水平有了很大的提高。3 月 26 日，延边队到云南海埂进行为期 8 天的高原训练和比赛。在同中超球队深圳健力宝队的两场比赛中，延边队在首场 1∶2 失利，第二场以 2∶0 取胜。随后，在与韩国冠军队的两场比赛中，两队又是平分秋色。

3 月 25 日，冬训在外飘荡近 4 个月的延边队在客场上海滩与上海康博队一决高下。上海电视台要对揭幕战进行现场直播，原定下午的比赛推迟到晚上 7 点 45 分进行。上海康博队并非中甲新军，它的前身是上海九城队。如今，被上海康博俱乐部收购，取名为上海康博。虽然，上海康博队听起来名字有些陌生，但队中不乏国内大牌球员，如前国门江津，国脚李明、陈刚等。少帅申思更是前国脚。本场比赛，正是申思执教生涯的处子秀。反观延边队，由于新加盟的外援威廉尚未拿到参赛资格证而无缘本场比赛。主教练高珲赛前提出了"保平争胜"。比赛开始后，主队利用主场

---

① 王萌生：《吉林德比，世纪再败》，《延边日报》2005 年 8 月 22 日。
② 王萌生：《中甲大结局世纪排第八》，《延边日报》2005 年 10 月 24 日。
③ 牛志伟：《欠薪、限薪、罢训、拒签　大赛前延边队掀起小波澜》，《延边日报》2006 年 3 月 13 日。

优势，攻势很猛。几个回合后，延边队逐渐开始适应主队的打法。第5分钟，连续制造两个前场位置不错的任意球，只可惜队长韩松峰两脚大力射门均打在人墙上。此后，文虎一的射门、韩松峰35米以外远程发炮等都很有威胁。就在延边队打得有声有色的时候，后防线出现了一次低级失误，康博队一个快速反击，打到防守队员身后，禁区内得球的队员挑射空门，皮球弹在门楣上，延边队逃过一劫。大难不死并没能给延边队带来后福，第37分钟，国青小将赵铭后场一个漫不经心的横传球被9号陈栋断下直对球门。面对出击的门将高树春，陈栋轻推空门，康博队1∶0领先。

下半场，高珲用新加盟的内援张树栋换下千学峰。张树栋来自天津康师傅队，身高184厘米，司职中锋，有一定的冲击力。高珲派上张树栋的意图就是要加强中路进攻。刚刚上场不到10分钟的张树栋，接到文虎一的妙传，在禁区前沿面对扑到自己眼前的江津直挑空门，皮球擦着门柱偏出。为了扳平比分，高珲进行最后一搏，用俞峰换下金青，再用从青岛中能队转会过来的汤超换下郑林国。然而，面对严密的铁桶阵，延边队还是得势不得分。最终，延边队新赛季开门红的梦想破灭。①

4月8日，延边队迎来2006年的第一个主场，比赛在海兰江体育场打响。海兰江体育场成了延边足球的福地，1∶0力克中甲劲旅南京有有队。

4月29日，凭借小将贾伟的一粒进球，北京宏登队在家门口1∶0降服"长白虎"。输掉此场比赛的延边队，无奈地接受客场三连败。

5月13日，延边队客场挑战西藏惠通陆华队，0∶1败北，创造了客场四连败。

7月22日，中甲联赛下半程的比赛鸣哨。延边队在龙井海兰江体育场迎战上海康博队。在本赛季中甲联赛揭幕战上，延边队在场面完全占优的情况下，被对方反击得手，0∶1小负。当联赛下半程开始的时候，延边队在积分榜上只比康博队多1分，两队是保级阵营中不折不扣的难兄难弟。此役是一场谁也输不起的比赛。但开场后，却成了一边倒的比赛，赛场完全成为延边队的练兵场，延边队似乎在打一场教学比赛。② 在短短的90分钟里，海兰江体育场成了延边队的演兵场，上海康博队的球门成了延边队

---

① 牛志伟：《运气眷顾申思处子秀　失误葬送高珲开门红》，《延边日报》2006年3月27日。

② 牛志伟：《海兰江激情大演兵"长白虎"六弹扫康博》，《延边日报》2006年7月24日。

射击的靶心。当延边队第 6 次洞穿这个靶心的时候，延边队不仅创造了步入中甲以来最悬殊的比分，同时也创造了本赛季中甲赛场上最悬殊的比分：6：0。

延边队轮空、休整一段时间后，客场挑战南京有有队。在"火炉"南京，延边队挟上轮狂胜上海康博之气势，于炎热的高温下大闹五台山体育场，2：1 险胜南京有有队，不仅赢得了本赛季首个客场的胜利，也实现了联赛下半程的两连胜。①

联赛还剩七轮，而积分垫底的湖南湘军队还剩下 6 场比赛。延边队的比分已经和他们拉开 10 分。这就意味着，在余下的比赛里他们只有胜 4 场以上，理论上才有把延边队拉下来的可能。

10 月 7 日，延边队对阵绿城队。这一场的一大看点是，本赛季中甲三大杀手之间的较量。中甲战罢二十二轮后，射手榜前三名的排序是：提科（13 球）稳坐榜首；文虎一（11 球）占据次席；奥兰多（9 球）排名第三。提科和奥兰多都是浙江绿城队的外援，2006 年绿城队正是凭借着这两杆"洋枪"，试图取得中超江山。而文虎一目前已经打破延边本土球员（1997 年，黄东春 9 个进球）和外援（2005 年，佐拉 10 个进球）在甲级联赛上的进球纪录，成为延边足球的金牌杀手。有谁能够想到，中甲三大杀手竟然荟萃于同一赛场竞技对决，这也增添了比赛的趣味性。为了赢得比赛的胜利，两队的主帅不约而同地派三大杀手首发。在赛场上，奥兰多和文虎一场上锋芒毕露，尤其是奥兰多，只要在自己的射程之内抬脚就打。由于延边队守门员尹光的出色表现，过于自信的奥兰多浪费了多次机会。文虎一前场的冲击力毋庸置疑，但比赛中的几脚射门却有失水准。同奥兰多和文虎一相比，提科显得老谋深算，像独狼一样，耐心地寻找机会。赛前两队队员已经知道三大杀手在争夺射手榜的头把交椅，因此在对自己的前锋及时输送炮弹的时候，又对对方前锋死看死守。司职延边队中后卫的左光凯和韩青松基本上把奥兰多和提科盯死，为同伴文虎一赢得了争夺射手榜头名的机会，建功心切的文虎一却没能抓住这绝佳的机会。下半场进行到第 32 分钟的时候文虎一因腰部受伤被换下。第 4 分钟，领先一

---

① 牛志伟：《战有有大闹五台山"长白虎"实现两连胜》，《延边日报》2006 年 8 月 7 日。

球的绿城队将奥兰多换下。在余下的时间里，肩负防守任务的提科也无心恋战。比赛结束，被球迷寄予厚望的三大杀手竟颗粒无收。[①]

2006 赛季甲级联赛，延边队最终获得第八名。获得前三名的球队依次为：河南建业队、浙江绿城队、广州医药队。

十二　2007 年中国职业足球甲级联赛——延边足球队

（一）延边朝鲜族自治州委、州政府慰问延边足球队

2006 年 12 月 30 日上午，延边朝鲜族自治州副州长金基浩、延吉市市长赵哲学在白山大厦代表市委、市政府分别拿出 200 万元、300 万元资助款交予延边足球队。延边足球队重返中甲赛场以后备受资金困扰，延边足球的可持续发展受到严重影响。

金基浩说："延边足球是延边的名片，对宣传延边、扩大延边影响，发挥了很大的作用。正是基于这种认识，州委、州政府始终关心延边足球的发展。2006 年以来，省委常委、州委书记邓凯多次过问延边足球的发展事宜，并亲自出面协调相关企业，为延边足球筹集经费。州长金振吉也非常关心延边足球的发展，州委召开常务会议专门研究讨论延边足球问题，决定在 2006 年年底之前，筹集资金解决延边足球俱乐部的困难。"

金基浩指出："2006 年，延边朝鲜族自治州曾多方联系，积极探索市场化经营的办法，并进行大胆的尝试。由于足球大环境等因素的影响，在市场化过程中延边朝鲜族自治州遇到了许多难题，但总体看来还是摸索出一些好的经验，对于今后延边足球市场化发展必将起到积极的促进作用。……同时要继续下大力气探索职业足球市场化的路子，要靠自身发展、走市场化道路，解决延边足球发展问题。"[②]

（二）延边队参加 YOYO 体测

海南海口金鑫足球训练基地，中超、中甲的体能测试将全面展开。只

---

① 牛志伟：《三大杀手颗粒无收》，《延边日报》2006 年 10 月 9 日。
② 牛志伟：《两级政府出资 500 万（元）帮助延边足球渡难关》，《延边日报》2007 年 1 月 25 日。

有通过体测这一门槛，队员们才能拿到上岗证。2007 年 1 月 11 日晚，中国足协在金鑫基地进行了 YOYO 体测的抽签仪式。南昌八一队成为 2007 年第一支参加体测的球队。延边队的体测时间则被确定为 1 月 16 日上午。16 日，将有 8 支球队参加体测。2006 年在金鑫基地的首轮体测中，除老将玄春浩外，延边队所有参加体测的队员全部顺利过关，延边队成为体测成绩最好的中超和中甲球队。为了 2007 年的体测，延边队 2006 年 12 月 25 日已经提前来到金鑫基地并参加了冬训。到了基地之后，延边队每天的训练安排基本上是以体能训练和技战术训练（各占半天）为主。队内进行了三次模拟体测，队员们几乎过关。

关于体测问题，主帅高珲非常自信地说："对延边队来说，YOYO 体测不等于鬼门关。"延边队是上午 9 点 45 分开始测试，避开了炎热的天气。延边队共有 22 人参加体能测试，其中有 6 名从延边二队抽调上来的小队员。[1] 首次 YOYO 测试中，延边队的老将金青和小将金松没能过关。老将金青是因为报到时间较晚，未能系统地进行体能训练；小将金松则是因为两次犯规被取消体测资格。[2]

延边队在海南金鑫足球基地冬训期间进行了三场教学比赛。分别以 1 ：1 战平南昌八一，以 0 ：0 战平哈尔滨毅腾，以 4 ：0 狂胜河南建业。延边队主教练高珲对这三场教学比赛的效果还是非常满意的。尤其是通过近几场的教学比赛，进一步考察了队内的年轻队员。延边队热身赛时间表上已经排满了山东鲁能、武汉等多支中超、中甲球队。1 月 31 日，延边队的对手是沈阳金德。届时，赵铭、文虎一这对昔日延边老将将很可能披挂上阵与旧主交手。[3]

（三）缔造延边足球神话的"足球教父"崔殷泽教授与世长辞

北京时间 2007 年 2 月 5 日凌晨 3 点 30 分，韩国汉阳大学生活体育科学院教授、理学博士，2002 年世界杯组委会委员崔殷泽教授因身患肺癌，医治无效，与世长辞，享年 66 岁。消息一传出，很多人心情久久都不能平

---

① 牛志伟：《延边队队员将通过体测领取上岗证》，《延边日报》2007 年 1 月 15 日。

② 牛志伟：《金青体能补测无大碍》，《延边日报》2007 年 1 月 22 日。

③ 牛志伟：《延边队热身赛三场不败》，《延边日报》2007 年 1 月 22 日。

静。当天晚上，延吉足球协会许多会员不约而同地聚集在他们经常聚会的场所，拿出一张张关于延边足球和延边球迷与崔教授合影的照片默默传阅着，看到其中一张照片——延边球迷围着崔殷泽老人，老人脸上的笑容就像手中的鲜花一样灿烂……很多球迷再也控制不住内心的悲痛，失声痛哭……

延边敖东队一直拥有不知疲倦的拼抢跑动和永远不服输的战斗精神，屡屡扮演"巨人杀手"的角色。延边敖东队由一开始的降级热门到最后一跃冲进联赛四强，其也因此获得中国足协颁发的"进步最快奖"。而这样一支球队，却有着一个和蔼可亲的主帅，他也是中国足球俱乐部历史上第一个韩籍教练。最重要的是，他成为第一个在中国获得成功的外籍教练。崔教授的足球理念、对中国足球现状的诊断等为中国足球今后的发展提供了宝贵的意见。崔教授是甲 A 时代缔造延边足球神话的"足球教父"！还记得 1997 赛季，在延边队场边观看他们训练的球迷有上千人甚至上万人，比现在一些中超比赛的主场观众还要多。当崔殷泽老人出现在训练场上的时候，球迷都起立以最热烈的掌声送给这位老教授，表达对他的敬仰。

崔教授在延边执教，却未拿一分钱，竟然无偿奉献给延边足球。正是他的人格魅力感染着每一位中国球迷！崔教授就是中国足球的"白求恩"。

1998 年的联赛，举办地在石家庄。由于延边队成绩不够理想，崔教授中途辞职。当年的很多清晰的故事都已经变得模糊，但他为延边足球和中国足球所做出的巨大贡献宛如一座丰碑，永远矗立在广大球迷的心中。[①]

崔教授曾说："1997 年是我一生中永远难忘的一年。这一年我获得了难忘的荣誉和骄傲，尤其是对已到人生晚年——花甲之年的我来说，是再也不能有的荣誉和骄傲。"

（四）因天气原因西藏陆华队与延边队的比赛推迟进行

2007 年 3 月 31 日，中甲联赛在全国各个赛区全面打响，而连续两年排名第八的延边队前两轮以逸待劳，享受坐山观虎斗的乐趣。按照比赛程序，延边队首轮将客场挑战西藏陆华队。西藏陆华队一个月前才匆匆忙忙地将主场定在内蒙古自治区首府呼和浩特市，因天气等原因，经中国足协

①　季芳：《崔殷泽——球迷记忆》，《延边日报》2007 年 2 月 12 日。

最后批准，比赛推迟到 7 月 7 日进行。

（五）延边队引进朝鲜外援

2007 年 4 月 7 日，是中甲联赛的第二轮，延边队前两轮轮空，均没有比赛。

本赛季延边队大打"朝鲜牌"，延边目前的经济实力无法引进大牌球员，一周前只能从朝鲜引进 4 名朝鲜外援。4 名朝鲜外援分别是：金永俊、徐赫哲、金成哲和金明哲。他们 4 人均是朝鲜国家队队员，其中金永俊和金成哲分别担任过朝鲜国家队队长。

4 月 14 日，是中甲联赛的第三轮，延边队在主场——延吉市人民体育场迎战上海康博队。连续两轮没有比赛，为延边队的赛前准备赢得了更多的时间。若想实现本赛季开门红，"长白虎"势必摘下这颗"七斗星"。[①]本赛季首个主场，延边球迷不仅目睹了冷面杀手郑林国的复活，而且感受到了在形势大优的情形下被对手扳平的遗憾。在最后的 10 分钟，七斗星队凭借外援罗布森的进球侥幸逃出长白虎口。延边队和七斗星队的比分定格在 1∶1。整场比赛，延边队的控球率高达 70%，但主场未能全取 3 分。[②]

4 月 21 日（第四轮），延边队客场对阵北京理工大学爱国者队。在大学校园里打职业足球联赛，也是非常有意义。在开场仅 3 分钟就城门失守的不利情况下，延边队队员顽强拼搏，由小将崔永哲打入一球。最终与北京理工大学爱国者队这支学生军 1∶1 握手言和。[③]

4 月 28 日，延边队迎战江苏舜天队。客队本赛季的战况是 4 战 2 胜 2 平，积 8 分，排名第二，冲超形势一片明朗。本场比赛延边队两万多名球迷到现场加油助威。若舜天胜延边，它将暂时稳坐头把交椅。果然，一开场舜天队大胆压上，与延边队展开了对攻。一心想在主场全取 3 分的延边队也不甘示弱，但还是主场 1∶2 告负。赛后，主帅高珲也认为技不如人。[④]

5 月 5 日（第六轮），哈尔滨毅腾队主场迎战延边队，在最后 3 分钟，

---

① 牛志伟：《"长白虎"欲摘"七斗星"》，《延边日报》2007 年 4 月 9 日。

② 牛志伟：《"七斗星"侥幸逃出虎口》，《延边日报》2007 年 4 月 16 日。

③ 牛志伟：《学生军校园逞凶"长白虎"顽强扳平》，《延边日报》2007 年 4 月 23 日。

④ 牛志伟：《负舜天延边三轮不胜》，《延边日报》2007 年 4 月 30 日。

延边队竟然奇迹般地取得 2 粒进球，3∶2 客场逆转哈尔滨毅腾队，取得了本赛季中甲联赛首场胜利。

5 月 26 日，广州医药队在前国奥主帅沈祥福的带领下，一路高歌猛进，站在积分榜榜首。延边队凭借着自己的乌龙大礼和对手的快速反击，在场面绝对占优的情况下，被以柔克刚的广州医药队 2∶0 击溃，让延边队遭遇了重返中甲后，连续主场不胜的最差战绩。

6 月 16 日，延边队主场迎战北京宏登队。延边队的主场临时更换到龙井，但球迷们的热情却有增无减。距离比赛开始还有 1 个多小时，通往海兰江体育场的路上就已布满了很多车辆。不少球迷在比赛开始后，还没找到停车位。在海兰江体育场入口处，武警战士用人墙将入口夹成狭窄通道。拥挤的人们虽说手里都拿着门票，但由于入口小，武警战士检查严格，入场速度非常缓慢。球迷们直呼，看场比赛真不容易啊![①] 想要在客场拿分的北京宏登队，没想到却在海兰江体育场撞上了"红灯"。延边队凭借郑林国的梅开二度和千学峰的锦上添花，以 3∶1 战胜北京宏登队，实现了本赛季首个主场的胜利，用一场精彩的比赛报答前来观战的家乡球迷们。

6 月 30 日，中甲上半程的最后一轮比赛，连续两个赛季客场大比分败给延边队的青岛海利丰队原本是来寻仇的，没想到却又一次被延边队 4∶1 横扫。延边队在海兰江体育场实现了两连胜，中甲前半程名次定格在第七名。[②]

8 月 4 日，中甲联赛第十四轮的比赛中，客场作战的呼和浩特队放弃比赛，延边队不战而胜。按照国际足球比赛惯例，放弃比赛的球队将被判 0∶3 负。本轮过后，延边队排名已跃居第六，而呼和浩特队继续垫底。[③]

8 月 25 日，本赛季把主场搬迁至延吉市体育场以后，延边队在这个昔日的"魔鬼主场"尚无胜绩。本轮同北京理工大学爱国者队的比赛中，城门又率先失守。但是，延边队及时调整心态，金英俊、金涛和郑林国的三粒进球轻松逆转学生军。延边队不仅跳出了"延吉主场不胜"的怪圈，也实现了骄人的四连胜。[④]

① 季芳：《车满人拥挤球迷热情高》，《延边日报》2007 年 6 月 18 日。
② 牛志伟：《横扫海利丰主场两连胜》，《延边日报》2007 年 7 月 2 日。
③ 牛志伟：《客队放弃比赛延不战而胜》，《延边日报》2007 年 7 月 6 日。
④ 牛志伟：《逆转学生军四连胜》，《延边日报》2007 年 7 月 27 日。

10月20日，最后一场主场比赛。只要拿下南京有有队，主动权就能牢牢地掌握在自己的手中。众志成城的延边队，终于在自己最后一个主场3：2力克前来挑战的南京有有队。拿到宝贵的3分以后，排名基本上达到"保六争五"。①

10月27日，中甲联赛进行最后一轮比赛，延边队客场0：1输给青岛海利丰队。延边队最终获得联赛第六名。获得联赛前三名的球队依次为：广州医药队、成都谢菲联队、江苏舜天队。

（六）总结2007赛季延边队

历时7个多月的中甲联赛拉下帷幕。在二十四轮的比赛中，延边足球队以10胜5平9负，积35分的不俗战绩，获得第六名。这个名次创下了延边队重返中甲后排名新高。2007赛季，对于延边队来讲，是不平凡的一年。为了谋生存，延边足球俱乐部不得不将延边足球标志性人物赵铭、2006赛季中甲本土射手王文虎一、中场主力俞峰和韩东日等出售给其他俱乐部，靠转会资金投入球队的各种经营。

前两个赛季，经济欠发达的延边足球俱乐部在引进"廉价外援"方面，已经摸索出一套成功经验。本赛季，延边队引进4名朝鲜外援。虽然，朝鲜的国脚转会费用不高，但通过1个月的强化训练和近10场比赛的磨合，这些朝鲜外援很好地融入延边队，其作用非常明显。

至2007年中国足球步入职业化已有14年，除引进部分外援外，延边足球队基本上是靠延边本土球员打天下，这在中国所有的职业足球队中，绝无仅有。近年来，由于经济原因，足球生存的空间很狭小，连队员们的工资、奖金、生活费都很难保障。但不论是球迷还是延边队的球员都对延边这块土地有着很深的感情，一同为延边足球同甘苦共患难。本赛季，金青、千学峰等老将焕发青春；处在当打之年的郑林国、白胜虎、韩光华、尹光等人勇挑大梁；朴成、池文一等新秀崭露头角。他们的优异表现再次证明，由老中青组成的延边足球队，已经成为一个拖不垮、打不烂的坚强集体。②

---

① 牛志伟：《3：2延边险胜》，《延边日报》2007年10月22日。
② 牛志伟：《中甲谢幕延边第六》，《延边日报》2007年10月29日。

十三　2008 年中国职业足球甲级联赛——延边足球队

（一）把脉 2008 赛季延边队

2007 年，中甲联赛结束后，延边朝鲜族自治州委副书记、州长李龙熙到延边足球俱乐部进行调研。他指出："延边队必须树立自己阶段性的奋斗目标，在今后 1～3 年内，实现冲超任务，让延边足球名扬国内，重振延边足球雄风。"

在中国足坛有着"虎帅"之称的李虎恩，临危受命，再度出山，担任新一届延边足球俱乐部主任。此前，延边朝鲜族自治州政府提出延边职业足球走市场化之路。2005 年，延边足球队冲甲成功后，更加快了足球市场化的步伐。2006～2007 年，由于用人以及监管力度不够，延边足球队连续两年没有得到经济实体的冠名，延边足球俱乐部没有彻底跳出经济危机的窘境。

2007 年 11 月，延边朝鲜族自治州委、州政府对延边足球队提出了新的奋斗目标，即 2～3 年，冲超成功。延边足球队 2008 年制定的目标是"保四争二"。为了实现这一目标，延边足球队决定聘任老帅李虎恩为延边足球俱乐部主任。李虎恩先后担任吉林省足球队和延边足球队主教练。1993 年全运会和中国足球甲 A 联赛上，李虎恩"全攻全守"的战术风格在中国足球赛场名噪一时，并享有"虎帅"的美名。

2007 年 11 月 20 日，在延边朝鲜族自治州体育局召开的延边足球俱乐部主教练公开竞聘会议上，原主教练高珲在竞聘中落选，原领队赵永远当选为新一届延边足球队主教练。赵永远在竞聘演讲中表示："只要全体教练员和运动员团结一致，一定会在 1～2 年内冲超成功，这也是延边足球人和我本人的最大梦想。"

2008 年是延边队提出冲超口号的开局之年。延边朝鲜族自治州体育局等相关部门也明确表态，全力为冲超保驾护航。

根据延边朝鲜族自治州政府的指示精神，延边朝鲜族自治州体育局责成延边足协为延边队本赛季制定了"保四争二"的奋斗目标。

从海埝到海南冬训，延边队已经整整在南方训练 9 周的时间。这期间，延边队共打了 20 多场教学比赛。其中 2∶2 逼平中超冠军长春亚泰、1∶1

逼平中甲劲旅江苏舜天。此外，通过与韩国大学生队的比赛，也积累了宝贵的比赛经验。综观整个比赛成绩，延边队胜多负少，充分显示出不俗的实力。

巴西外援桑托斯虽然只打了 2 场比赛，但他的表现十分抢眼；内援梁明在接受延边队大强度训练后，体重减掉 10 公斤，完全可以跻身主力阵容；俞峰和汤超原来就是延边队的队员，与球队的磨合不在话下。最受主教练赵永远称道的还是郑林国、金青、千学峰等几名老队员的作用，在训练和比赛中率先垂范，挑起了球队的大梁。朴成、姜洪权、池文一等一批年轻队员训练刻苦，堪称延边足球队的未来。赵永远表示："通过冬训，队员们无论在体能和技战术方面，都有一定的提高，教练班子对队员们的表现非常满意。"

为了达到以赛代练的目的，延边队以李虎恩为团长，全队共 35 人赴韩国大田，进行为期 20 天的训练和热身赛。

4 月 12 日，延边队在延吉市体育场进行了本赛季中甲联赛的首场比赛。在现场近两万名球迷的呐喊助威声中，延边队自始至终控制着场上的主动权，凭借新加盟的内援张树栋的进球，延边队 1∶0 战胜北京理工大学爱国者队，取得了联赛开门红。

（二）主教练赵永远提出辞职

9 月 20 日，延边队同无锡中邦队的比赛在龙井海兰江体育场进行。在小将朴成开场仅 1 分钟就闪电般地进球、对手有一人被红牌罚下的有利条件下，延边队还是未能把握住机会，被远道而来的无锡中邦队以 1∶1 逼平。上半程排名第二。冲超形势一片大好的延边队，在最近四场比赛中，3 负 1 平，积分下滑至第六位，基本上告别了冲超阵营。

无锡中邦队主教练马良行因急于赶班机，没有出席赛后的新闻发布会，发布会只能由延边队主教练赵永远唱独角戏。刚刚病愈的赵永远提出辞职。

本赛季，由赵永远执教的延边队共打了 15 场比赛，战绩是 6 胜 3 平 6 负积 21 分，排名中甲第六。

2008 赛季中国足球职业甲级联赛中，延边队最终获得第九名。获得前三名的球队依次为：江苏舜天队、重庆力帆队、南昌八一队。

十四 2009 年中国职业足球甲级联赛——延边足球队

（一）遭遇最差开局，"客场虫"当自我救赎

2009 年 4 月 12 日，延边队又输球，而且是客场完败于排名垫底的"升班马"广东日之泉队。中甲战罢前三轮，延边队揭幕战客场 1：2 输给上海东亚；首个主场 0：0 被青岛海利丰逼平；客场又被广东日之泉 2：0 轻松拿下。3 战 1 平 2 负积 1 分，排名倒数第三，遭遇重返中甲联赛以来的最差开局。[①]

本赛季，延边队前四轮比赛可谓出师不利，4 战 1 平 3 负积 1 分，排名垫底。

第五轮，延边队挑战风头正劲的北京理工大学队。此前，延边队客场 3 战 3 负，颗粒无收。延边球迷盼望京都之行能够拯救状态低迷的延边队。

追溯延边足球职业联赛的历史，这样的开局有两次。第一次是 1997 赛季，由崔殷泽执教的延边敖东队。但是，当时的延边敖东队却夺得当年甲 A 联赛第四名，创造了延边足球的历史。

第二次是 2000 赛季，由高珲执教的吉林敖东队。但是，当时的吉林敖东队却提前三轮降级，沦落到甲 B，遭遇了延边足球职业联赛以来的最大灾难。人们议论纷纷，历史是否会重演。

4 月 25 日，在北京理工大学校园内，延边队通过顽强防守，0：0 逼平了北京理工大学队，黄勇带领他的弟子们终于在客场拿到了宝贵的 1 分。[②]

（二）延边队迎来赛季首胜

5 月 16 日，中甲联赛第八轮的争夺中，排名垫底的延边队在新任主教练金光柱的指挥下，克服了各种困难，利用裴育文的任意球破门，最终以 1：0 战胜上海浦东中邦队，取得新赛季的首场胜利。

延边队因战绩不佳，主教练黄勇已提出辞职，由助理教练金光柱担任

---

① 牛志伟：《遭遇最差开局"客场虫"当自我救赎》，《延边日报》2009 年 4 月 14 日。
② 牛志伟：《面对相同历史做出最佳选择》，《延边日报》2009 年 4 月 28 日。

执行主教练。本场比赛，外援前锋阿卜杜萨拉姆和伊曼纽尔因伤不能登场，6 场比赛仅打进 1 球的延边队的攻击力再打折扣。晚上 7 时 45 分比赛鸣哨后，夜空开始下雨，这对没有灯光球场作战经验、不擅长"水战"的延边队来说是一个巨大的考验。此役，金光柱排出"451"阵型。小将 21号崔仁单箭头，朴成、韩松峰、郑林国等经验老到的队员悉数安排在中场，辅佐进攻。上海中邦队开场后有些轻视对手，遭到延边队几次有威胁的反击。第 9 分钟，延边队获得第一次角球。第 16 分钟，崔仁又为延边队争得一个前场任意球，裴育文近 30 米直接发力射门，皮球碰到中邦队人墙后变线飞进球门，延边队以 1∶0 占得先机。进球后的延边队配合默契，攻守更有章法。第 26 分钟，韩松峰远射紧贴球门立柱飞出。第 30 分钟，朴成远射皮球被对方门将没收。被动的中邦队不得已上半场就进行了人员调整。

易边再战，雨越下越大，双方队员在场上的攻防都很吃力。第 50 分钟，韩松峰弧顶处被对手从后面凶狠铲倒，当值主裁判毫无反应。第 54 分钟，白胜虎接队友传球杀入禁区，可惜他的小角度射门打中边网。3 分钟后，白胜虎的远射又稍稍偏出。第 68 分钟，中邦队获得全场最好的破门机会，但皮球却被尹光神勇扑住。下半场第 20 分钟开始，延边队进行人员调整，用金成换下郑林国、林青顶替韩松峰，完全控制住比赛节奏。终场前，白胜虎在禁区内摔倒，并未获得点球。中邦队虽然顽强反扑，却无力回天，摆脱连续七轮排名垫底的尴尬局面。①

7 月 11 日，中甲联赛第十三轮的比赛中，延边队主场在龙井海兰江体育场迎战势头正劲的安徽九方队。整场比赛，延边队完全控制了比赛的主动权，上半场小将朴成先下一城。下半场，老将郑林国梅开二度。最终，延边队以 3∶1 战胜对手，排名跃居第七。

这是中甲联赛上半程的收官之战，排名第五的安徽九方队幻想靠一场胜利跻身冲超阵营，而延边队则希望拿到 3 分逃离降级区。果然，两队一开场，便拿出看家本领。延边队派出阿卜杜萨拉姆担纲锋线，朴成、崔仁两员小将辅佐进攻，林青和韩光华联袂中后卫组合。第 34 分钟，里卡多左路妙传阿卜杜萨拉姆，后者及时将球分给右路插上的朴成，朴成下底沿球

---

① 牛志伟：《延边队迎来赛季首胜》，《延边日报》2009 年 5 月 18 日。

门线突破，小角度射门得分，延边队 1：0 占得先机。失球后的九方队员有些急躁，场上一度出现火药味。

下半场，第 60 分钟，朴成右路拿球突入禁区，横传跟进的郑林国，郑林国轻松推门得手，延边队 2：0 领先。第 75 分钟，九方队后场断球长传，身材高大的 10 号雷纳尔多带球突至延边队前场，传给右路无人看守的 15 号葛振，葛振大力射门，皮球打进球门死角，九方队扳回一球。进球后的九方队士气大振，加强进攻。领先的延边队并未一味防守，而是仍然将战火烧到前场。终场结束前 3 分钟，阿卜杜萨拉姆右路突破横传禁区，郑林国中路包抄从容射门，延边队最终将比分定格在 3：1。

8 月 15 日，2009 赛季中甲联赛第十五轮比赛全面开战，延边队客场挑战为保级苦苦而战的青岛海利丰队。双方经过 90 分钟的激战，青岛海利丰队 3：1 战胜延边队。此轮战罢，延边队积 15 分。虽然，排名第八，但与排名垫底的北京理工贵人鸟队仅差 5 分，仍未逃离降级区。①

9 月 26 日（第二十二轮），客场作战的延边队 2：3 负于积分垫底的四川队。本场比赛郑林国、崔仁为延边队打进了宝贵的进球，但还是输掉了比赛。延边队虽然输球，却因进球数占优力压四川队，提前四轮保级成功。获胜的四川队又看到了一丝保级曙光。②

2009 年中甲联赛剩余的比赛，延边队主要以锻炼新人为目的进行排兵布阵。其与辽宁队的比赛以 1：2 告负，与北京宏登队 1：1 战平，0：5 负于南昌八一队。最后一场比赛以 2：0 战胜了安徽队，结束了有惊无险的 2009 赛季。

2009 年中甲联赛，延边队最终获得第六名。获得前三名的球队依次为：辽宁队、南昌八一队、沈阳东进队。

十五　2010 年中国职业足球甲级联赛——延边足球队

2009 赛季结束以后，延边足球俱乐部继续聘任金光柱为代理主教练。

4 月 3 日，2010 赛季中甲联赛大幕开启，做客北京朝阳体育中心的延边队迎战中甲新军北京八喜队。上半场，延边队外援夸耶打入新赛季中甲

① 王荫生：《延边队 1：3 不敌青岛海利丰队》，《延边日报》2009 年 8 月 17 日。
② 牛志伟：《延边队小负四川队提前四轮保级》，《延边日报》2009 年 9 月 28 日。

联赛首粒入球。下半场，裴育文因累积两张黄牌被罚下，以 10 人应战的延边队城门两度失守，最终 1∶2 遭对手逆转败走京城。①

4 月 17 日，新组建的延边球迷协会整齐划一，为延边队加油助威。广东日之泉队是 2009 年全运会的亚军，也是上赛季联赛第五名的球队。日之泉队以参加全运会的球员为班底，队内会聚了多名国奥队员，应该说日之泉队是一支有激情、有朝气的青年近卫军。比赛开始，延边队队员反而背上了想赢怕输的思想包袱，踢得缩手缩脚。但经过调整以后，慢慢开始适应客队的打法。然而，在延边队强大的攻势面前，这支"国奥队"整场都处于防守之中，无法组织有效的进攻。开场第 10 分钟，朴成的任意球就险些破门。延边队 9 号许波禁区内突破被门将侯宇拉倒，日之泉队被判极刑。自信的朴成操刀点球命中，延边队取得领先。下半场，延边队斗志不减，频频向对手施压。在强大的主场优势面前，年轻的日之泉队无力回天。这是延边队本赛季的第一个主场，也是延边队本赛季取得的首场胜利。但是，通过本场比赛，延边队也暴露出不少问题。②

4 月 25 日，延边队在延吉市人民体育场迎战南京有有队。本场比赛，延边队锋线全面爆发，多点开花，沉寂已久的杀手们疯狂亮剑，分别利用郑林国、E. Lutula、朴成、李军的进球，4∶1 大胜对手，实现了主场两连胜。③

5 月 1 日（第六轮），延边队客场挑战"领头羊"湖南湘涛队。上半场，延边队先失一球，外援夸耶又因报复性踢人被红牌罚下。最终，以 10 人应战的延边队没能创造翻盘奇迹，0∶1 小负对手，吞下客场三连败的苦果。④

5 月 8 日，延边队坐镇主场迎战北京理工学生军。没有预料到这支学生军团非常顽强，延边队很难突破其密集的防守。比赛仅剩最后 10 分钟时，延边队一直 1∶2 落后。此时，金光柱用一名前卫换下一名后卫，池忠国顶替白胜虎出场。这个"赌博式"换人却拯救了延边队。池忠国上场仅 5 分钟就制造了点球，朴成操刀将比分扳平。紧接着，裴育文获得第二个任意球机会。裴育文不负众望，一脚劲射直蹿球门死角。在补时最后 1 分

---

① 牛志伟：《延边客场遭八喜逆转》，《延边日报》2010 年 4 月 5 日。
② 牛志伟：《用激情演绎的胜利》，《延边日报》2010 年 4 月 20 日。
③ 牛志伟：《联赛刚上演 杀手已回归》，《延边日报》2010 年 4 月 27 日。
④ 牛志伟：《延边负湖南客场三连败》，《延边日报》2010 年 5 月 4 日。

钟，延边队完成绝杀，3∶2 逆转学生军。①

截至第七轮，延边队获得第六名，创造了联赛最好开局。但是，延边队客场的糟糕战绩仍旧没有改观，三个客场颗粒无收。同时，摆在延边队面前的有两大困境：一是中场灵魂朴成被抽调到国奥队；二是队长韩青松因累积 3 张黄牌停赛。无奈之下，只能让小将金京道顶替朴成的位置，小将李民辉顶替韩青松担当防守重任。

比赛进行到第 28 分钟时，利用延边队防守混乱机会，中邦队外援莱昂纳多和朱尼奥竟然在小禁区内杂耍般地做出配合，最终由朱尼奥完成破门。延边队过早地陷入困境。在上半场，许波错失了单刀机会。下半场，在主教练金光柱的精心安排下，延边队队员士气高涨，向主队发出一轮又一轮的猛攻。最终，利用金敬道、白胜虎的进球成功逆转，艰难地迎来首个客场胜利。②

7 月 17 日（第十一轮），坐镇主场的延边队迎战成都谢菲联队。上半时，延边队由于防守松懈，被对手连下两城。下半时，延边队的姜洪权和成都队的王存分别吃到红牌被罚下，延边队本赛季主场不败的金身被打破。比赛中，延边队也组织了几次漂亮的具有威胁的射门，但是锋线无力的问题仍未改观。最终，延边队 0∶2 首次吞下主场失利的苦果，目送成都队登顶榜首。③

8 月 21 日，延边队同湖北绿茵队的较量中，卢杜拉一脚漂亮的进球，不仅为延边队获得 3 分，而且帮助延边队取得本赛季第 6 个主场的胜利。

2005 赛季，重返中甲赛场的延边队并未给延边球迷带来太多的惊喜，单赛季仅取得 8 场胜利，其中 6 场来自主场。岂料，6 胜却成了延边队单赛季主场最好战绩。在随后的 4 个赛季中，延边队两次（2006 赛季和 2008 赛季）追平了这个纪录。④

在延吉市人民体育场，球迷们把延边队队员的巨幅画像挂在了看台上，用这种特殊的方式向延边将士们致敬。延边队的将士们受到强烈的感

① 牛志伟：《请不要再玩心跳》，《延边日报》2010 年 5 月 11 日。
② 牛志伟：《金光柱上海滩复制神奇》，《延边日报》2010 年 5 月 18 日。
③ 牛志伟：《成都终结延边主场不败》，《延边日报》2010 年 7 月 19 日。
④ 牛志伟：《主场取得 6 胜有望打破坚冰》，《延边日报》2010 年 8 月 23 日。

染和震撼，他们众志成城，用一场酣畅淋漓的胜利回报现场球迷。中国有句古话，"士为知己者死，女为悦己者容"。其实，在足球场上，球员们的"悦己"和"知己"就是广大球迷。球员们取悦球迷有很多方式，一丝不苟的比赛态度、精彩绝伦的足球技术、五花八门的庆祝动作都会给球迷带来愉悦和享受。然而，球迷需要的并不完全是这些，他们最想得到的就是自己支持的球队取得最终的胜利。平心而论，本赛季延边队在自己的主场，并没有让延边球迷失望，他们用一场场胜利给延边球迷带来了快乐。本赛季延边球迷是幸福的，每场比赛过后，他们的脸上总是洋溢着满足感和自豪感。即使延边队输给成都谢菲联、战平广州某队，大家也没有丝毫沮丧，他们深知延边队已经尽力了。应该说，战胜上海东亚、湖南湘涛和湖北绿茵三强，延边队已经是超水平发挥。就整体实力而言，延边队和这三支球队还存在一定的差距。然而，在自己的家门口，在家乡父老的呐喊助威声中，延边队的将士们没有让深爱自己的球迷失望，他们以一种惊人的勇气和毅力赢得了胜利。当朴成、夸耶、池文一、雷比等球员的巨幅画像出现在看台上时，延边队众将和现场球迷无不为之振奋，这一幅幅画像成为延吉市人民体育场的另一道风景线。①

9月5日（第二十二轮），延边队同北京理工大学队的比赛在北京理工大学体育场打响。客场作战的延边队3：1战胜了积分垫底的北京理工大学队，迎来了本赛季第二个客场胜利。

（一）韩国农产品生产者协会资助延边队

本赛季中甲联赛临近尾声的时候，2011年延边足球俱乐部的工作已悄然启动。9月26日，延边朝鲜族自治州体育局同韩国农产品生产者协会签署协议，该协会将赞助延边足球俱乐部10亿元韩币（约合560万元人民币），力助延边足球队打好2011年的中甲联赛。现年62岁的吴亨根是韩国农产品生产者协会的社团法人，曾是全北现代足球俱乐部的创始人，当年就读韩国中央大学时是一名足球运动员。1993年他创立了全北足球队。1994年，韩国的汽车巨擘现代汽车正式入主全北队，而球队也更名成今日

---

① 牛志伟：《取悦球迷得到尊重》，《延边日报》2010年9月1日。

所用的全北现代队。2006年全北现代队夺得亚冠联赛冠军。吴亨根在签字仪式上说，延边朝鲜族在艺术和体育上是有天赋的，如果在资金上得到支持，延边足球队将会成为一流的足球队。吴亨根认为，作为赞助商，不仅要经济上进行支持，而且要把球队带到韩国，注入全新的足球理念，同一些高水平足球队进行比赛，来提高延边队的整体水平。①

（二）延边队的主场成为"魔鬼主场"

10月23日（第二十五轮），延边队在主场2∶0完胜安徽九方队。在实现主场七连胜的同时，也创造了12战10胜1平1负，积31分的最佳主场战绩。延吉市人民体育场被誉为"魔鬼主场"。2005赛季，历经乙级联赛艰辛、重返中甲的延边队在前五个赛季里的主场最好成绩为7胜。此前的"魔鬼主场"实在有些名不副实。

本赛季，延边队在延吉市人民体育场表现得可谓尽善尽美。在夺得赛季初的主场三连胜后球队稍有波动，0∶2负于成都谢菲联。经过磨合和调整，"我的地盘我做主"的延边队威风八面，在余下的七个主场全部高奏凯歌。此时的"魔鬼主场"才真正让对手不寒而栗、望而生畏。战胜安徽九方后，延边队已经完成了全部的主场任务，中甲联赛还剩下最后一轮，延边队将客场挑战上海东亚。②

（三）延边队获得冲甲以来的最好成绩

10月30日（第二十六轮），延边队以0∶0的比分在上海结束了2010赛季，取得第三名的好成绩，也是重返中甲以来的最好成绩。

十六 2011～2013年中国职业足球甲级联赛——延边长白虎足球队

（一）延边队面临困境

2011～2013年，球队正式更名为延边长白虎足球俱乐部。延边队与

---

① 牛志伟：《背靠地方政府立足市场运作》，《延边日报》2010年9月28日。
② 牛志伟：《全力保住第三》，《延边日报》2010年10月26日。

2010 年的战绩相比，判若两队，在中甲赛场上表现平庸，徘徊在后几名的位置，年年为保级而战。

2011 年，延边队获得联赛第 11 名（8 胜 5 平 13 负，积 29 分）。2011 赛季，受数支球队变更股权、球队转让等因素影响，如安徽九方、浦东中邦分别将参赛资格转让给天津润宇隆及贵州智诚，中国足协将中甲联赛原先确定的 3 月 19 日开幕时间推迟一周，改为 3 月 27 日开幕。2011 赛季的中甲联赛有 14 支球队参加，这是自 2007 赛季呼和浩特队退赛后，中甲参赛球队数目首次从奇数变为偶数，从而避免了每轮比赛均有球队需要轮空的尴尬局面。

2012 年中甲将扩军至 16 支球队，因此 2011 赛季中甲联赛最后一名的球队与乙级联赛第三名的球队进行附加赛争夺一个中甲名额。最终，"升班马"大连阿尔滨以 16 胜 6 平 4 负，积 54 分的成绩获得联赛冠军，并和上赛季从中超降级的广州富力队一同获得 2012 年中超联赛的参赛资格。贵州智诚在附加赛中点球不敌中乙联赛季军福建骏豪，降级至 2012 年中国足球乙级联赛。

（二）延边队两名主力球员相继入选国家队

1 月 3 日至 2 月 8 日，国家队集训。朴成被选入国家 U23 足球集训队。

3 月 5 日，北京国安队与原延边队球员朴成正式签约。转会费为 300 万元。

5 月 6 日，中国足协公布新一期的国奥队集训名单，原延边队朴成再度入选。

6 月 13 日，中国足协正式公布国奥队与中超、中甲队伍对抗赛的详细方案。国奥队 45 人大名单中，原延边队中场灵魂朴成再度入选。而在备战亚青赛的集训名单上，延边队新星、国青队队长金敬道也入选。

8 月 25 日，金敬道再次入选国青队。

8 月 25 日，朴成入选中国足协公布的最新一期国奥队。

9 月 12 日，金敬道在"仙台杯"国际青年足球邀请赛上获得"优秀球员奖"。

9 月 30 日，朴成入选国奥队。

9 月 30 日，中国足协公布新一期国青队集训名单，延边队的金敬道入选。

11 月 2 日，新浪体育评选出 2010 赛季中甲联赛"本土最佳阵容"名单，原延边队的朴成（前卫，21 岁）入围。

延边队外援卢杜拉（民主刚果，前锋）凭借 13 粒入球，跻身 2010 年中甲联赛最佳外援行列。

11 月 3 日，中国足协公布男足国家队与拉脱维亚队友谊赛集训名单，金敬道入选。

11 月 7～25 日，朴成随国家队（国奥）参加在广州举行的亚运会足球比赛。

11 月 9 日，延边队小将金敬道入选高洪波新一期的国家集训队，备战 2011 年亚洲杯决赛阶段比赛。

12 月 15 日，延边足球三队前锋金波入选国家 U17 足球集训队。

（三）"延边长白虎足球俱乐部有限公司"正式成立

经延边朝鲜族自治州体育局批准，"延边长白虎足球俱乐部有限公司"成立。该公司是具有独立法人资格的有限责任公司。实行总经理负责制，下设办公室、财务部、经营部、竞训部、会员管理部 5 个部门。经费主要来源为俱乐部市场运行、开发可用广告、比赛门票收入及运动员转会收入等。后备人力资源主要是延边朝鲜族自治州体育运动学校足球班、州内足球运动员，以及重点中、小学学校足球队和其他社会各界优秀足球运动员。3 月 8 日，延边足球俱乐部、延边足协向中国足球协会甲级联赛委员会申请，将延边足球俱乐部更名为"延边长白虎足球俱乐部有限公司"。

延边足球俱乐部与延边石泉洞民族饮品有限公司签订赞助合同，该公司将赞助延边足球队 2011～2015 年饮用水。赞助矿泉水数量 1800 箱，平均每天 100 瓶。同时，为延边足球俱乐部开通俱乐部网站所需网络空间，并与俱乐部合作，共同发展青年球迷协会组织。

（四）后备人才相继涌现

2 月 17 日，中国足球协会公布关于中国国家 U23（国奥）足球队集训通知，延边足球队朴成入选。集训时间为 2011 年 2 月 22～28 日，在上海申花足球训练基地进行。

8月8日，延边足球二队金波与李成林（1993年龄段）入选赴葡萄牙培训青少年球员名单。

9月7日，延边足协选送的金波和李成林入选"中国足协500人新星计划"。

10月19日，延边足球二队金波入选国青队。①

（五）延边队保级成功

2012年，延边长白虎足球俱乐部获得联赛第13名（10胜4平16负，积34分）。2012年中国足球甲级联赛是由中国足球协会举办、2004年职业联赛改革后的第九届中国足球甲级联赛。本赛季共有16支球队参加，比赛于3月17日正式开幕。最终，上海特莱士（17胜8平5负，积59分）获得联赛冠军，并与武汉卓尔一同获得2013年中国足球超级联赛的参赛资格。因2013赛季开始前，大连实德放弃2013赛季中超联赛注册资格的连锁反应，为保持中超、中甲各16支参赛球队数量，中国足协决定保留北京八喜2013年中甲联赛参赛资格，而呼和浩特东进则降级至2013年中国足球乙级联赛。

（六）2013赛季延边队依然状态低迷

3月17日，2013赛季中甲联赛首轮的角逐中，客场挑战北京八喜队的延边长白虎队晚节不保，被对手逆转，以1：2遗憾告负，没能迎来赛季首场开门红。②

3月23日，长白虎队客场挑战重庆力帆队。首轮落败的长白虎队再吃败仗，排名继续垫底。长白虎队此次的雾都之行，虽然老将白胜虎的闪电进球一度唤起延边球迷对胜利的渴望，但好景不长，长白虎队浮躁的心态很快葬送了完美的开局，1：4的大比分成为延渝之战新的伤痛。③

---

① 延边朝鲜族自治州地方志编纂委员会编《延边年鉴（2012）》，吉林人民出版社，2012，第321~322页。
② 牛志伟：《长白虎揭幕战遭八喜逆转》，《延边日报》2013年3月19日。
③ 牛志伟：《多一点耐心少一些浮躁》，《延边日报》2013年3月26日。

3月31日，中甲联赛第三轮展开最后一场争夺，延边长白虎队客场挑战天津松江队。长白虎队在先失一球的情况下，由李在敏、金基秀和朴韬宇联袂包办四球。最终，长白虎队以4∶2逆转松江队，迎来新赛季首场胜利。天津是长白虎队客场比赛的第三站，在此前的客场作战中，长白虎队两战皆负，积分垫底，亟须抢分。而松江队则两战皆平，同样需要用一场胜利鼓舞士气。开场第6分钟，松江队迎来梦幻开局，外援马丁反越位挑射得手，松江队1∶0先声夺人。比分落后的长白虎队逐渐加强中前场的拼抢，在进攻上取得一定优势。第10分钟，韩国外援李在敏强行突破后射门得手，长白虎队迅速将比分扳成1∶1。第37分钟，长白虎队传出身后球，韩男勇拿球后果断突破，迫使松江队后卫禁区内铲球犯规，长白虎队获得点球。李在敏一蹴而就，2∶1将比分反超。下半场，长白虎队先后用朴韬宇和金基秀换下白胜虎和韩男勇，继续加强前场的攻势。第72分钟，长白虎队后场起球，金基秀禁区前沿抢点挑射，长白虎队再下一城。2分钟后，松江队获得角球，门将池文一没能将球击远，马霄鹏捅射得分，松江队把比分改写为3∶2。第80分钟，长白虎队将球传至对方禁区，朴韬宇头球建功，长白虎队再度扩大比分。在最后的时间里，松江队虽然加大进攻力度，但在长白虎的严密防守下，总是无功而返。最终，长白虎队客场4∶2战胜松江队，取得赛季首胜。[①]

5月11日，延边长白虎队主场迎战重庆FC队，这是一场保级大战。但是，经过90分钟的闷战，两队互交白卷。对于比赛过程，很多延边球迷不能接受。为保级而战的长白虎队应该打出血性、尽显霸气，但是长白虎队没有表现出这种斗志。

6月22日（第十三轮），延边长白虎队以2∶0击败广东日之泉队，爆出了中甲赛场上的一大冷门。然而，在长白虎队主教练赵兢衍的眼中，长白虎队的胜利实至名归，因为他激励自己的队员不惧怕任何对手。之前，排名第二的日之泉队冲超形势一片大好，而排名倒数第四的长白虎队却保级前景岌岌可危。然而，长白虎队兴高采烈地饮"泉"止渴。[②] 长白虎队2∶0力克广东日之泉队，在保持赛季主场不败的同时，球队的状态开始呈上升趋

---

① 牛志伟：《长白虎力克松江获赛季首胜》，《延边日报》2013年4月2日。
② 牛志伟：《我们不惧怕任何对手》，《延边日报》2013年6月25日。

势。本轮战罢,积分榜上在长白虎队身后只有成都谢菲联队、湖北华凯尔队、重庆FC队和贵州智诚队4支队伍。其中,重庆FC队和贵州智诚队已经被甩掉5~6分。①

7月14日,中甲联赛开始下半程的角逐。第十六轮,延边长白虎队与北京八喜队的比赛中,凭借本土小将石哲的临危建功,主场作战的长白虎队1:1战平八喜队,止步于两连败。②

7月20日,虽然一场比赛延边长白虎队获得三个点球,但赢球的却是对方。上半场战罢,长白虎队以0:3落后,这对于很多现场球迷来说是无法接受的现实。此时,虽然李在敏罚失了第一个点球,但韩国二级联赛射手王还是拥有一颗大心脏,他淡定地把第二粒点球和第三粒点球送进对手的网窝。尽管李在敏的赛季总进球数刷新到13个,但已经于事无补。最终,2:4败北的长白虎队又丢掉了一个宝贵的主场。③

7月27日,延边长白虎队主场迎战天津松江队。当比赛战至90分钟时,主裁判张铖的压哨点球让场边的赵兢衍减轻一丝沮丧,而操刀主罚的金起秀一蹴而就,又为赵兢衍注入一针强心剂。终场哨响,比分最终定格在1:1,危难中的长白虎队幸运地抢回1分。然而主场仅拿到1分,并没有摆脱赵兢衍主帅的信任危机。比赛结束后,图们市体育场就响起了"赵兢衍下课"的喊声。长白虎队主帅赵兢衍对自己的打法也给出了解释。韩国教练坦言:"针对前几场出现的防守问题,今天我们在后腰线上放两名队员,看上去比以前好一些。下半场,针对对方体能不支的情况,我们布置了进攻打法,但很遗憾孙君击中门柱的球没进,平局虽然不算满意,但总体上队员们打得还是可圈可点。"其实,除孙君外,第71分钟时朴韬宇零角度射门也曾击中门柱。此役,长白虎队锋线杀手李在敏因为累积3张黄牌停赛,全队在射门把握上总是稍欠火候。赵兢衍说:"针对李在敏的停赛,我们派上了金波突前,金波发挥得很正常。李在敏下一场可以出战,相信他会有好的表现。"连续四个主场2平2负,这显然是一个非常糟糕的成绩。针对记者的发问,赵兢衍的回答是:"在此之前,四个主场

① 牛志伟:《长白虎沦为降级大热门》,《延边日报》2013年8月6日。
② 牛志伟:《长白虎主场逼平八喜》,《延边日报》2013年7月16日。
③ 牛志伟:《知彼更应知己》,《延边日报》2013年7月23日。

我们预计赢两场，成绩不太理想，但现阶段球队的氛围很好，相信今后我们会越打越好。"①

（七）长白虎足球俱乐部为池忠国举办百场殊荣

延边长白虎队主场迎战天津松江队的那场战役，恰好是池忠国代表延边队参加的第 100 场中国职业足球赛事。中场休息时，长白虎足球俱乐部为池忠国举办了百场庆祝仪式。延边朝鲜族自治州体育局副局长于长龙为池忠国颁发了纪念奖杯，感谢他对延边足球不离不弃的敬业精神和为延边足球勇于献身的拼搏精神。长白虎足球俱乐部主任张浩哲为池忠国赠送了写有"100"字样的签名球衣。忠实的女球迷为池忠国献上鲜花，现场观众向池忠国报以热烈的掌声。面对荣誉、鲜花和掌声，这位平时一向内敛的沙场悍将只说了句"我太荣幸了！"

2008 年，一位喜爱足球的朝鲜族男孩从延边第一中学毕业，北京理工大学是他高考的第一志愿。然而，一门心思想踢足球的男孩央求父母道："我先不上大学，给我三年时间，如果我做不成出色的职业球员，再考大学不迟。"这名男孩就是池忠国。当年冬天，池忠国如愿地入选长白虎足球队。池忠国是现今中国职业足坛唯一一名全日制高中毕业球员，他曾代表延边第一中学参加过亚洲中学生足球比赛。2009 赛季，是池忠国参加职业联赛的第一年，经过勤学苦练，年仅 19 岁的池忠国从赛季之初的替补逐渐晋升为主力，并入选了球队赛季最佳阵容。池忠国有"盘球大师"的美誉，他拿球坚决，突破果断，是球队不可或缺的"中场发动机"。

2011 年 8 月 13 日，长白虎队主场迎战重庆力帆队。在这场生死攸关的比赛中，梅开二度的池忠国两度将球队拉出死亡线，帮助长白虎队 3∶2 逆转力帆队。本赛季，池忠国披上了长白虎队 10 号战袍，并戴上了队长的袖标。喜爱足球的人们都知道 10 号球衣象征着什么。自从池忠国入球队以后，只有朴成、金敬道和库里巴利享受过 10 号殊荣。这件球衣象征着荣誉，池忠国深知肩上的担子更重。虽然，本赛季还没有进球，但池忠国盘活了球队的中场，并多次为队友献上漂亮的助攻。实际上，2000 年在朴智

---

① 牛志伟：《我任职期间会带队保级成功》，《延边日报》2013 年 7 月 30 日。

星慈善足球比赛中，池忠国的优异表现就进入了国际球探的法眼，几支中超球队也不止一次地向他抛出橄榄枝。此役，以场上队长身份出战的池忠国，兢兢业业地打满全场。

2009 年 4 月 18 日，在沈阳五里河体育场首次代表球队出战以来，池忠国在中甲联赛上共出场 95 次，足协杯上出场 5 次，刚好是身经百战。长白虎同松江之战，虽然 1∶1 战成平局，但池忠国还是用出色的表现赢得观众的信赖和对手的尊重。①

（八）虎落沈阳客场败北

8 月 4 日，中甲联赛第十九轮的一场保级大战中，客场作战的延边长白虎队 0∶3 不敌贵州智诚队，被对手在积分榜上反超。输掉本场比赛后，长白虎队遭遇六轮不胜。同时，已经跌至积分榜倒数第二，成为本赛季降级的最大热门。回首过往，长白虎队在保级之路上曾占尽优势。

8 月 18 日（第二十一轮），延边长白虎队客场挑战沈阳沈北队。中甲联赛迎来东北德比大战。刚刚经过内耗的长白虎队征战的结局又是怎样呢？1∶3 的比分毫不留情地给出答案——虎落沈阳，客场败北。②

（九）延边长白虎队"起死回生"

8 月 24 日，延边长白虎队同河南建业队的比赛在图们市体育场打响，天空下起了淅淅沥沥的秋雨。秋雨对连日来酷热的延边大地来说，的确是一场消暑的及时雨，但就延豫之战而言，湿滑的场地和雨中作战，势必会影响技战术的发挥。这给不善于"水战"的延边长白虎队带来很大的麻烦。另外，与高居榜首的河南建业队相比，其还存在实力上的悬殊差距。

开场第 2 分钟李浩的远射、第 7 分钟李勋长途奔袭突破等，显示出队员们的自信和勇气。第 24 分钟，池忠国开出任意球，抢点到位的崔仁淡定破门。此役，延边李勋、崔民、崔仁、朴世豪这些险被球队除名宣判"死刑"的球员，成为绿茵场上的勇士和主宰。外援的勤勉和敬业，平添了胜利的曙光。若论本场最佳，轮不到进球功臣崔仁和李在敏，而应该是中后

① 牛志伟：《长白虎足球俱乐部为池忠国举办百场殊荣》，《延边日报》2013 年 7 月 30 日。

② 牛志伟：《虎落沈阳客场败北》，《延边日报》2013 年 8 月 20 日。

卫高基衢。此役，这位 32 岁的韩国外援不仅戴上了队长的袖标，而且履行了队长的职责。面对高人威猛的进攻队员，高基衢不论头球争顶，还是移动卡位，尽显后防大将风度。在连续四轮颗粒无收后，韩国二级联赛射手王用一记绝杀打消了人们的质疑。在历经球队动荡和内耗后，韩国外援用勤勉和敬业告诉人们什么叫职业精神。未曾有过职业教练经历的李光浩，在两周前的首场"延边保卫战"中，很好地扮演了主教练的角色。本轮，面对强大的对手，延边新帅依然沉着应战，指挥若定。开场后，长白虎并不急于进攻，立足防守的李光浩，用"442"阵型与领头羊耐心周旋。当对手耐不住寂寞，展开进攻时，长白虎队适时地给对手迎头一击。

下半场，建业队将比分扳平，长白虎队场面一度被动，不为所动的李光浩换上白胜虎、朴世豪两名防守悍将和李军这匹快马，更加坚决地打起了防守反击战术，最终由李军助攻李在敏绝杀对手，收到奇效。

李光浩仅指挥三场比赛，尚无法断定他在今后的执教道路上成功与否，但是这位低调、务实的延边本土教练却拯救了长白虎队。在图们赛场上，这场及时雨是偶然的，长白虎队的胜利或许借助一点运气。同这场小小的秋雨相比，两周之前延边朝鲜族自治州体育局和长白虎足球俱乐部果断制止了球队的内耗，让长白虎队在健康有序的道路上运行，要比这场及时雨来得更加及时。2∶1 力克领头羊，长白虎队取得了久违的胜利。如果本赛季长白虎队能够如愿保级的话，这沉甸甸的 3 分，就是延边足球的"救命分"。主场两连胜再一次告诉人们，最大的敌人不是对手，而是自己。只要众志成城，齐心构筑的堡垒就坚不可摧！[①]

中甲联赛第二十三轮开战，坐镇主场的延边长白虎队迎接北京理工大学队的挑战，凭借李在敏的梅开二度和孙君的关键进球，长白虎队以 3∶0 战胜学生军，实现了主场三连胜。自从新帅李光浩上任后，主场两连胜的长白虎队士气正旺，尤其是上轮拿下领头羊河南建业队后，队员们树立了必胜的信心。而冲超无望、保级无忧的理工大学队状态低迷、缺乏斗志。[②]

9 月 15 日（第二十四轮），延边长白虎队客场挑战重庆 FC 队。在开场先失球的不利条件下，崔仁和李勋上半场两度破门，将比分反超。下半

---

① 牛志伟：《天降及时雨送来救命分》，《延边日报》2013 年 8 月 27 日。
② 牛志伟：《长白虎战胜学生军主场三连胜》，《延边日报》2013 年 9 月 2 日。

场，领先的长白虎队没能保住胜果，被对手2∶2扳平。虽然，客场仅拿到1分，但长白虎队还是缓解了保级的压力。①

10月5日（第二十七轮），中甲联赛保级大战中，主场作战的延边长白虎队大发虎威，以4∶0的大比分横扫湖北华凯尔队，在保级大战中赢得主动权。

10月19日（第二十八轮），延边长白虎队客场挑战广东日之泉队。面对近来7战6胜1平、强势冲超的日之泉队，长白虎队的南粤之行无异于被事先宣判了"死刑"，而比赛的进程也朝着有利于主队的方向发展。开场仅33分钟，粤军便两球领先。然而，一向被戏谑为"客场虫"的长白虎队并没有束手就擒，在以少打多的不利情况下，顽强地和对手战成2∶2，拿到保级路上宝贵的1分。②

11月2日，中甲联赛最后一轮角逐中，延边长白虎队客场0∶3不敌石家庄永昌骏豪队，为本赛季画上了一个不太圆满的句号。③

最终，延边长白虎队获得了联赛第11名。获得联赛冠军、亚军的球队分别为河南建业队、大连毅腾队。

十七　2014年中国职业足球甲级联赛——延边长白山泉阳泉足球队

2014年，延边泉阳泉足球队在中甲联赛整个赛季只赢了三场球，最终以倒数第一名的身份提前降级。

2014年，中甲联赛还有一个月就要拉开序幕，延边长白虎足球俱乐部更名为"延边长白山足球俱乐部"。延边足球俱乐部官方微博发布消息：为了迅速扩大影响力，更加突出"延边"品牌，更好地树立俱乐部形象，"延边长白虎足球俱乐部"从即日起更名为"延边长白山足球俱乐部"。延边足球俱乐部对此次更名的解读是：长白山是中国十大名山，其得天独厚的地理位置，与延边元素更加接近。此外，长白山有着较高的知名度，正在吸引全世界的目光，而延边足球队将借助长白山的巨大影响力，早日腾

①　牛志伟：《崔仁李勋建功长白虎队逼平重庆》，《延边日报》2013年9月17日。
②　牛志伟：《怀揣一颗勇敢的心》，《延边日报》2013年10月19日。
③　牛志伟：《正视现实放眼未来》，《延边日报》2013年11月5日。

飞。球迷们对长白山俱乐部这一名字的评价是：高端、大气，上档次！

从 2014 年的招商情况来看，长白山俱乐部的目光已经不仅仅局限于延边，而是放眼于全省、全国，着眼于未来的长远发展。由于有了新的赞助商，本赛季延边队的名称将有较大的变化，新的称谓将会使冠名企业利益最大化。①

延边长白山足球俱乐部队徽评选工作结束，俱乐部在官方微博上对延边队新队徽进行公开展示。延边长白山足球俱乐部发出征集新队徽公告，在半个月的时间里，俱乐部共收到几十件原创作品，经过初选和球迷投票，并综合各种建议，最终选定北京设计师张冬的作品作为延边队新队徽和俱乐部宣传标识。俱乐部在官网上的解读是：新队徽重点突出了"延边元素"，识别性明显，整体色调采用球队球衣传统的红颜色，并注入了新的金色元素，更体现了球队的传统与荣誉。整体造型为盾形，代表了延边足球以及延边球迷坚不可摧的力量。标志主要形象为虎，长白虎对于延边队来说含有特别的意义。在中国足坛，长白虎是延边队的昵称和代名词。标志上端是长白山剪影，更体现了延边队独有的地域特色。足球上端一颗星记录了 1965 年延边队夺得甲级联赛冠军时球队的荣誉与结晶。②

延边长白山足球俱乐部官方网站发布消息证明，俱乐部正式与韩国外援元太然和金度亨签约，两人的合同期均为一年。

从延边长白山足球俱乐部获悉，2014 年，延边长白虎足球队的称谓发生改变，俱乐部将以"延边长白山泉阳泉足球队"的名称征战中国足球甲级联赛。日前，吉林森工集团与延边长白山足球俱乐部达成合作协议，森工集团将在未来 4 年内，向长白山俱乐部提供赞助并对球队进行冠名。在中国足协公布的新赛季中甲赛程表上，延边长白虎队已更名为"延边长白山泉阳泉队"。

泉阳泉饮品有限公司是吉林森工集团旗下的一家子公司，该公司成立于 2001 年，是中国大型生态饮品型企业，其水源地"泉阳泉""峡谷泉""世稀泉"完全置于联合国国际"人与生物圈"长白山自然保护区原始森林覆盖下，被国际饮水组织认定为"中国·长白山矿泉水可持续发展示范

---

① 牛志伟：《长白虎变身长白山》，《延边日报》2014 年 2 月 11 日。
② 牛志伟：《延边足球队展示新队徽》，《延边日报》2014 年 2 月 11 日。

区"。近年来，泉阳泉牌天然矿泉水先后荣获"中国名牌""中国驰名商标""中华人民共和国地理标志保护产品"和"中国最具市场竞争力品牌"。本赛季，长白山泉阳泉队的战袍胸前和背后分别印有"长白山泉阳泉"和"吉林森工"等字样。

3月16日，2014赛季中国足球甲级联赛首轮比赛继续进行，延边长白山泉阳泉队客场挑战北京八喜队。上半场，新加盟的韩国前锋金度亨罚失点球。下半场，金度亨又错过一次单刀破门的机会。最终，两队0：0闷平，延边队连续10年没能打破揭幕战不胜的魔咒。

3月23日（第二轮），延边长白山泉阳泉队客场挑战石家庄永昌队。上半场，吴永春禁区内犯规，送给对手点球。下半场，手球犯规的吴永春两黄变一红被逐出场。最终，以10人应战的泉阳泉队0：2不敌对手，遭遇赛季首败。

3月30日（第三轮），客场作战的延边长白山泉阳泉队1：2不敌成都天诚队，在遭遇两连败的同时，排名跌至积分榜榜尾。

4月6日（第四轮），客场作战的延边长白山泉阳泉队0：2不敌"升班马"青岛海牛队，在遭遇三连败的同时，继续排名积分榜榜尾。①

4月12日（第五轮），在深圳宝安体育中心，延边长白山泉阳泉队在场上一直很被动，伤停补时阶段，凭借任鹏的头球绝杀，延边泉阳泉队遗憾地以0：1告负。本赛季，延边泉阳泉队由于连续客场作战、球员伤病较多，再加上外援表现欠佳，继首战逼平北京八喜队后，遭遇客场三连败，过早地陷入降级的泥潭。

4月19日，延边长白山泉阳泉队主场迎战新疆天山雪豹队。经过90分钟的激战，延边泉阳泉队1：0惊险小胜，在取得赛季首胜的同时，实现主场开门红。

4月26日，主场作战的延边长白山泉阳泉队1：3不敌重庆力帆职业队，没能继续连胜脚步。

5月4日（第八轮），客场作战的延边长白山泉阳泉队在一球领先的情况下，被天津松江队连入两球2：1逆转。遭遇两连败的延边队依旧排名垫

---

① 牛志伟：《体育足球》，《延边日报》2014年4月7日。

底，保级形势非常严峻。

5月10日，延边长白山泉阳泉队对阵北京理工队，主场作战的延边泉阳泉队1：5惨败于对手。比赛结束后，延边泉阳泉队主教练李虎恩卸任，李光浩上任，又一次扮演"救火队长"。

5月17日，延边长白山泉阳泉队做客石家庄裕彤体育场，挑战"升班马"河北中基队，延边队最终1：2负于对手。之后三场也没能拿到一场胜利，三连平后的延边泉阳泉队没有继续自己前进的脚步。

6月14日（第十四轮），延边长白山泉阳泉队客场0：1负于武汉卓尔队。延边队与排名靠后的球队之间的差距逐渐拉大，保级形势进一步恶化。本赛季延边泉阳泉队始终找不到胜利的感觉。7月19日，1：2负于湖南湘涛队；8月9日，与倒数第二的成都天诚队2：2战平；8月16日，主场2：2战平青岛海牛队；8月23日，主场0：0战平深圳红钻队；8月30日，1：3负于新疆队后，保级前景黯淡。9月6日（第二十二轮），延边队被力帆队1：5完胜。与前面保级队的球队分差越拉越大。李光浩卸任，高钟勋上任。

9月21日（第二十四轮），客场作战的延边长白山泉阳泉队4：2逆转北京理工大学队。高钟勋执教的延边泉阳泉队迎来了本赛季客场首胜。上一轮，延边泉阳泉队主场1：1战平天津松江队，刚刚接过主帅教鞭的高钟勋没能拿到保级路上的关键3分，致使积分垫底的延边泉阳泉队在保级路上几近绝望。此役，面对同样为保级而战的北京理工大学队，延边泉阳泉队唯有用一场胜利激发球队士气，振奋精神。一场胜利看到了延边泉阳泉队保级的希望。

10月11日（第二十七轮），延边泉阳泉队1：4负于广东日之泉队后提前三轮降级。27场比赛有3场比赛最后1分钟被绝杀或被扳平，有3场比赛点球不进，还有3场比赛遭受不利因素。最终，延边泉阳泉队没有完成赛前所制定的保级目标。

本赛季获得冠军、亚军的球队为重庆力帆队、石家庄永昌队。

虽然，本赛季不幸跌入乙级联赛，但延边泉阳泉队在选帅方面却取得收获。延边足球俱乐部官网第一时间发布："经过筛选，延边队确定新帅为韩国籍教练员朴泰夏。朴泰夏教练执教经历丰富，曾跟随多名高水平教练，这是他第一次担任主教练。祝愿朴泰夏教练能在延边获得成功。"在公开竞聘中，俱乐部筛选出的韩国籍优秀教练员 5~6 名，他们都有过辉煌的执教经历，每一位竞聘者都能胜任中乙联赛主教练一职。在面试过程中，朴泰夏一举胜出，成为延边泉阳泉队新任主教练的最佳人选。朴泰夏出生于 1968 年 5 月，球员时代的朴泰夏曾在亚洲赛场上多次与中国队碰面，并无一败绩。1996~1997 赛季和 1997~1998 赛季，朴泰夏曾帮助韩国K 联赛浦项制铁队连续两年获得亚俱杯（2007~2010 年，朴泰夏进入韩国国家队教练组，辅佐主帅许丁茂）；2010~2011 年，朴泰夏在韩国队担任首席助理教练一职。他是继崔殷泽之后，延边泉阳泉队聘请的第二位有着韩国国字号执教经历的主教练。据了解，朴泰夏教练很擅长撰写技术报告，而且专门对 2014 年巴西世界杯每场比赛进行了技术分析，还有韩国现任国家队主帅施蒂利克的战术分析等。可以说，他的到来将会给延边足球带来不一样的东西，特别是技战术层面。在用人上，他奉行"不看名气，谁状态好，谁上场"的原则。

11 月 8 日，延边泉阳泉队已重新集结训练。10 日，朴泰夏将飞赴延吉，与延边足球俱乐部正式签订主教练聘任合同。[①]

十八 2015 年中国职业足球甲级联赛——延边长白山足球队

2015 年，延边长白山足球俱乐部取代陕西五洲足球俱乐部重返中甲联赛的舞台。这一年，延边长白山足球队发挥良好，联赛的前二十一轮均未尝败绩，最终以联赛第一名的身份提前两轮升入中超，重新回到了中国足球顶级联赛赛场。同年 12 月，俱乐部更名为"延边富德足球俱乐部"，球队名称也随即变为"延边富德足球队"。

（一）起死回生，全力备战中甲

延边泉阳泉足球队以递补身份重返中甲后，延边长白山足球俱乐部加快引援步伐，抓紧时间全力备战中甲联赛。当延边泉阳泉队参加 2015 赛季中甲联赛的消息传来后，延边长白山足球俱乐部立即召开紧急会议，将今

---

① 牛志伟：《韩前国字号教练将掌延边队帅印》，《延边日报》2014 年 12 月 9 日。

年的工作思路从乙级联赛转移到中甲联赛上。按原计划，乙级联赛将于 6 月中旬开打，还有 100 多天的准备期。突然改打中甲后，距本赛季中甲揭幕战仅有 5 周多的时间，延边长白山队的备战工作远远落在其他中甲俱乐部后面。由于乙级联赛不能引进外援，延边长白山队在几个关键位置上一直引进内援做准备，如今回归中甲，关键位置只能引进外援顶替内援。因此，整个 2 月将引进外援作为俱乐部工作的重中之重。最终，延边长白山队签下了本赛季首名巴西外援查尔顿（1990 年生），合同期为一年。[①]

（二）前五轮不败战绩，暂时获得联赛第一名

3 月 14 日，2015 赛季首轮比赛。延边长白山客场挑战江西联盛队，延边队 1∶0 小胜，取得赛季开门红。

3 月 22 日（第二轮），客场作战挑战最大冲超热门河北华夏幸福队，2015 年河北华夏幸福队巨额投入，引进了欧洲大牌球星。但是，延边长白山队在客场与华夏队打成了 2∶2，拿到了含金量很高的 1 分，大大提升了全队的士气。

4 月 5 日，（第三轮），延边长白山队客场挑战贵州智诚队，凭借外援查尔顿的进球，以 1∶0 击败对手。而同样替补升入中甲的贵州智诚队，则遭遇开局三轮不胜。

4 月 11 日，延边长白山队迎来了本赛季首个主场。阴雨天气阻挡不住球迷的脚步，1.5 万多名球迷涌入延吉市人民体育场。2015 年，延边队神奇般地起死回生，重返中甲，给延边人民带来了一个盛大的礼物。延边队以 1∶1 逼平深圳宇恒队，虽然是一场平局，但是球迷们看到了希望，看到了曾经勇猛顽强的延边队。

4 月 19 日（第五轮），延边长白山队客场挑战北京理工鑫苑队。延边长白山队以 4∶2 战胜之前保持不败的北京理工鑫苑队。延边队前五轮的不败战绩，已经积 11 分，与大连阿尔滨队并列联赛第一名。

（三）延边队品尝一回当"领头羊"的滋味

4 月 25 日，延边队对战新疆天山雪豹队；5 月 2 日，延边队对战哈尔

① 牛志伟：《延边队加速引援全力备战中甲》，《延边日报》2015 年 2 月 10 日。

滨毅腾队，延边球迷未能盼到主场首胜的喜悦。但是，与哈尔滨毅腾队的这场比赛虽平犹荣。赛后的新闻发布会上，主帅朴泰夏表示："非常满意，感谢队员们的不放弃。"几轮下来，延边队的表现和朴主帅的自信说明延边队机会与挑战并存。哈尔滨毅腾队是从中超降到中甲的球队。经历了中超磨砺之后，哈尔滨毅腾队无论是技战术还是经验方面都优于延边队，并且哈尔滨毅腾队是本赛季的冲超热门球队。赛前，延边队三胜三平保持不败。乘势而上，球迷期待着本赛季延边队的爆发，期待着那支曾经呼风唤雨、专杀"领头羊"的延边队的回归。回顾延边队近几轮交手的对手，不难看出，大连阿尔滨、河北华夏幸福、哈尔滨毅腾，这些球队的整体实力远高于延边队。可见，延边队已经超额完成了任务。

5月9日（第八轮），延边长白山队客场挑战青岛黄海制药队。双方在下半时各获得一次点球机会，两队战成1:1，延边队取得八轮不败的战绩。

5月17日（第九轮），延边长白山队主场迎战呼和浩特中优队。此役，延边队凭借着韩国外援河太均的帽子戏法，3:1战胜中优队，迎来了主场首胜，继续保持不败战绩。

5月30日（第十一轮），延边职业足球又攀升到一个新高度。延边长白山队2:0完胜大连阿尔滨队。在喜气洋洋的羊年，终于品尝一回当"领头羊"的滋味。在同"领头羊"大连阿尔滨交手之前，朴泰夏执教的延边队已经十轮不败，打破了崔殷泽尘封18年的九轮不败纪录。面对这场"天王山之战"，现场球迷打出了"续写神话，重铸辉煌"的巨幅标语，希望延边足球再创辉煌。

此役，由于红牌、黄牌在身，延边队铁打主力外援斯蒂夫和裴育文无法登场，无奈之下，朴泰夏教练只能派上金波和朴世豪，以一个残阵火速应战。虽然置身客场，但是大连阿尔滨的攻势一浪高过一浪。与客队相反，延边队更加任性，沉着应对。客队的猛攻过后，在现场两万多名观众的呐喊助威声中，长白虎开始发威。第57分钟，锋线杀手河太均大力抽射，打破场上僵局。30分钟过后，顶替斯蒂夫出战的金波锦上添花，为延边队再下一城，将比分改写为2:0。此外，延边队还多次创造出有威胁的传中和射门，并有一次击中门柱。延边队和大连队的榜首之争，堪称中甲赛场上的一场经典之战，延边队此役获胜乃至十一轮不败的神话，将载入延边足球的光辉史册！

（四）"巨人杀手"称号名不虚传

到 2015 年，中国职业足球已经开打 22 年，在 7 年甲 A 和 11 年的中甲赛场上，因为专宰"领头羊"，延边队曾被冠以"巨人杀手"的称号。甲 A 期间，大连万达、山东鲁能、辽小虎、上海申花诸多豪强均败在过延边队脚下。重返中甲以来，延边队也有击败河南建业的光辉战绩。虽然延边队曾一次次宰杀"领头羊"，但是从未敢妄想自己有一天能当上"领头羊"，这就是弱小球队和豪门球队心理上的巨大反差。常言道："不想当将军的士兵不是好士兵。"在如今的中甲赛场上，威风八面的河太均做到了，这位被誉为"河神"的韩国外援，以 9 粒进球领跑中甲射手榜，俨然一位横刀立马的大将军。

中甲战罢第十一轮。虽然，延边、大连、中能同积 21 分，但由于净胜球和交战球队的胜负关系，延边队目前已荣登中甲榜首。上赛季，延边队以倒数第一名的身份跌出中甲，当这支准乙级队递补回中甲后，短短的十一轮，竟然神奇登顶。成绩背后，不难看出延边队全体将士们付出的艰苦卓绝的努力。

1995 年 5 月 21 日，延边现代队开局六轮不败，荣登甲 A 榜首。回望中甲积分榜，延边队身后的大连阿尔滨、哈尔滨毅腾是 2014 年中超降级生；青岛中能和武汉卓尔是 2013 年的中超弃儿；河北华夏幸福和北京北控燕京是身价数亿的新兴土豪。这些实力超强、财大气粗的俱乐部本赛季的唯一目标就是冲超。而如今，仰视以递补身份重返中甲的延边队登顶榜首，他们一定会心有不甘、共同发难！十一连胜的荣誉已成历史，荣登榜首更是证明了自己存在的价值。但是，这些荣誉切莫束缚住长白虎的手脚。只要延边足球按照既定目标，奋发前进，对于钟爱这支球队的球迷来说，一切都是那样的快乐！①

（五）延边队继续领跑中甲

6 月 13 日（第十三轮），延边长白山队坐镇主场迎战武汉卓尔队。凭

---

① 牛志伟：《咱也当一回"领头羊"》，《延边日报》2015 年 6 月 2 日。

借河太均的进球 2：0 取胜，继续领跑中甲。

6 月 20 日（第十四轮），延边长白山队客场 2：0 战胜湖南湘涛队。连续四轮稳当中甲"领头羊"。

7 月 4 日（第十六轮），延边长白山队主场迎战"副班长"江西联盛队。此役，河太均梅开二度，延边队 2：1 战胜对手，迎来下半程开门红。

7 月 12 日（第十七轮），延吉人民体育场上演了一场强强对话，延边长白山队迎战新兴"土豪"河北华夏幸福队。作为上半程的冠、亚军球队，此役对决将成为冲超路上的"天王山之战"。经过 90 分钟的比拼，延边队 3：0 大胜对手，在豪取十七轮不败的同时，冲超前景一片光明。

7 月 18 日（第十八轮），延边长白山队又赢了。4：2 大胜贵州智诚队。

7 月 26 日（第十九轮），延边长白山队与深圳宇恒队的比赛在深圳体育场开战。最终 2：2 战平，延边队继续保持不败。

8 月 2 日（第二十轮），延边长白山队 4：0 战胜北京理工鑫苑队。

8 月 8 日（二十一轮），延边长白山队 6：1 大胜新疆天山雪豹队。延边队迎来了历史以来的不败传奇纪录。

（六）延边队不败金身告破

8 月 15 日（第二十二轮），延边队客场挑战哈尔滨毅腾队。在队内头号杀手河太均因伤缺阵的情况下，延边队客场 0：3 负于对手，就此二十一轮不败金身告破。延边队输球成了国内爆炸性的新闻。

9 月 19 日（第二十六轮），延边队 1：1 战平大连阿尔滨后，有了新的一个目标：冲超。第二十七轮，如果延边队主场在北京北控燕京身上获取 3 分，而河北华夏幸福和大连阿尔滨其中一支球队输球，那么延边队即可凭借着对这两支球队的胜负关系占优，提前三轮冲超成功。这又将创造一个纪录，一支 2014 年提前三轮降级的球队，2015 年反而提前三轮冲超成功。如果河北华夏幸福和大连阿尔滨都输球了，何止是冲超，延边队即可提前三轮直接夺冠！①

9 月 26 日（第二十七轮）中午 12 点刚过，延吉人民体育场外人头攒

---

① 郑明浩：《纪录的创造者和终结者》，《延边日报》2015 年 9 月 22 日。

动、热闹非凡。还有不到 3 小时，这里将上演中甲联赛第二十七轮的一场焦点之战，"领头羊"延边长白山队对阵新兴"土豪"北京北控燕京队。比赛的重要性不言而喻，如果北控燕京获胜，御林军将继续保留冲超希望。如果延边获胜，极有望提前三轮冲超成功。由于第二天是传统的中秋佳节，很多延边球迷把比赛当天定为延边队"冲超日"，寄望中秋之日喜庆中超。主裁判王津的开场哨将 3 万多名观众的目光聚焦赛场。两周前，就是在这块场地上，前来挑战的天津松江一球定乾坤，让"领头羊"吞下主场首败的苦果。今天面对冲超强敌，两周前的一幕会再次上演吗？快速的攻防转换、胶着的局面让人窒息。上半场，进入伤停补时，比分仍停留在 0：0。下半场，形势大扭转，凭借着外援的出色表现，延边队 5：0 大胜北控，完成了自己的使命。同时，"升班马"江西联盛无力阻止河北华夏幸福前进的脚步，客场 0：1 败北。本轮战罢，延边队积 57 分，华夏幸福队积 51 分，大连队积 49 分。联赛还剩下三轮，延边队只要拿到 1 分即可冲超成功，拿到 3 分就能夺冠。本轮过后，中甲休战两周。

10 月 18 日（第二十八轮），延边队客场挑战武汉卓尔。是役，即使延边队输掉比赛，只要华夏幸福告负或大连战平，延边也会提前冲超甚至锁定中甲冠军。不负球迷厚望客场作战的延边长白山队 0：0 战平武汉卓尔，提前两轮成功晋级 2016 年中国足球超级联赛，实现了延边职业足球 21 世纪的宏伟神话。

10 月 24 日（第二十九轮），延边长白山队主场以 4：0 大胜湖南湘涛队，积 61 分的成绩提前一轮夺取本赛季中甲联赛冠军。历经半个世纪坎坷绿茵路，延边足球再次实现冠军梦想。

十九　2016 年中国职业足球中超联赛——延边富德足球队

2016 年，延边富德足球队在首个中超联赛中，取得了第九名的成绩。同年，延边北国足球俱乐部注册成立，并参加全国业余联赛。

2016 年 1 月 12 日，延边长白山足球俱乐部参加 2015 赛季中甲联赛，并获得了第一名的成绩。由于延边长白山足球俱乐部自身发展需要，经延边长白山足球俱乐部申请，延边体育局同意，根据中国足协职业联赛理事会执行局相关规定，延边长白山足球俱乐部有限公司主要股权转让并更名为"延边富德足球俱乐部股份有限公司"。转让后，深圳市富德金融投资控股有限公司占70%股权。

2016年，当国际足坛冬季转会窗口开启后，仅半个月的时间，中超的转会开销力压英超位居世界第一。1月13日，延边富德足球俱乐部官方宣布，延边队签下了降入乙级联赛的北京理工队队长——韩光徽。这是继崔仁、韩轩、田依浓和外援尹比加兰、金承大之后，加盟延边队的第六人，延边队成为目前中超引援人数最多的球队。不过，就这些球员的名气而言，显然无法与其他豪强的"猎物"抗衡。这种深深打上朴泰夏"烙印"的闪电式"草根"引援，不知能否再续2015年的"平民"逆袭奇迹。作为2015年的中甲冠军，延边队虽然早早便开启了引援工作，敲定了两名韩国外援尹比加兰和金承大，但这两位韩国顶级水平的球员，只能算作边缘国脚。而新年后接连引进的几名球员，譬如延边队的旧将崔仁，仅是中超降级球队上海申鑫的替补球员。至于韩轩和韩光徽虽然颇具实力，但毕竟是中甲水平。而田依浓则在沈阳沈北解散后，去乙级联赛踢了一年，显然水平有限。延边队显然成了最不"中超"的球队，就连作为第二级别联赛的中甲，"土豪"天津权健也在疯狂刷纪录引援，其跃居世界转会开销榜的第六位，且大有"风景那边独好"之势。随着中超联赛开启"挥金如土"模式，中国的足球联赛已经进入了史诗般的"大国际"时代。在这样一个令人"纸醉金迷"的大环境下，朴泰夏所执教的延边这支"平民"球队能否打破中超旧秩序，再续逆袭奇迹？这着实令人期待。①

3月5日，2016赛季中超联赛大幕开启，中超新军延边富德队客场挑战老牌劲旅上海申花队。凭借河太均的进球，延边队1∶1战平申花队。比赛在上海虹口足球场进行。由于斯蒂夫有伤在身，延边队首发中前场派出了河太均、金承大和尹比加兰的韩国组合，塞尔维亚外援尼古拉和队长崔民联袂负责后防线，孙君和池忠国负责中场组织，进行攻防衔接。申花队则派出全部主力首发登场。开场后，申花队强势压上。第85分钟，申花获得角球机会，角球开到前点，金基熙甩头攻门打在孙君手上，主裁判判罚点球。点球由登巴巴主罚，他晃过池文一一蹴而就。终场补时阶段，尹比

① 郑明浩：《草根式引援能否再续平民逆袭》，《延边日报》2016年1月19日。

加兰禁区内低射远角偏出，错过绝杀机会。全场比赛结束，延边队遗憾地和对手战成1:1，没能实现中超开门红。[①]

4月2日（第三轮），延边富德队主场对阵北京国安乐视队。凭借上半时河太均的头槌建功，延边富德队以1:0战胜北京国安乐视队，取得了晋级中超后的主场开门红。

中超前两轮，延边队虽然1平1负未尝胜绩，但打出了自己的特色，全队也收获了信心。两支球队都希望用新赛季首场胜利提升球队的士气。延吉市人民体育场近26000名观众，见证了延边队重回中国足球顶级联赛的主场首秀。一场春雪突然而至，湿滑的场地给比赛带来了一些不确定因素。开场后，延边队很快取得场上的主动。第8分钟，延边队前场快速反击，斯蒂夫禁区内拿球被张呈栋干扰摔倒，主裁判示意比赛继续。第17分钟，国安队朴成边路接球时不慎滑倒，吴永春趁机断球传到禁区，河太均在小禁区前沿头槌攻门，皮球擦柱弹进球门。延边队率先打破场上僵局。落后的国安队加强进攻。第30分钟，李磊主罚的前场任意球稍稍高出球门。易边再战。第66分钟，金承大右路突进，将球送至禁区内，斯蒂夫回做中路，河太均跟进一脚推射，皮球被门将杨智神勇扑出底线。第10分钟后，斯蒂夫后场抢断发动快攻，金承大突入禁区左路内切低射，皮球稍稍偏出门柱。伤停补时阶段，金承大的射门被防守队员在球门线上挡出。最终，延边1:0战胜国安，取得新赛季的主场首场胜利。[②]

4月8日（第四轮），延边富德和广州富力提前上演了一场焦点之战。此战所谓的焦点，是源于来自中超最南方和最北方的两支球队的拼争。面对经纬度差异最大、气候差异最大的时差困扰，新赛季的"升班马"延边富德顽强地在客场以0:0逼平了2015赛季的亚冠球队广州富力队，在水土不服的羊城抢回1分。通过这场比赛不难看出，在主帅朴泰夏的带领下，延边富德正在不断地适应中超的快速节奏，遵循中超的生存法则。[③]

4月15日（第五轮），济南奥体中心鲁能大球场的记分牌定格在3:1，延边富德队员一脸茫然地走出球场。延边富德输了，此战与其说是输给了

① 郑明浩：《中超首秀延边队1:1战平申花队》，《延边日报》2016年3月7日。
② 郑明浩：《延边富德力克北京国安主场开门红》，《延边日报》2016年4月5日。
③ 牛志伟：《适应节奏生存为本》，《延边日报》2016年4月12日。

对手，不如说是自己打败了自己。赛后，延边队主帅朴泰夏的总结耐人寻味。这位韩国籍教头说："球场上失误是致命的，将直接导致比赛结果。这场比赛给我们的教训是，失误少的一方总会比失误多的一方取得更好的成绩。我们是从甲级队今年刚刚冲入中超的，我们的球队需要继续磨炼，好钢还需用重锤。"①

4月23日（第六轮），延边富德队主场迎战河南建业队。比赛中，建业队通过一个角球和一个反击，取得了2：0的领先优势。虽然，延边富德由崔仁精彩的世界波破门扳回一城，但最终还是以1：2负于对手。在功利足球与艺术足球的对决中，功利足球再次尝到了甜头。②

5月8日（第八轮），延边富德队2：0战胜长春亚泰队后，延边富德队主教练朴泰夏竟然把这3分放大到10分的价值来描述。这位韩国籍主帅要向大家表明的是，吉林德比十分重要，比赛结果十分圆满，观众看了十分满意。恰逢母亲节，同时也是吉林球迷的节日，他们在为吉林大地上孕育出延边富德和长春亚泰这对"中超双雄"感到自豪的同时，更有幸观看了中超首个吉林德比大战。此前，延边富德和长春亚泰排在积分榜最后两位，此次吉林德比将充斥悲情，但不论是在延吉大街小巷，还是在延吉人民体育场的内外，延边和长春亚泰的球迷还是肩并肩、手挽手，脸上洋溢笑意，内心充满温情。球迷们享受着德比带来的喜悦，球员们抛却了德比带来的压力，伴随着初夏的温馨阳光，吉林德比显得轻松愉快。③

5月15日（第九轮），延边富德队坐镇主场迎战重庆力帆队。上半时，斯蒂夫反越位吊射打破僵局。下半时，维埃拉推射扳平比分。最终，延边队1：1战平力帆，在这场中超"韩国德比"中，朴泰夏和张外龙两位韩国教头握手言和。两队都是由韩帅指导，又云集众多韩国外援，有着诸多韩国元素，本场也堪称中超的"韩国德比"，因此韩国国家队主帅施蒂利克也专程赶来观战。本场比赛，延边队的两名伤员池忠国和斯蒂夫伤愈复出首发登场，尼古拉出现在替补席上。④

---

① 牛志伟：《好钢还需千锤百炼》，《延边日报》2016年4月19日。
② 郑明浩：《功利足球与艺术足球之战》，《延边日报》2016年4月26日。
③ 牛志伟：《中超吉林德比》，《延边日报》2016年5月10日。
④ 郑明浩：《延边富德憾平力帆韩国德比和为贵》，《延边日报》2016年5月17日。

5月22日（第十轮），延边富德和河北华夏幸福同为本赛季的中超"升班马"，延边队九轮过后，客场还未尝胜绩。河北华夏幸福积分稳定在争夺亚冠的区域，主场保持不败。本场比赛，河太均因伤缺阵，金承大、斯蒂夫和崔仁组成锋线三叉戟。河北华夏幸福基本上沿用了周中补赛战胜北京国安的原班人马。延边富德客场挑战河北华夏幸福。最终，凭借上半时董学升的争议进球，延边队0：1惜败，客场难求一胜。[①]

5月28日（第十一轮），延边富德主场迎战辽宁宏运的比赛中，随着金承大的锦上添花，比分也定格在了4：1，延边队收获了这场极具保级意义的中超东北德比的胜利。在这场胜利后，延边队积分达到了12分，积分榜上也蹿升到了第九的位置，处于目前保级大军中的领先位置，保级形势大为改观。在河太均缺阵的情况下战胜了对手，这也是延边队第一次在没有"河神"的被动条件下取得的一场胜利，延边队从中超新军到立足中超，还需要很长的路要走。在休战期过后，接下来的赛程会更为凶险。期待延边队再接再厉，借着中超东北德比大胜的东风，踏上提前保级之路。[②]

6月18日（第十三轮），延边富德同广州某队之役，在这场由2015赛季中甲冠军和2015赛季中超冠军的比赛中，士气如虹的"升班马"在领先了大半场的情况下，被经验老到的上届冠军在尾声阶段扳平比分。

年轻气盛的中甲冠军在经验老到的中超冠军面前交了昂贵的学费，痛失了力斩"领头羊"的绝佳良机。比赛中，延边队在领先后，依旧创造出了扩大比分的机会，可惜没能转化为进球，这也留下被扳平的隐患。第87分钟，延边队员受到吴永春抽筋倒地的影响而有些分神，在这名左后卫无法参与防守的情况下，被于汉超攻入了世界波。这粒进球也引爆了延边球迷对裁判及恒大球员的不满。赛后，延边队主帅朴泰夏就这粒争议扳平球给出了自己的看法。他说，恒大在落后的情况下有这样的选择是可以理解的。而且在我们球员受伤后，控球权首先是被我们掌握的，但我们认为踢出界外拖延时间是没有意义的，我们选择了继续进攻。所以恒大在断球后没有暂停比赛，并组织反击是非常正常的，这个进球没有问题。本赛季，延边队在净打比赛时间上，可谓冠绝中超，向来讲求"纯粹足球"的队员

① 郑明浩：《董学升争议进球延边富德惜败河北华夏》，《延边日报》2016年5月24日。

② 郑明浩：《从中甲东北德比到中超东北德比》，《延边日报》2016年5月31日。

们，即便在队友抽筋倒地的情况下，仍坚持进行比赛，并未将球踢出界外阻断比赛的进程，刻意拖延比赛时间。这样的做法或许会被很多人认为不够聪明，但出于对"纯粹足球"的坚守，不与功利足球的做法，球员们的选择无愧于心、无愧于支持他们的球迷。与这份执着相比，就连代表整个亚洲出战过世界杯，曾与巴萨直接过招而不可一世的恒大队员们，在赛后都难以理解把"纯粹足球"当作信仰的延边球员的"愚蠢"之举。其实，公道自在人心。这场通过央视直播的比赛，相信会让全国各地的球迷都领略到延边足球的风采，看到延边队为"纯粹足球"而进行的不懈努力；还会让那些不了解边陲延边的人，对这支边关铁骑肃然起敬；也会让在外地打拼的延边人受到莫大的鼓舞，并因家乡球队不畏强敌的表现而动容。不过，造化总是弄人，绿茵场上亦如此。虽然在大好局面下，最后因注意力不够集中而遗憾打平，但相信经历这次洗礼而收获了十足信心的延边队，定会斗志昂扬地开赴石家庄，气定神闲地为客场的首胜而拼搏战斗，将"纯粹足球"进行到底。①

6月26日（第十四轮），延边富德客场挑战石家庄永昌。上半场，尼古拉用任意球世界波首开纪录。此后，崔仁再下一城。比赛结束前，金承大锦上添花，延边队3∶1斩获中超客场首胜。

7月3日（第十五轮），延边富德队坐镇主场迎战杭州绿城队。上半场前18分钟，延边队被绿城连入三球，尹比加兰扳回一城后，又被对手攻入一球。下半场尾声阶段，斯蒂夫抢射破门。最终，延边队2∶4告负。此役，延边队继续沿用上一轮在石家庄取得客场首胜的阵容，解禁复出的裴育文坐在替补席上待命。绿城也沿用了上一轮主场战胜河北华夏的阵容。两队中斯蒂夫和陈晓分别面对旧主。本场比赛既是延边队主场迎来的第二场韩帅德比，也是自2006年浙江绿城冲超后，时隔10年再次造访延边。②

中超联赛下半程开启，已经摸到门路的延边富德队凭借主场之利斩申花擒苏宁灭富力，豪取三连胜。综观下半程前4轮比赛中的中超诸强，唯有延边队一路高歌，力压广州富力高居榜首，俨然成为下半程的"开局王"。2015年，以递补身份留在中甲并神奇夺冠的延边队，对于群星璀璨、

---

① 郑明浩：《将"纯粹足球"进行到底》，《延边日报》2016年6月21日。
② 郑明浩：《延边富德主场不敌绿城难求连胜》，《延边日报》2016年7月5日。

豪门云集的中超联赛可谓充满了敬畏，上半程多数比赛踢得缩手缩脚，加上客场居多的客观因素，球队难以发挥出 2015 年横扫中甲的水平。延边队将士们随即取得了中超客场首胜。虽然，回到主场莫名失常输给了为保级苦战的杭州绿城，但伴随下半程的开启，攒足了经验的延边队开始势不可当。在防守稳健、反击犀利、众志成城的延边队面前，就连刚刚在广州德比中逆转战胜恒大，并豪取六连胜（包括足协杯）的广州富力，造访延吉人民体育场也差点被打花，以 1∶3 落败。此前状态火热的以色列球星扎哈维被延边队防守群完全冻结，只能仰天长叹。作为"升班马"，延边队中超经验严重不足，全队的中超出场时间加在一起也仅有 20 多场。此时，初登中国足球顶级联赛的延边队小伙子们都略显生涩，他们在并不熟悉对手打法的情况下交点学费也在所难免。面对上半程伊始并未取胜过的江南三强，延边队摸清对手球路之后，已给了他们迎头痛击，在"红蓝大战"中实现了三连斩。①

本赛季的 7 月有着如此强势的表现，着实令人惊叹，更何况如此骄人的成绩还是在号称"亚洲第一联赛"的中超里所取得的，堪称史上最强的 7 月。2015 年同期，延边队在中甲联赛所向披靡，在 7 月取得 3 胜 1 平的佳绩，其中三个主场取得三连胜，但中甲毕竟无法跟中超相提并论。在当年与现在中超属同级别的甲 A 联赛里，被人们奉为经典 1997 赛季的 7 月，延边队取得了 3 胜 3 平的不俗战绩，但在其中的 5 个主场里也仅取得 3 胜 2 平的战绩，与本赛季 7 月，4 胜 1 负的战绩相比仍略显逊色。四连胜后，在 2016 年这个史上最强 7 月，延边富德的成绩将成为新的经典被载入史册！②

8 月 13 日（第一轮），延边队主场迎战上海上港，此役延边队 1∶1 战平强大的上海上港。赛后的延吉人民体育场充满了遗憾和叹息。如果在赛季之初或 100 多天以前，延边富德能够逼平强大的上海上港，这是延边球迷们连想都不敢想的事，而如今，当延边队兑现一场平局后，现场观众的遗憾之情却溢于言表，因为在这个炎热的天气里，迎接延边队的胜利已经

---

① 郑明浩：《延边富德成为下半程开局王》，《延边日报》2016 年 7 月 26 日。
② 郑明浩：《延边队迎来史上最强 7 月》，《延边日报》2016 年 8 月 2 日。

成为人们的一种习惯。①

9月9日（第二十四轮），延边富德队客场挑战重庆力帆队。上半场，力帆外援费尔南多远射破门。下半场，费尔南多制造点球，卡尔德克将球罚进。伤停补时阶段，金波打进挽回颜面的一球。最终，延边队客场1∶2不敌对手，遭遇两连败。

10月23日（第二十八轮），延边富德客场挑战广州某队。延边队需要拿分保级，本场比赛两队都志在取分。②

10月26日（第二十九轮），延边富德队坐镇主场迎战石家庄永昌队。上半场，金波打破僵局。下半场，河太均"破荒"扩大比分。最终，延边队2∶0完胜永昌，提前一轮保级成功。

2016赛季中超联赛落下帷幕，延边队以一场平局结束了中超元年的征程。三十轮比赛，10胜7平13负，积37分，排名积分榜第九。作为一支"升班马"，延边队将士上下一条心、众志成城，交出了足以让球迷满意的答卷。2016赛季中超联赛，中超前三名的球队依次为广州恒大队、江苏苏宁队、上海上港队。

延边富德俱乐部召开新赛季首次媒体见面会，宣布俱乐部将与主帅朴泰夏续约一年，工作合同延长至2018年底。俱乐部聘请韩国大田市民队原主帅崔文植为球队助理教练。③

2017年，延边富德足球队因资金等各种问题，提前两轮从中超降级。同年，延边北国足球队获得中国足球协会业余联赛第五名，在附加赛中战胜中乙联赛第23名包头鹿城草上飞队晋级中乙联赛。

二十　2017年中国职业足球中超联赛——延边富德足球队

（一）延边富德引进匈牙利国脚

延边富德足球俱乐部官方微博发布消息，宣布队长崔民转会至中甲球队深圳市足球俱乐部。同时，中超延边富德俱乐部官方微博宣布，与张

---

① 郑明浩：《当胜利成为习惯》，《延边日报》2016年8月16日。
② 郑明浩：《尹比加兰救主逼平恒大延边队拼得保级关键分》，《延边日报》2016年10月25日。
③ 郑明浩：《延边富德续约主帅朴泰夏至2018年》，《延边日报》2016年11月23日。

炜、朱泉、姜卫鹏、杨世元、金成俊这五名球员完成签约，希望他们尽快融入球队，帮助延边在新赛季取得好成绩。在西班牙穆尔西亚延边富德足球俱乐部集训地，匈牙利国脚古兹米奇正式加盟延边富德队，签约一年。身材高大魁梧的古兹米奇与延边富德足球俱乐部副总经理兼领队朴成雄签署合约。随后，延边队主教练朴泰夏向球队球员介绍了古兹米奇。

（二）中超推出新政

在中国职业足球联赛理事会与中超、中甲俱乐部联席会议上，中国足协突然宣布更改 2017 赛季中超规程，在外援和青少年球员上推出新政，具体如下。①在中超（中甲）联赛中，每场比赛 18 人报名名单中至少要包括 2 名 U23（2017 赛季为 1994 年 1 月 1 日以后出生）国内球员。同时，首发 11 人中至少有 1 名 U23 国内球员。②在不改变原有中超（仅限中超）球员注册、大名单报名及每场 18 人名单报名外籍球员名额的前提下规定：每场比赛每队累计上场的外籍球员（非亚洲外籍和亚洲外籍）最多为 3人。政策一出，整个足球界哗然。据了解，这是一个"行政命令"。目前，相关文件已经下发到中超、中甲各俱乐部，俱乐部必须严格执行。

3 月 5 日（第一轮），2017 赛季中超联赛继续展开争夺。延边富德队客场挑战重庆当代力帆队。结果，全场双方均无建树，0∶0 战平。这是新赛季第一场韩帅德比。首发阵容方面，由于足协新政的限制，延边队派上尼古拉、金承大和新援古兹米奇三名外援。金成俊作为 U23 球员首发。重庆方面则派上延边青训出身的南松作为 U23 球员首发。①

3 月 10 日（第二轮），面对强大的上港，朴泰夏竟然一反常态，对阵容进行大范围改变。三名外援的具体分工是，尼古拉镇守后防、尹比加兰中场调度、斯蒂夫一人突前。此役，上港队杀手胡尔克在延边队的严防死守下攻击力锐减，奥斯卡的中前场衔接也不太流畅。然而，缺少古兹米奇的延边队还是在防守上出现不少漏洞，被上港"土炮"吕文君和武磊两度破门，最终 0∶2 告负。面对在亚冠和中超赛场上势如破竹的上海军团，伤兵满营的延边队吃到了赛季首场败绩。不过，由池忠国、尹比加兰、斯蒂

---

① 郑明浩：《延边富德战平重庆力帆收获新赛季第一个积分》，《延边日报》2017 年 3 月 7 日。

夫和金波组织的中前场还是颇有亮点，犀利的防守反击同样给对手制造了不小的麻烦。①

4月1日（第三轮），2017赛季首个主场未能迎来一场胜利，延边富德队0∶1负于广州富力队。

4月9日（第四轮），延边富德队客场0∶1小负天津权健队，遭遇三连败。中超联赛前三轮，延边富德1平2负未尝胜绩，只拿到1分，居积分榜第十四位。

4月16日（第五轮），延边富德队坐镇延吉人民体育场迎战河北华夏幸福队。第55分钟，"野牛"阿洛伊西奥抽射得分打破僵局；第80分钟，金承大反越位推射破门扳平比分。补时阶段，金承大面对空门打偏，错失绝杀良机。最终，延边富德队1∶1憾平对手。

4月22日（第六轮），延边富德队客场挑战天津泰达亿利队。下半场，天津泰达亿利队攻入3球，而延边富德队仅斯蒂夫点球破门。最终，延边富德队1∶3负于天津泰达亿利队。

5月5日（第八轮），延边富德1∶1逼平江苏苏宁，客场带回了宝贵的1分。排名在延边富德后面的长春亚泰和河南建业本轮均取得了胜利。如是，保级区的队伍排名如下：辽宁和长春同积7分；河南、贵州和延边同积6分；江苏垫底积4分。从积分榜中不难看出，这六支队伍目前沦为降级最大热门球队。

5月13日（第九轮），延边富德队主场1∶2不敌北京中赫国安队，积分榜排名垫底。

5月20日（第十轮），在斯蒂夫率先点球破门的情况下，延边富德主场1∶1被山东鲁能战平，没能迎来本赛季的第二场胜利。

6月3日（第十二轮），延边富德主场迎战广州某队。虽然，尹比加兰用一记精彩的任意球破门，但延边队仍以1∶3负于对手，在积分榜继续垫底。

6月17日（第十三轮），延边富德队客场挑战河南建业队。经过90分钟的激战，延边队1∶3客场负于对手，排名继续垫底。

---

① 牛志伟：《逐渐摆脱困境迎接更大挑战》，《延边日报》2017年3月14日。

6月24日（第十四轮），延边富德队主场迎战上海绿地申花队。经过紧张激烈的对决，延边队主场0：2负于对手，遭遇七轮不胜的尴尬局面。这也是即将回韩国服兵役的尹比加兰在延边主场的告别赛。延边球迷在看台上的一个巨幅标语表达了对他的深情厚谊——"我们等你回来！一路平安尹比加兰！"延边德富足球俱乐部总经理于长龙把印有"14"号金色字样的球衣赠送给尹比加兰，并和他深情拥抱。

7月2日（第十五轮），延边富德队客场挑战贵州恒丰智诚队。经过紧张激烈的较量，延边队2：1战胜对手，获得赛季客场首胜，延边富德队看到了保级希望。

7月8日（第十六轮），延边富德队主场迎战重庆当代力帆队。经过紧张激烈的对决，延边队主场0：4负于对手，遭遇主场惨败。

7月15日（第十七轮），延边富德队主场1：3负于上海上港队。综观整场比赛，延边队虽然输掉了比赛，但在技战术打法方面和之前相比较，有了很大的改观，特别是在进攻方面大有起色。场上的这些改变，都离不开新外援黄一琇的加盟。本场比赛，黄一琇的表现好评如潮。

7月23日（第十八轮），延边富德队客场挑战广州富力队。经过紧张激烈的鏖战，延边队2：6客场负于富力队，继续排名垫底。

7月29日（第十九轮），延边富德主场迎战天津权健队。延边富德队上、下半场各失一球，0：2失利，遭遇四连败。

8月5日（第二十轮），延边富德队客场0：3不敌河北华夏幸福队，遭遇五连败。

8月13日（第二十二轮），延边富德队客场挑战长春亚泰队。上半场第44分钟，亚泰队伊斯梅洛夫被红牌罚下。下半场第53分钟，斯蒂夫头球破门打破僵局。8分钟后，伊哈洛扳平比分。最终，延边富德队客场1：1憾平亚泰队。

8月19日（第二十三轮），延边富德队主场迎战江苏苏宁队。上半场，苏宁队R.马丁内斯率先破门。下半场，穆坎乔扩大比分，拉米雷斯梅开二度。最终，延边队主场0：4落败。

9月10日（第二十四轮），延边富德队客场挑战北京中赫国安队。上半场，国安队于洋头球率先破门，延边富德队斯蒂夫点球扳平比分，随后斯蒂夫单刀梅开二度，古兹米奇再下一城。下半场，国安队索里亚诺任意球扳回一球，于洋梅开二度扳平比分。索里亚诺梅开二度反超比分，终场前斯蒂夫上演"帽子戏法"再次扳平比分。最终，延边富德4∶4客场战平北京国安。

9月16日（第二十五轮），延边富德队客场挑战山东鲁能泰山队。上半场，延边队斯蒂夫助攻孙君破门。下半场，山东队张弛门前垫射扳平比分。最终，延边富德1∶1客场战平山东鲁能。

9月23日（第二十六轮），延边富德队主场迎战辽宁沈阳开新队。上半场两队均毫无建树。下半场，替补出场的崔仁一记世界波破门锁定胜局。最终，延边富德1∶0主场战胜辽宁沈阳开新队，获得宝贵的3分。

10月13日（第二十七轮），延边富德队客场挑战广州某队。最终，延边富德3∶4客场战败，保级前景日益恶化。

10月21日（第二十八轮），延边富德主场迎战河南建业。上半场，建业队巴索戈低射破门。下半场，巴索戈利用反击再入一球，斯蒂夫推射建功。最终，延边富德1∶2主场不敌河南建业，提前两轮降级至中甲。

11月4日（第三十轮），延边富德主场3∶0大胜贵州恒丰智诚队。虽然这一场胜利无法让延边队逃脱降级的厄运，但是其攻击线亮出来的霸气，提升了其2018年打回中超的信心。赛前，延边队提前两轮降级，贵州智诚队排名第七。作为主场作战的延边队来说，希望用一场胜利完美地告别中超，并回馈球迷的关爱和支持。

二十一　2018年中国职业足球甲级联赛——延边富德足球队

2017年，遭遇严冬的延边富德黯然降入中甲联赛，延边球迷无限感伤。不过，这种悲痛很快化作力量，因为我们深知，不论是经济实力还是球员人数，延边队很难与中超诸强相提并论。

上赛季，有媒体传出富德集团撤资的消息。但是，2018年新年钟声刚刚敲响，延边富德俱乐部就传来消息，延边足球队仍由深圳富德生命人寿保险股份有限公司冠名。

令延边球迷担心的事情还是发生了。昔日的中超"抢断王"和"扑救王"，延边富德队的绝对核心、延边富德队的两名队长池忠国、池文一相继转会至北京中赫国安。

2月28日，延边富德队的"射手王"、外援斯蒂夫加盟贵州智诚，对于延边富德来说是雪上加霜的事情。冬季转会的日子里，延边富德队共有11名球员离队，几乎走了一套阵容，原来就板凳深度不够、经济底子薄弱的延边富德，如何迎接即将到来的中甲之旅？值得安慰的是，本赛季从韩国联赛中引进了可以胜任中锋或边锋位置的巴西外援扎伊尔。外援扎伊尔曾辗转于日本J联赛、韩国K联赛及阿联酋联赛，熟悉适应亚洲职业足球联赛环境，先后效力济州联、千叶市原、鹿岛鹿角及全南天龙等俱乐部。其中，2017年代表全南天龙足球俱乐部出场35次，打进16球并有3次助攻，排在K联赛射手榜第6位，是一名极具攻击力的锋线射手。不论是俱乐部还是球迷们，新赛季都非常期待这名外援能够弥补原"射手王"斯蒂夫的空缺。

3月10日，2018赛季中甲联赛在广东梅州开幕。在国内足球圈，一直流传着这样一句话——"南梅县，北延边"。揭幕战上，已经"残缺不全"的延边富德队挑战"升班马"梅县铁汉生态队。在梅县曾宪梓体育场，面对中甲新兴"土豪"，延边将士毫无畏惧。第25分钟，朴世豪接队友妙传后送出助攻，杀入禁区的韩光徽推射空门得手。最终，比分定格为1：0。综观整场比赛，延边队的表现用"可圈可点"来形容比较恰当，但无论如何，最困难时期能够取得开门红，让延边的球迷们欣喜万分。

3月18日，梅州市五华县人民体育场，与上一场相比，本场比赛延边富德队的表现令人大跌眼镜。开场刚刚3分钟，梅州客家队外援约翰·马里长驱直入，凭借身体上的优势强行突破延边富德队的两名防守队员，推射将球打进。下半场，落后的延边富德队大举反攻，寻找机会。补时阶段，扎伊尔在无人盯防的情况下，将近在咫尺的头球攻门顶偏，错失了扳平比分的良机。比赛结束，延边队0：1不敌梅州客家队。

4月1日，中甲第三轮，延边富德队主场迎战呼和浩特中优队。为了拿下本场比赛，朴泰夏把两名外援扎伊尔和梅西·保利悉数派上场。第32分钟，扎伊尔单刀射门被门将封堵，朴世豪跟进推射，皮球蹭入网窝。延边富德队1：0取得赛季主场开门红。比赛结束后，现场1.6万多名观众起立为延边将士们的优异表现鼓掌。

4月4日，中甲第四轮，延边富德队客场挑战大连超越队。客串中锋的外援古兹米奇头球破门。此役，门将朱泉还扑出了对手的点球。最终，延边富德队客场1：0战胜对手，取得赛季两连胜。

4月7日，中甲第五轮，延边富德队主场迎战上海申鑫队。延边队在场面上绝对占优的情况下，由于临门一脚的欠缺，只能与对手0：0握手言和。本场比赛，外援扎伊尔的头球攻门造成"门线悬案"。

4月15日，中甲第六轮，延边富德队客场挑战浙江毅腾队。开场不到3分钟，毅腾外援莫塔禁区内挑射破网，延边门将朱泉326分钟不失球纪录宣告破灭。下半场不到3分钟，古兹米奇在争抢中踩踏对方球员，被直接出示红牌罚下。比分落后，再加上少一人作战的延边富德队，要想逆转局面简直是"天方夜谭"。但是，功夫不负有心人，延边队的坚持换来了一场宝贵的平局。第70分钟，延边队左路下底传中，对方门将将球托出，埋伏在球门后点的崔仁推射空门入网，凭借崔仁的致命一击，延边队1：1客场拿到了救命1分。虽然拿到了宝贵的1分，但是六轮过后，被球迷寄予厚望的锋线两名外援扎伊尔和梅西均颗粒无收，难免让人产生一些质疑。

4月19日，中国足球协会纪律委员会下发《关于延边富德足球俱乐部球员古兹米奇违规违纪的处罚决定》，由于古兹米奇本轮的"踩踏行为"，对其停赛10场，罚款7万元。这一处罚结果，对于延边富德队来说是雪上加霜。

4月21日，中甲联赛迎来第七轮的角逐，延边富德队主场迎战来访的黑龙江火山鸣泉队。第8分钟，黑龙江外援维克托主罚点球命中；第48分钟，王子铭铲射破门；第56分钟，又是外援维克托主罚点球梅开二度。0：3的比分给前来加油助威的延边球迷带来了失望和气愤。丢掉3个球后，延边队的球员才如梦方醒。第80分钟，崔仁劲射破门；随后裴育文禁区外弧线进球。但为时已晚，时间不等人，最终2：3输掉了比赛。

4月28日，延边富德队在沈阳铁西体育场挑战辽宁宏运队。两队不论在老甲A、老中甲，还是现今的中超和中甲时代，共交手14次，互有胜负。这一次既是第15次对决，也是"长白虎"和"东北虎"的直接对话。经过90分钟的激烈对决，辽宁队最终1：0战胜延边富德队。延边富德队连续两场惨遭东北兄弟双杀。

5月5日，延边富德队凭借主场之利，誓言拿下深圳佳兆业。上半场，延边队的U23李强挑射破门，深圳队员叶楚贵红牌被罚下。胜利的天平完全倾向延边队。天有不测风云，下半场，深圳队凭借外援普雷西多的梅开二度，2∶1逆转延边富德，抢走3分。这一结果成为主场的球迷们无法接受的现实。

5月9日，中甲联赛迎来第十轮的角逐，延边富德队客场挑战北京北控燕京。在比分落后的情况下，第23分钟，崔仁头球进球；第30分钟，崔仁禁区外世界波破网；第81分钟，又是崔仁的前插摆脱门将推射空门得手。最终，比分定格为3∶2，延边富德逆袭成功。

5月13日，中甲第十一轮在中南财经政法大学体育中心举行，延边富德0∶1不敌本赛季"领头羊"武汉卓尔，没能延续上一场的胜利。

5月16日，中甲第十二轮，延边富德主场迎战青岛黄海。上半场，青岛外援桑达扎低射破门。随即，梅西和韩青松两次破门将比分反超。下半场，青岛本土射手高翔和刘龙的相继建功把比分改写成2∶3，在补时阶段，延边外援扎伊尔射失点球。延边富德队一周内遭遇两连败。

中甲第十三轮，延边富德主场迎战浙江绿城。上半场，梅西前场抢断成功，面对出击的门将轻松推射破门，1∶0暂时领先。下半场，绿城外援拉基奇的点球和黄世博的进球，使绿城队反超比分。最终，延边富德队1∶2饮恨告负。在遭遇三连败的同时，还要接受主场四连败的现实。在赛后的新闻发布会上，主帅朴泰夏显然对裁判的判罚产生不满，十分无奈地说："在自己的主场出现这种不公正待遇，我无话可说。"

根据中国足协的安排，世界杯期间，中甲联赛进入两个月的休战期。可以说，这期间，夏季转会窗口旋即开启。

本赛季，延边富德最大的败笔是引援问题。俱乐部已经与本赛季颗粒无收的巴西外援解除了工作合约。通过教练组的考察，基本认定，来自刚果的奥斯卡能力突出，符合目前延边富德队技战术打法。此后，与中国香港归化球员艾力士签约3年。不论是俱乐部还是延边的球迷，都非常期待剩余的比赛中两位选手能够给延边队带来惊喜。

7月18日，中甲联赛重燃战火。延边富德客场迎战石家庄永昌。第38

分钟，延边富德队的奥斯卡利用个人能力，突破两名防守队员，推射破门。下半场，永昌外援艾伦两次头球破门，2:1反超比分。虽然延边富德队再一次尝到失败的苦果，但是通过本场比赛也发现了年仅19岁外援奥斯卡的潜力。据了解，2016年，奥斯卡追寻自己的偶像"佐拉大叔"来到延边，走进延边青训营。经过一年半的历练，这个不到19岁的黑人大男孩进入朴泰夏的法眼，并带他前往塞尔维亚进行海外拉练，随即招置帐下。

7月21日，中甲第十五轮，延边富德主场0:0战平新疆天山雪豹。上半程的收官之战，也算是用平局止住了四连败的颓势。

纵观整个上半程，延边富德队15战4胜3平8负，积15分，排名第十三。显然，对于延边球迷来讲，这份答卷是不及格的。

7月28日，中甲第十六轮，延边富德队迎战梅县铁汉生态队。作为下半程的新起点，朴泰夏和他的弟子们将交出一份怎样的答卷？上半场，第30分钟，延边队边路传中，崔仁禁区内头球摆渡，背朝球门的奥斯卡腾空跃起，倒钩射门，球直挂球门左上角飞入网窝。这是一粒精彩绝伦的进球，这记"倒挂金钩"令现场球迷欣喜若狂！第72分钟，梅西边路下底传中，奥斯卡禁区内旱地拔葱，强有力的头槌再次将皮球砸进球门。奥斯卡独中两元，延边富德队2:0完胜梅县铁汉生态队。赢球自然高兴，更让延边队欣喜的是，仅仅十天的时间，延边球迷就被奥斯卡征服。战胜梅县铁汉生态队后，朴泰夏不无得意地说："奥斯卡这样的引援方式对延边来说很实惠。他的未来非常值得期待，有更大的上升空间。"

8月4日，中甲第十七轮，延边富德继续坐镇主场，迎战来自梅州的另一个对手梅州客家。第14分钟，奥斯卡禁区前沿巧妙直塞，心领神会的朴世豪小角度推射破门。第47分钟，梅州队将比分扳平。第75分钟，朴世豪投桃报李下底传中，奥斯卡不负厚望头球破门。延边富德2:1锁定胜局，拿到了保级路上的关键3分，在实现下半程两连胜的同时，暂时跃居积分榜第10位，貌似逃离降级区。

中甲第十八轮，延边富德客场0:1负于呼和浩特中优，再次卷入保级的旋涡。

8月15日，中甲第十九轮，延边富德队主场迎战大连超越。又是外援奥斯卡的一记头球将大连超越撞翻。延边富德1:0取得主场三连胜。

8月19日，中甲第二十轮，延边做客上海申鑫。此役，已经不可阻挡的奥斯卡用一记劲射破网，1∶1逼平上海申鑫。

8月25日，中甲第二十一轮，延边富德队越战越勇，凭借队长裴育文的头球破门，1∶0战胜毅腾，迎来了主场四连胜。

9月1日，中甲第二十二轮，延边做客黑龙江火山鸣泉。最终，延边富德没能延续赢球的状态，0∶2不敌主队。

9月15日，中甲第二十三轮，延边富德主场迎战辽宁宏运。本轮比赛，延边富德队为了摆脱上一场输球的阴影，朴泰夏不断地激励队员，要打出主场的气势，绝不能让客队带走1分。果然，比赛一开始，全队大举压上，轮番进行轰炸。哪料想，第13分钟，自家城门率先失守。辽宁队利用外援古斯塔沃禁区内的头球破门1∶0抢得先机。关键时刻，年轻的奥斯卡并没有让延边球迷失望。仅仅过了5分钟，韩光徽边路传中，球门后点的"黑珍珠"奥斯卡高高跃起，将皮球顶进对手球门。看台上的球迷兴奋不已，欢呼声震耳欲聋。易边再战，第53分钟，又是奥斯卡禁区内的头球摆渡，艾力士顺水推舟挑射破门，2∶1反超对手。可以说，朴泰夏执教的履历上又增添一项新纪录——主场五连胜。延边富德豪取五连胜，逐渐跳出降级圈。

9月19日，中甲第二十四轮，延边富德客场作战深圳佳兆业。这一次的远征好像运气并没有站在延边富德这一边，艾力士主罚的点球被守门员扑出。虽然，补时阶段禁区内梅西被拉倒，梅西操刀主罚命中。但最终，以1∶2遗憾地输掉了比赛。

9月23日，中甲第二十五轮，延边富德主场迎战北京北控燕京。2018年的5月9日，中甲第十轮，延边富德客场挑战北控时，利用崔仁的"帽子戏法"，3∶2逆转高洪波执教的北控队，获得了胜利。此役，北控队应该是有备而来。比赛进行到第20分钟，小将李龙边路传中，奥斯卡禁区内头球破门；第75分钟，朴世豪中路妙传，奥斯卡捅射破门；第89分钟，奥斯卡禁区内怒射破门。最终，延边富德4∶1大胜来访的客队，豪取主场六连胜。高洪波军团再一次充当了"陪练"。

9月29日，中甲第二十六轮，延边富德主场迎战中甲霸主武汉卓尔。面对强敌，延边富德将士们毫不示弱，利用金波和崔仁的破门，主场2∶2

战平实力强劲的"领头羊"。

10月6日、10月20日，中甲第二十七轮、第二十八轮，延边富德连续客场挑战青岛黄海和浙江绿城。以1:2的相同比分负于两队。

10月28日，中甲第二十九轮，延边富德最后一个主场迎战石家庄永昌。延边球迷们顶着寒意早早来到现场，为保级的关键一战加油助威。但是，与球迷们所期待的结局相反，延边富德队接连莫名其妙的3粒失球深深刺痛了球迷的心。此时，另一个赛场上，浙江绿城队战胜梅县铁汉生态队的喜讯传来，延边富德竟然提前一轮保级成功。

11月3日，中甲迎来赛季收官之战，延边富德2:0战胜新疆雪豹。2018年，延边富德锁定赛季第10名。

10月30日，延边富德足球俱乐部在白山大厦举行了仪式，为这位4年的日日夜夜里为延边足球做贡献的"功勋教练"朴泰夏送别。朴泰夏饱含深情地说："延边这块热土在我的人生中有着重要意义，即使离开这里，我也将永远铭记在心。"

难说再见，却要别离！朴教头走了，除了怀念之外，人们难免陷入深思：他到底给延边足球留下了什么财富？他的足球理念和所做的工作用这几句话来概括更为恰当——平民球队、自强不息，以我为主、从头做起，挑战豪强、创造传奇，心存梦想、追求卓越，拥抱中超、振奋精神。

12月5日，延边富德足球俱乐部召开新闻发布会，正式宣布韩国籍教练黄善洪出任延边富德队主帅，任期两年。黄善洪，1968年生，球员时代是亚洲最佳球员之一，后成为韩国K联赛和足协杯双冠王教头。黄善洪说："冲超目标不是一两年或短期内能够实现的，我要尽全部的努力，早日带领延边队冲超成功。"

二十二　2019年中国职业足球乙级联赛——延边北国足球队

2018赛季，随着延边富德在中甲赛场上保级成功，延边北国也在中乙赛场上保级成功，"延边双雄"在中国职业足球版图上仍各占一席之地，"北延边"的足球大旗屹立不倒。

2019年2月25日，延边富德足球俱乐部宣布解散并走入破产程序，延边北国成为延边职业足球的一棵"独苗"。此时此刻，振兴延边足球的重任一股脑压在北国人的肩上。因为北国队的存在，广大延边球迷的目光由失望转化为期待。

与原延边富德足球队一样，人才短缺、资金危机是延边北国面临的困境。2019 年伊始，北国足球俱乐部并没有高调地喊出冲甲，而是把赛季目标定为保级。他们深知，作为不受体制庇护的民营足球，绝不能好高骛远、盲目攀比，唯有生存才是硬道理。

2019 年，中乙联赛首轮因故推迟。

3 月 23 日，中乙联赛第二轮开战，延边北国客场挑战保定容大。新赛季，金贤、李浩杰、尹昌吉、金成俊等多名延边富德旧将已加盟北国，继续为延边足球效力。整场比赛，北国队打得积极主动，没给主队太多的取胜机会。在终场前的补时读秒时刻，许波接宋健的妙传，压哨绝杀！延边北国 1∶0 取得胜利，迎来赛季开门红。

4 月 3 日，中乙第三轮，延边北国客场挑战北京理工大学。北京理工大学队率先打破僵局。随即，马冬男用强有力的头槌破门还以颜色。然而，被罚下一人的北国队并没能守住城池，1∶3 败给学生军。

4 月 7 日，中乙第四轮，延边北国客场 1∶6 不敌淄博蹴鞠。此役，北国足球队不仅输了球，还付出了沉重的代价，主力球员宋健被对方球员马栋梁踢成骨折。赛后，北国足球俱乐部就这一"恶意犯规"事件向中国足协申诉，要求严惩绿茵场上的暴力行为。

4 月 13 日，中乙第五轮，延边北国客场挑战青岛红狮。上半场，阿力木江推射破门，对手很快扳平比分。下半场，梁岩峰世界波破门，对手再度将比分扳平。最终，以多打少的北国队 2∶2 战平对手，痛失宝贵的 3 分。

4 月 20 日，中乙第六轮，延边北国客场挑战盐城。第 9 分钟，盐城队便破门得分。第 50 分钟，金成俊中路抢点头槌建功。随后的时间里，晚节不保的北国队城门失守，最终 1∶2 落败。

4 月 27 日，中乙第七轮，延边北国交战对手是"升班马"西安大兴崇德队。一场普通的中乙联赛，观众竟然超过 1 万人，这在近年的中乙赛场上绝对是一件罕见的事，可在一个名叫汪清的小县城，却出现这一壮观场景。开场后，面对对手布下的"铁桶阵"，急于进攻的北国队迟迟打不开局面。第 80 分钟，北国队左路形成配合，队长朴万哲小角度打门，皮球应声入网。2 分钟后，张德鹏左路攻门得手。终场结束前，梁岩峰一脚直接任意球破门。比分最终定格在 3：0。延边北国在汪清县人民体育场迎来新赛季的主场开门红，用一场酣畅淋漓的胜利回报了热情的汪清人民。

5 月 4 日，中乙第八轮，延边北国客场挑战宁夏火凤凰。此战，朴万哲和许波两度叩开对手城池，但北国队仍以 2：3 败给对手，没能延续胜利。

5 月 11 日，中乙第九轮，延边北国迎战大连千兆。虽然主场作战，但北国队防守无力，进攻乏术，最终 0：4 大比分失利。

5 月 19 日，中乙第十一轮，延边北国主场迎战沈阳城市建设队。第 40 分钟，沈阳队主教练于明质疑裁判判罚，吃到红牌被逐出场。上半场，逆风作战的北国队尽管没有射门，但还是顽强地顶住了对手的狂轰滥炸。易边再战，仅过 3 分钟，沈阳队率先破门。第 65 分钟，许波带球突破后单刀破门。第 72 分钟，许波一脚世界波轰破对手城池。在最后的时间里，北国队严防死守，将 2：1 的比分保持到终场。球迷的呐喊就是对球员的最大褒奖，历经三连败的北国队遏住颓势，迎来主场第二场胜利。

7 月 27 日，中乙联赛迎来第二十一轮的角逐，延边北国对阵盐城大丰。目前，盐城大丰队的主帅是曾经延边北国的第一任主帅黄勇，与现延边北国队主帅金青曾是队友。开场后，两队都踢得非常保守，相互试探对方的战术打法，上半场双方 0：0 互交白卷。下半场一开始，双方明显加快了进攻的节奏。第 63 分钟，裴育文开出前场任意球，埋伏在禁区内的金贤一记狮子甩头，皮球应声入网。第 74 分钟，盐城队破门；第 78 分钟，朴万哲左路突破射门，皮球被门将扑出后，李浩补射将球打进；2 分钟后，许波妙传给中路，李浩单刀破门梅开二度。最终，比分定格在 3：1。本轮获胜后，北国队积分排名蹿升至第八。

8 月 3 日，中乙联赛迎来第二十二轮的角逐，延边北国客场挑战西安大兴崇德。凭借上、下半场金贤和李浩的进球，延边北国队 2：0 完胜"西北狼"，迎来赛季三连胜。

8 月 10 日，中乙联赛迎来第二十三轮的角逐，延边北国主场 0：0 逼平宁夏火凤凰，斩获四轮不败。

8 月 17 日，中乙联赛迎来第二十四轮的角逐，延边北国对阵大连千兆。上半场，虽然许波的一脚世界波破门暂时领先对手，但是下半场北国队防守上的失误连丢 2 球，最终 2∶1 被对手逆转。不败纪录就此终止。

8 月 24 日，中乙联赛迎来第二十五轮的焦点之战，延边北国主场 0∶0 逼平河北精英，没能挑落"领头羊"。

8 月 28 日，中乙联赛增加一场补赛，延边北国客场挑战长春百和嘉路喜。一支是保级无忧，一支是为保级而战，最终延边北国 0∶3 输掉吉林德比。

中乙联赛还剩下最后五轮，保级无忧的延边北国队为了锻炼新人，在成绩上大打折扣。最终，2019 赛季获得第 18 名。

2020 年 1 月 20 日，延边北国足球俱乐部宣布解散。此时，距离延边富德足球俱乐部破产仅隔了 330 天。从 1994 年开始，延边足球走入职业化之路。26 年后，延边平民球队正式被"灭亡"。

二十三 2021 年中国职业足球乙级联赛——延边龙鼎足球队

延边龙鼎足球俱乐部是一家 2019 年成立于中国吉林延吉的足球俱乐部，其前身是延边海兰江足球俱乐部。2020 年获得中国足球协会会员协会冠军联赛第八名。

2021 年 3 月 29 日，中国足协公布三级联赛准入名单，延边龙鼎递补将参加 2021 年中国足球协会乙级联赛。

延边龙鼎队的前身是"延边海兰江队"，这支球队在 2019 年延边富德破产后，靠着没有离开延边的富德球员和其他延边球员匆忙组队参加了当年的中冠联赛。2020 年他们也参加了中冠联赛，当时在和四川民足的 8 进 4 比赛中点球失利无缘中乙联赛。2021 年因有俱乐部退出，他们以中冠第八名的身份晋级中乙。在中国足球序列中，只有中乙俱乐部算是职业俱乐部，这意味着延边足球时隔一年后重归职业足球序列。自 1994 年职业化之后，延边一直有职业俱乐部参加中国足球职业联赛，只有 2020 年是空白的。

延边龙鼎是因足协要求中性化名称而更改的名字，俱乐部的投资主体依然是位于延边龙井市的海兰江足球文化小镇。"足球小镇"意味着龙鼎队有一个很多职业俱乐部都没有的先天优势，那就是他们拥有自己的基地。在"足球小镇"已完成的一期工程中，有海兰江足球青训基地、青训基地附属楼、2 块室外标准 11 人制天然草坪足球场、4 块室外标准 11 人制人工草坪足球场、2 块室内标准 11 人制气膜结构人工草坪足球场，以及足球小镇综合楼、足球服务中心。目前，这里更是全国 15 个青少年足球基地之一。

正是因为有这个基地，足协审核延边龙鼎的中乙资格时，非常迅速。实际上，延边富德在 2018 年申报中超资格时，租用的基地就是海兰江"足球小镇"。

现在的龙鼎队与原来的延边（富德）队并没有隶属关系，这是一家纯粹的企业俱乐部。延边朝鲜族自治州体育局、延边朝鲜族自治州足协只做行业指导。目前，俱乐部的总经理王骞，曾经是延边富德的副总经理和广东华南虎的总经理。用他自己的话说，"2005 年大学毕业后就在延边富德俱乐部工作，一直与延边足球密不可分"。即将带队出战中乙联赛的主教练是金辉蓉，他是来自延边的教练员，球员时代也曾经是延边队和北京理工的一员，司职后卫。退役之后，他立志成为教练，在申鑫队和重庆队执教过。在重庆队他更是担任过张外龙的助手和翻译。

目前，延边龙鼎队是以延边海兰江的 2004 年梯队为主进行构建的，俱乐部也从武汉、河北、北控等队租借了多名年轻队员，球队的阵容平均年龄只有 18.5 岁，他们将是中国足球职业联赛中参赛年龄最小的球队，他们的年龄甚至要比只参赛不计成绩的国家青年队还要小。对于这一批队员，王骞有非常大的期待："这一批孩子是非常好的，他们未来很多人都可能有打中超的实力。现在他们就是正处于身体发育阶段，直接参加中乙是比较吃亏的，所以我们才租借了一些年龄在 21~22 岁的队员。不过，我相信他们有非常好的未来。当年上海东亚队也是 16 岁左右开始参加中乙，后来对他们的成长帮助极大。"王骞坦言："我们是一家以青训为主的俱乐部，所有都要以预算为主。今年来龙鼎的队员都是期待有比赛平台的运动员，都是有正能量的队员，我们也希望他们做好表率。"

来延边龙鼎的年轻队员虽然在中超和中甲打不上比赛，但他们基本上都有在国家队效力的经历。李一莹、杨晨禹、李艺贺、夏奥曾经是 1999 年国青队的队员，夏奥 2020 赛季在中超的武汉卓尔也报名了。来自华夏幸福的张玙俊是 2001~2002 届国少队的队员，他也是华夏幸福 2002 年龄段的队长，当年还是全国冠军队成员。刚来到球队，夏奥成为球队的主力中后卫，李艺贺是球队的主力门将。李子杏来自武汉，金德华2020赛季效力于苏州东吴。金德华是延边一中的毕业生，也是池忠国的师弟。他在2019年加盟过延边富德，不过球队随后破产。此外，延边龙鼎本身就有李世斌、刘博和张成珉三位曾经入选过国少队的队员，他们构成了球队的主力框架。同时，当年延边富德2003年龄段中最出色的前锋林太俊，在2020年底就来到延边龙鼎。中场吴青松在延边富德1995那一代球员中一直是球队的10号队员，在外漂泊多年的他本赛季也将回归家乡代表延边龙鼎队参赛。王骞介绍："我们球队的目标就是今年的联赛保级，然后等我们的队员成熟之后再图向上发展。"

2021年的中乙联赛，延边龙鼎被分在云南泸西赛区，同组的对手有上海嘉定汇龙、青岛青春岛、青岛红狮、湖南湘涛、厦门鹭岛、四川民足、泉州亚新。

2021赛季中乙联赛第一阶段全面打响，一共有24支球队被分成三个小组进行捉对厮杀。

球队在出征前，一直在海兰江基地进行最后的备战，并于以长春亚泰梯队为主的吉林省全运会进行了多场热身赛。有趣的是，球队2021年征战乙级联赛的球衣，胸前的广告位留给了"延边"。龙鼎俱乐部总经理王骞曾公开表示："我们目前并没有俱乐部投资方以外的其他赞助，索性写上我们来自哪里，同时也是为我们的家乡做宣传。"

2021赛季中乙联赛的升降级规则和上年相比也有一定的变化，2021年中乙联赛前两名直接冲甲，中乙第三名和第四名与中甲联赛倒数第一、第二踢附加赛。中乙联赛的倒数两名降级中冠，中冠联赛的前四名直接冲乙，中冠第五名、第六名与中乙联赛的倒数第三、第四踢附加赛。

中乙联赛第十轮比赛，延边龙鼎队又输了。0：1尽管只是足球场上最小比分的失利，但他们还是输了。不敌湖南湘涛后，延边龙鼎队已十轮不胜。其实，作为应该去参加青超联赛的队伍来参加中乙联赛本身就是一个挑战，要成绩还不如要未来。不过，现在关于延边龙鼎队，或者说是关于延边足球未来的事情确实有些让人迷茫。

延边龙鼎是一家民营俱乐部，也就是延边海兰江，其背后的投资方比较单一，即海兰江"足球小镇"。不过，在延边富德2019年破产、延边北国 2020 年解散之后，他们接过了延边足球的大旗，成为延边唯一的职业足球代表，也是"北方足球之乡"唯一的"香火"。

中乙开战后，延边龙鼎第一轮比赛 0 : 0 战平青岛红狮后，其余比赛只是平了 2020 年同是中冠的四川民足，其他全部告负。这样的成绩已经让延边龙鼎高层坐不住了，他们在联赛间歇期连续引进了包括原来延边富德打中超时的"U23 常客"李龙和尹昌吉，以及其他 5 名球员，目的是给延边足球在职业联赛留下"香火"。可事实上，这样的努力目前并没有实际效果，进人后的两场比赛两连败，主教练金辉蓉也因为压力过大而主动辞职。其实，现在延边龙鼎有些左右为难的是，这一次主要是锻炼新人，但目前这样打下去肯定要回到中冠，保级一定要比升级更容易。

很多延边球迷不理解，为何延边龙鼎只用 2004 年龄段的孩子，十五六岁的孩子还在长身体，有的队员联赛报名时身高 175cm，两三个月时间已经 180cm 了，身体对抗上的吃亏就必须用更多的体能去弥补，更多甚至是无谓的跑动，让队员有些顾此失彼。可事实上，锻炼队员并不能揠苗助长。可既然参加了职业联赛，这个平台就应该是属于整个延边的，其他年龄段的梯队队员为什么不能一起在职业联赛中成长呢？一些暂时没找到工作的老队员为什么不能好好利用中乙平台再展现一下自己的能力呢？如果加上其他年龄段个别优秀队员和延边老队在队中，相信延边龙鼎队早就拿到了职业联赛的首胜。

目前的足球环境，只有投入，没有产出，但凭借着对延边足球的执着热爱，延续延边职业足球的"香火"，仍然坚持投入，坚持参赛，我们就应该为俱乐部投资人点赞。

11 月 3 日，2021 年中国足球乙级联赛保级组的比赛在江苏盐城开战。此前预赛中，一场不胜的中乙新军延边龙鼎队居然在首轮比赛中战平了大名鼎鼎的"中乙劲旅"河北卓奥，给自己的保级打下了坚实的基础。尽管这轮比赛依然没有取胜，但经过了近三个月的苦练之后，球队的整体实力有明显提高，与上半赛季判若两队。有行家评价，按照这个势头，延边龙鼎队在本赛季保级的问题不大。

在本赛季的中乙联赛中，延边龙鼎最开始就做了进保级组的打算，利用前十四轮比赛锤炼以 2004 年龄段为主的年轻队员，并创造了中国职业联赛最年轻首发队员纪录，平均年龄仅为 16.45 岁。随着比赛的进行，单纯靠年轻队员打天下，显然有些吃力，队员们本来就缺乏联赛经验，须用更多的体能去弥补身体对抗上的不足，仅仅取得 4 平 10 负的战绩。但经过 14 场职业联赛真刀真枪的比赛锤炼，年轻队员比赛经验和个人能力也得到了明显的提升。

随着二次转会的到来，曾经为延边富德 U23 联赛征战过中超的金成俊、尹昌吉、李强、郑春峰全面回归球队，加上球队最薄弱的锋线位置引进前北京国安的李思琦，这让球队的人员结构得到充分的补充。为了磨合阵容，在休赛期间，延边龙鼎队与长春亚泰、中国国青队进行多场热身赛。球队在阵型的紧凑性、球队局部攻防水平、传接球质量以及整体默契度上都有所提高。

对阵本赛季志在升级、曾拥有众多前国脚的河北卓奥（前身实际上就是河北精英），龙鼎队整体准备非常充分。河北卓奥虽然未能进入争冠组，同时他们的肖智、薛亚楠和王攀等人离队，但是他们直接从上海海港、广州城等球队租借了不少年轻队员。整体实力虽有所下降，但也不多。龙鼎队制定的战术是以稳为主，后发制人，比赛中看不出第一阶段的慌张，踢得从容合理。在顶住了上半场的进攻后，龙鼎队在下半场利用自己体能好的特点，多次反击都非常有威力，已经有了和对手一较高低的能力。

11 月 28 日，在江苏盐城赛区的中乙联赛保级组第六轮比赛中，延边龙鼎 2：1 力克湖南湘涛，提前一轮保级成功。比赛结束后，延边海兰江足球俱乐部准许队中的非延边籍球员提前放假休整。

12 月 3 日的中乙第七轮，坚守到最后一轮的延边籍小将们 1：1 战平昆明郑和船工，以第二阶段七轮不败的战绩，结束本赛季的中乙之旅。放眼整个赛季，以年轻队员为主的延边龙鼎队位列中乙总排名第 12，在完成赛季保级目标的同时，又迈上了一个新的台阶。

提到球队的下一步计划，俱乐部要求，下赛季，在保留年轻队员框架的基础上，还要重新组队。原则是，首先要以延边籍球员为主，队中需要有 30 岁左右的老将坐镇，起到传帮带的作用。希望所有在外缺少比赛机会的延边籍球员都能够返回家乡，为延边足球的复兴大业做出新的贡献。

2021 年，龙鼎队并没有把延边全部的优秀年轻球员集中起来，让部分延边足球的"未来之星"失去了在职业足球赛场上锻炼的机会。希望2022年由延边青训打造出的所有的优秀年轻球员,都能够利用好延边海兰江这个来之不易的中乙平台,踊跃加入球队,展现自己的足球技艺,为延边足球增光添彩!

第三节 延边足球职业化以来历程总结

一 曲折的延边足球

1994~2000年,甲A联赛的关注度异常火爆,中国足球也一度繁花似锦。延边足球职业化道路的前几年,也曾达到国家顶尖职业球队的辉煌高度,曾为国家队输送了高钟勋、李红军、金光柱等优秀球员,给全国人民留下了深刻的印象。

2001~2004年,由于经济基础薄弱、社会条件不成熟、改革不够彻底以及缺乏相应的配套制度等问题,延边的整个足球事业发展走入了歧途。因此,延边足球也随着大环境的变化一度陷入低谷。随后征战过中国乙级联赛,这一时期也是延边足球运动员流失最为严重的时期。休整4年后蓄势待发,2005年延边足球又回到了中国足球甲级联赛当中。

2005~2015年,延边足球慢慢走上了具有延边特色的职业化发展道路。延边足球队从2014年中甲联赛倒数第一的成绩到一年后在中甲联赛上夺冠,这绝不是偶然的。

延边足球队始终秉承"本地球员走出去、必要时候优先引进本地球员"的原则,始终以延边籍球员为主力队员。注册球员中接近80%为延边籍。虽然,延边足球长期处于中国第二级别联赛的行列中,但延边始终在向中国国家队及一些高级别联赛输送优秀的足球运动员。这也表明了延边足球在职业化的过程中,不仅注重一线队的成绩,还注重培养球队的青少年力量。时隔15年后,重新回到中国足球的最高舞台,这足以证明延边足球有着常年积累的基础和不容小觑的实力。

二 延边足球企业化后的发展概况

2016~2017 年，延边足球用事实书写了属于自己的奇迹，但也迎来了新的挑战。现如今，"金元足球"的大环境存在着诸多问题和困难，如中小俱乐部面临球员工资涨幅过大、运营困难等。即使背负着种种严峻的考验，延边足球依然努力在中国足球最高级别联赛中绽放自己、证明自己。虽然，辉煌成绩的时间很短暂，其又回到了中国足球第二级别联赛当中，但这样的历练也证明了延边职业足球正在稳步发展的进程中。

回顾历史，我们不难发现，即使延边队以三星、现代、敖东、世纪、泉阳泉、富德等集团冠名球队时，也只是在资金上给予支持，俱乐部的实体还是隶属于延边朝鲜族自治州体育局，可以称得上是完全意义上的"体制内"经营模式。职业联赛中的球队几乎都已完全实行了职业化，只有延边足球仍长期处于政府托管的模式下，基本没有面对市场而开发市场。同时，每年延边朝鲜族自治州政府还要花费大量的人力、财力、物力来进行维持。即使政府已经决心将足球推向市场，但每年仍下发几百万元的运营经费。在政府托管运营这些年中，仅在 2010 年和 2015 年分别获得过中甲联赛第三名和第一名的好成绩，其他年份的成绩均在中下游甚至降级边缘徘徊。这也说明了政府托管模式并不是促进足球运动长期健康发展的有效路径。

2015 年 12 月 31 日，延边富德足球俱乐部股份有限公司成立后，公司规范化、企业化发展稳定，并取得了一定的成效。球队运行、组织机构、管理制度、品牌宣传、扩展建设项目等事宜基本达到预期。2016 年中超联赛中，延边富德足球俱乐部更是取得了优异的成绩。最终，以积 37 分列排行榜第九名，较好地完成了预定目标。当时，延边富德足球队作为一支中超新军，在联赛中以其鲜明的特点成为了全国球迷和社会各界关注的重点对象之一。其保持了延边足球的优良传统，以延边本土朝鲜族球员为主力班底，在赛场上充分表现出技术细腻、作风硬朗、体能充沛、凝聚力强和永不放弃的意志，展现了良好的体育精神和足球职业道德，被公认为中国足坛的一股清流，是一支富有凝聚力和正能量的队伍。

2017 赛季，作为中超联赛的第二年，是俱乐部和球队的重要关口，也是一个转折点。经历了 2016 年的大赛，球员均对中超有了自己的想法，其中薪资待遇问题最为严峻。球员们的收入与取得的成绩不相匹配，在短暂又充满伤病危险的职业生涯内，如此低微的收入不能给予他们未来足够的生活保障，有很多队员产生了离队的想法。当时，有 16 支中超球队正斥巨资大肆"招兵买马"，10 亿元俱乐部有 7 家，20 亿元豪门也有 5 家以上。这对延边这样的平民球队产生了巨大的冲击。

在"金元足球"的环境中，富德集团的资金迟迟不能到位，使得延边足球举步维艰。当时中国足协出台联赛新政策，资金问题没得到有效的解决，再加上原本延边队在内援、外援的选择上就很局限，这样一来，延边足球陷入更加困难的处境。

2017 年，俱乐部全年投入预算 2.5 亿元。可随后俱乐部资金情况急转直下，在得不到富德集团资金支持的情况下，俱乐部只好依靠转让球员支撑 2017 赛季的运营，最终以 8500 万元完成了球员崔民的转会。除崔民转会费外，还得到 2016 赛季中超联赛参赛费和 2017 年中超部分参赛费共计 8916 万元，门票和各项赞助收入 670 万元。政府方面，州政府财政拨款 1000 万元、省财政厅拨付了专项资金 500 万元。俱乐部依靠这些资金才能勉强维持了 2017 赛季的运营。最终，因种种原因，延边足球还是离开了中超联赛的舞台。但是在两年的时间里，在资金如此紧张的情况下，延边足球队依然不拖欠运动员、工作人员的工资、奖金。在运营经费的同时，每年坚持向青训加大投入，投入比例占总投入的 15%。完善青训体系为延边足球未来的发展奠定了坚实的基础。

三 延边职业足球后备人才发展概况

在富德集团入驻延边足球的初期，俱乐部青训体系和队伍建设极其贫瘠，百废待兴，经过 3 年的规划，按照中国足协的相关要求，从 U19 年龄段至 U13 年龄段，青训梯队现已达到 5 支完整队伍。现有人员总计 221 人。其中，教练员 35 人，运动员 186 人。始终秉承"以球养球"的方针，加强自身造血功能，未来以自身培养的运动员交易为主要运营收益渠道。

全国青少年超级联赛 U19 梯队 A、B 两组各有 18 支队伍参赛；U17 东北赛区有 9 支队伍参赛；U15 东北赛区有 10 支队伍参赛；U14 东北赛区有

6 支队伍参赛；U13 东北赛区有 8 支队伍参赛。

延边富德青训各梯队在全国青少年超级联赛中成绩优异，U19 队取得了第七名；U17 队取得了第五名；U15 队取得了第三名；U14 队取得了第三名；U13 队取得了第三名。

在全国青少年足协杯赛中，延边富德 U13 队在初赛 36 支比赛队伍中杀出重围，晋级全国 16 强赛，并最终取得足协杯第 11 名的好成绩。

延边足球在政策变幻莫测的大环境下，不仅没有衰退反而在不断地发展与进步。现今延边拥有了两支职业足球俱乐部，这也表明了延边地区足球运动事业的蓬勃发展。

延边足球在漫长的岁月中坚持改革、坚持创新，在实践中摸索出更有效、更合理的针对延边足球的发展机制。建立有效的多元化运动员传输渠道，培养优秀的足球后备人才，制订一个全新、系统、科学的训练计划；加强足球文化建设，扩大对外宣传力度，吸引外部投资；建设强大的经营管理队伍、教练队伍和职业运动员队伍，不断提高经营管理能力、竞技比赛能力和教学能力。

第七章
延边足球文化及其特性

第一节 延边球迷文化基本概况

足球的魅力，在于它的运动——速度、旋转、方向、力量的变化无穷。绿茵场上，22位勇士围绕它左突右冲、激烈争夺，场外数万名观众摇旗呐喊，震耳欲聋。每当它顺着条条优美的直线、曲线蹿进网中，狂热的球迷好像一块石头扔入蜂群，顷刻间炸了营，手掌拍肿了，嗓子喊哑了，都是为了它，这个滚动的精灵。足球的魅力，还在于它引进了竞争，而竞争能调动运动员的积极性、创造性，牵动亿万人的心弦。竞争创造了技巧，竞争产生了战术。足球，参加的人数多、空间大、比赛形势复杂。一个临场指导的教练，就像临阵的指挥员，于瞬息万变之际，运筹帷幄，左右输赢。如果取消竞争，所有的一切就不复存在。

足球的最大魅力，还在于它蕴含着深邃的文化。或者说，足球就是文化，足球能表现人的精神、品格、能量、个性，球星的魅力就在于其有区别于一般人的独特之处。贝利的大将风度、古利特的满头小辫、苏格拉底的镇静自若、罗纳尔多的绿茵桑巴舞，无不展现着民族文化的底蕴。虽然，足球规则全世界相同，可不同文化背景下的球员，会带着足球文化走遍全世界。

中国足球，历经几十年磨难，至今还在亚洲徘徊，"冲出亚洲、走向世界"是几代人的梦想。中国球迷渴盼着神采飞扬的世界杯赛场上能有中国人的身影。当中国足球拼搏了数十年仍在亚洲步履维艰时，刚刚认识足球的美国和非洲等国家，一夜之间挤进了世界杯决赛圈，这不能不引起我们的思索，中国有悠久的历史、灿烂的文化，早在2000多年前，我们的祖先就开始踢足球，当时叫蹴鞠。虽然不同于发源于英国的现代足球，但毕竟现代足球才有100多年的历史。探其原因，现代足球在于竞争，在于对抗，也包含着意志、智慧、心理乃至其他文化精神，它是一种已发展到近乎完美而壮观的运动。中国人发明的足球，更多的是注重表演技巧，用于享乐。而西方人讲究比勇斗狠，征服世界。这种历史的文化积淀，至今仍深深地影响着我们。

有位社会科学家曾用文化眼光欣赏世界杯赛，有一段精彩的评论，"你看德国队，带着冷峻固执的刚性，又有极强的韵律，后者是音乐的故乡给他们的；巴西队原始舞蹈的旋律，那么细腻娴熟；日本岛国文化的紧迫带来疯狂……每个球员身上都体现着本民族的文化精神"。中华民族的文化精神丝毫不比他们逊色。①

延边足球职业化已有近30年的历史，作为延边足球最高水平的代表，曾参加过甲A联赛、中超联赛和中甲联赛，在全国各赛区培养了许多铁杆球迷。每逢球队客场作战的时候，比赛所在城市的延边球迷纷纷聚集在一起，自发地为家乡球队加油助威。

1996年，延边朝鲜族自治州球迷协会成立，至今已有20多年的历史。当时延边朝鲜族自治州球迷协会的原名叫河坝球迷协会。在访谈中得知，这个名称与当时的训练场就在河坝的旁边（现白山大厦后面）有关。当时，有一群球迷在一起观看延边队的训练。有的时候，观众人数达到几千名之多。球迷协会发起人之一刘长春会长，突发奇想，把在河坝一起看球的球迷集结在一起成立协会，作为一个集体一起为延边足球加油。河坝球迷协会成立的第一年，为了维持球迷协会的发展，刘会长把自己做铝合金生意赚来的钱都用在了球迷协会中。

1997年，刘长春会长为了使球迷协会更正规，到当地的政府机构提出申请，经相关部门同意，延边足球俱乐部也成立了官方的延边球迷协会，

---

① 蔡长春：《足球与文化》，《延边日报》1997年8月18日。

会长由当时的延边朝鲜族自治州宣传部部长担任。球迷协会是民间组织，经商讨，后来又改由民间组织自行管理运行，依然由刘长春担任会长，崔东燮担任秘书长，高元哲担任常务副会长。延边球迷协会也成为延边首家在政府部门注册的正规球迷协会。

自 1994 年中国足球联赛开赛以来，1997 年对于延边足球队来说是意义非凡的一年，也是球迷人数激增和球迷文化蓬勃发展的时期。当时延边队主场的每场观众平均人数均超过 3.5 万人，如果是焦点之战，人数甚至超过了 5 万人。延边流传着一句话：延边夏天有"球迷树挂"。这指的是，球迷为了省钱看一场比赛，纷纷爬到树上看球的情形，这也成为当时延边体育场乃至延边特色文化的一道亮丽的风景线。

2000 年，延边足球队遗憾地降至甲 B 联赛。加之，延边经济薄弱，无奈之下，延边整支球队被迫转手卖给了浙江绿城。球员们要离开时，球迷协会金钟默副会长已经是肝癌晚期，他忍着疼痛，到延吉机场为球员送行，并对球员说："你们这一走，我还能什么时候再看到你们呢？"引得不少人潸然泪下。

延边足球辉煌时代的结束，导致延边球迷的落寞和失望。

2001～2004 年，延边队征战乙级联赛。主场也随之移到了图们市，这一时期也是延边球迷流失最严重的时期。2004 年，延边队努力奋战进入了决赛圈，升入中甲联赛，这一成绩离不开延边足球各界的共同努力，也离不开球迷协会默默无闻的支持。刘长春会长组织了 18 人球迷小团体，租了一辆中型客车，历经 1600 多公里，在河南郑州见证了延边足球回到中甲的瞬间。

2005～2014 年，延边足球队在风雨中洗礼，延边球迷也在风雨中陪伴着延边足球一步步成长。在经济环境和足协政策不断变化的现实环境下，延边队主场在和龙市、图们市、龙井市、延吉市 4 个县（市）中不断更换，以求能为延边足球带来好的运气和兆头。这十多年来，延边球迷的心被伤到了极限。延边足球跌落至低谷，别说是球迷，很可能连球队都会解散，球迷协会也发布了《2008～2009 年延边球迷协会休会整顿通知》的文件。即便如此，从 1996 年成立以来，球迷协会的刘长春、高元哲以及协会骨干们还是一如既往地支持着延边足球。当时流传这样一句话，"赢球也是我兄弟、输球也是我兄弟",但是球迷的心是向往胜利的。2014 年,延边队最终还是没有逃脱降入中乙联赛的命运。最后一个比赛主场是在龙井市体育场,比赛当天来了不少球迷,他们拿着"从头再来"的横幅流着泪,陪伴这支深爱的球队。因为陕西五洲足球俱乐部不符合中甲联赛的准入条件,2015 年,延边长白山足球俱乐部以递补身份重返中甲联赛的舞台。

延边球迷协会及延边球迷俱乐部也在稳步前行,规模也不断地壮大,逐步扩大到现有的 9 家协会和俱乐部。

（1）延边朝鲜族自治州球迷协会。其成立于 1996 年,现球迷人数为 100 多名,会长由刘长春担任。

（2）追求者球迷俱乐部。其成立于 2011 年 4 月 30 日,球迷人数为 50 名,会长由金波担任。

（3）焰火球迷俱乐部。其成立于 2015 年 8 月 15 日,球迷人数为 150 多名,会长由江玉宝担任。

（4）延边红魔球迷协会和红军球迷协会（两家合并）。其成立于 2015 年 9 月 22 日,球迷人数为 100 多名,会长由马强担任。

（5）长白虎球迷协会。其成立于 2015 年 12 月 8 日,球迷人数为 100 多名,会长由刘敬宇担任。

（6）延吉市长白山球迷协会。其成立于 2016 年 3 月,球迷人数为 100 名,会长由金辉担任。

（7）大学生球迷联盟。其成立于 2017 年 3 月,球迷人数为 20 名,会长由张洪源担任。

（8）女子球迷俱乐部。其成立于 2017 年 3 月,球迷人数为 30 名,会长由李雪担任。

（9）北国球迷俱乐部。其成立于 2017 年,球迷人数为 50 多名。

延边足球的发展,离不开延边球迷协会及铁杆球迷们多年来的支持与鼓励。无论是甲 A 时期、乙级联赛、中甲联赛、降入乙级联赛,再到重返中甲、中超,直至今日,延边球迷都始终不离不弃地支持着延边足球队,其中有"西瓜奶奶"李爱信、刘长春会长、双胞胎兄弟李刚和李强等。球迷中还不乏老年乐队、少年球童,他们成为延边足球历史中的亮点。大家也忘不了将骨灰撒在足球场上的球迷协会副会长金钟默，还有许许多多的延边球迷，在默默无闻地支持和鼓励着延边队。他们的一举一动不断感染和鼓舞着后人，也激励着延边队的队员们不断取得好成绩。

延边素有"足球之乡"的美称。延边人民特别喜爱足球，每逢延边队主场，球迷们都像过节一般激动雀跃，结伴来赛场看球，足球已经成为延边人民生活中不可或缺的一部分。在树上看球的"树挂"球迷，足以向人们证明其对足球的热爱和执着！也正是因为有了延边人民对足球的热爱之情，有了延边球迷的支持之心，延边足球才能坚持到今天，相信因为有这样的球迷，延边足球一定会有更加灿烂的明天。

足球对延边人来说并不是简单的体育运动和消遣，就像朝鲜族泡菜，只有经过长时间的发酵，辣味和咸味渗透到白菜中，才能让人品味出醇厚原始又爽口刺激的美味，延边球迷对足球的热而不狂、迷而不痴的感情，就像一位无名诗人所写的那样，"延边人血管中滚动着足球"。

足球赛场上，球迷们在呐喊助威的同时，既展示了自己，也体会到了快乐的极致、狂喜的顶点。足球使我们懂得一个道理：当你遇到挫折甚至不幸失败时，千万不要轻言放弃，成功或许就在下一步。只要你把握机遇，坚持努力，就一定能够成功。永远不要放弃希望，足球是圆的，只要没有终场哨响，一切皆有可能。你唯一能做的，就是努力拼搏到最后一秒！每一位球迷都是场上的第 12 人，是延边队的坚强后盾！

第二节　延边球迷文化的发展对策

一　延边球迷文化的规范化和制度化

延边球迷文化的形成不仅要依靠俱乐部的力量，球迷协会和球迷俱乐部的力量也是不容忽视的。它们相辅相成才能使球迷文化规范化、制度化、集体化，使分散的球迷力量集中在一起，促进沟通与交流，增强其归属感。

建立统一的球迷组织至关重要。各球迷组织间应加强沟通，并建立组织者和球迷之间的沟通平台，利用"跟潮效应"，使球迷情绪得到适当、有效的释放，并能够积极、及时地疏导个别激进的球迷，以防出现不良的集体效应。① 所有在比赛现场的球迷，要时刻牢记自己是延边队的第 12人。即使各自所属的球迷协会、球迷俱乐部不同，但想法要统一，至少在服装和口号上要达到统一，这是球迷文化建设中必须做到的首要问题。就像 2002 年韩日世界杯上的韩国"红魔啦啦队"。

二 延边独有的看台文化

延边球迷到现场观看比赛，已被认为是一种有品位和休闲的生活方式。延边在为观众提供直接观赏竞技运动的良好环境和机会的同时，也在努力建设积极、健康、文明的看台文化。②

看台文化建设是一个长期培育和创建的历程，主要从硬环境与软环境两个方面入手，③ 即看台建筑的硬环境建设和文化理念建设。文化具有娱乐性和地域性，每个地区都有其独有的文化，而每一种文化都随着当地的风土人情的变化而发展。

球迷文化与职业足球联赛发展呈现着协调配合的关系。在足球竞技比赛的过程中，球迷是重要的参与主体，球迷文化也是体育文化的重要组成部分之一。职业足球联赛的良性发展离不开球迷文化的建设，球迷文化的发展不仅需要观念上的认可，更重要的还要靠行动上的落实，需要多个体育参与主体共同发展，因此应从多方位、多角度构建球迷文化。④

第三节 延边足球文化特性

2015 年 2 月 27 日，在全国第 10 次中央全面深化改革领导小组会议上，由习近平总书记担任组长审议通过了《中国足球改革发展总体方案》，

---

① 王鹏：《河南建业足球球迷文化浅析》，《体育时空》2018 年第 3 期，第 27 页。
② 朱志东、郑新华：《球迷文化的思考》，《山西科技》2006 年第 1 期，第 94~95 页。
③ 王鹏：《河南建业足球球迷文化浅析》，《体育时空》2018 年第 1 期，第 27 页。
④ 高倩：《中国足球职业联赛球迷文化建设的对策研究》，《运动》2017 年第 20 期，第 21 页。

把振兴足球作为发展体育运动、建设体育强国的重要任务摆上日程，[①] 标志着中国足球在 21 世纪迎来了前所未有的发展机遇。随着世界足球"金元时代"的到来，近几年中国足球顶级联赛——中超联赛也备受国内外媒体的关注，大量的资金投入，不论是教练聘用还是球员引进皆为世界级标准，这使得中超联赛一时成为世界足坛的焦点。一直以来，国内各省市地区竞相拥有一支职业足球队，因为这不仅是引领全民健身的重要手段，而且是一个地区弘扬地方特色、展现城市魅力的"名片"。文化因素是一支足球队的灵魂和基础，作为中国朝鲜族文化发源地的延边朝鲜族自治州就拥有一支带有其独特文化魅力的中超足球队——延边足球队。延边足球队在中超联赛投入资金最少，主力球员由朝鲜族球员组成，因独具一格的技战术打法和比赛精神，被中国足球领域称为"平民球队"，赞颂其拥有"长白虎精神"。延边足球运动有 100 多年的历史，延边足球在技战术打法上也是独树一帜，其快速的区域间配合、勇猛顽强的精神以及默契的团队协作，被国内足球界称道和学习，更是为各级别国家队（国青队、国少队和成年国家队）输送了 70 多名球员。

一　延边足球文化特性

1890 年，在吉林将军铭安和帮办吴大澂奏准下，规定"凡越垦韩民，剃发易服者，许其领我地照，纳我租税，一律认为入籍"。[②] 自此，从朝鲜半岛迁徙过来的民众正式得到了清王朝的法律承认，朝鲜族正式成为中华大地的一分子。朝鲜族的加入不仅使中华民族增添了一个族群，更重要的是增添了一种文化。文化是一种社会现象，是人们长期创造形成的产物，同时是一种历史现象，是社会历史的积淀。[③] 就体育文化而言，最能代表中国朝鲜族的就是足球文化。上至年长的老人，下至年幼的孩子，都视足球为信仰，在寒冬中坚守，在迷雾中前行，始终怀揣着最纯粹的激情与梦想，为自己的家乡和民族而战。在独特的民族文化、地理环境和时代背景

---

① 周德清：《社会转型期文化失范之意涵探析》，《三峡论坛》2010 年第 3 期，第 130~133 页。

② 周德清：《价值断裂与精神乱象：社会转型期文化失范的症候分析》，《山西师范大学学报》（社会科学版）2012 年第 4 期，第 28~31 页。

③ 张志刚：《走向神圣：现代宗教学的问题与方法》，人民出版社，1996，第 88 页。

下，延边足球文化层层积淀、历久弥新，逐渐形成了动循矩法、顽强拼搏、区域协作的文化特性。

（一）动循矩法

动循矩法，体现着朝鲜族球员遵守比赛秩序、严守赛风赛纪、尊重比赛执法人员及对手的良好品德。朝鲜族素有"东方礼仪民族"的美誉，朝鲜族礼仪教育包括对身体行为的鞠躬礼和家庭教育尊重他人的礼仪等，正是这些礼仪教育塑造了朝鲜族球员在场上遵守规矩的意识，并且朝鲜族不同年龄段的青少年比赛之后都会手牵手到对方的教练席鞠躬，以表尊重和敬意，这进一步表明了朝鲜族是一个注重礼仪的民族。2017 年结束的中超联赛中，虽然延边足球队不幸降级，但是在所有的比赛当中，延边队是唯一一支没有被判罚红牌的球队，这说明延边队并没有因为输掉比赛而丧失理智，而是用自己良好品格，诠释着民族足球文化。

（二）顽强拼搏

顽强拼搏，彰显着延边球员永不服输，不惜体力奔跑，不到最后一刻绝不放弃的职业精神。在历史的积淀下，朝鲜族逐渐形成了不辞劳苦、互相团结、顽强坚毅的性格。延边足球队是中超联赛跑动距离最多的球队，作为以 85 次成功抢断成为中超"抢断王"的延边队长池忠国曾在采访中说，在场上的这些延边球员，不管谁出现体力透支的情况，其他位置的队员都会自觉地为队友多跑动一些距离，就是靠这种互相鼓励和共同坚持的韧劲，才成就了今天的荣誉，也塑造了不惧怕任何对手的态度。

（三）区域协作

区域协作，凸显着延边球员擅长小范围内快速短传配合和灵活跑动的独具一格的战术打法。农耕文化是朝鲜族传统文化的根基和源泉，朝鲜族足球文化中极具观赏性的娴熟区域配合特性正是在此基础上形成的。延边足球队有 35 名一线球员，其中本土球员就有 24 名，除外援外在比赛场上的主力球员 90% 为朝鲜族球员，他们从小在相同的足球环境下成长，形成了一致的足球文化特点，晋升到职业联赛也传承着自己民族独特的足球文化特性，运用娴熟的配合成为了中超联赛传球次数排名第二的球队。

二 延边足球文化特性形成的原因

足球运动是延边人民历史文化的见证者，延边足球文化特性是在不同历史时期和社会背景下塑造形成的，在不断的发展和交融过程中，这种文化特性不断发酵升华，为中国社会的发展做出了重要的贡献。

（一）农耕文化的深刻影响

朝鲜族人民精通水稻的作业方式，水稻作业需要整体的协调和局部的配合，以及快速节奏。[①] 其中面朝黄土背朝青天的劳作辛苦自然不言而喻，但辛勤劳作换来的劳动成果在交粮纳税的盘剥之下却是所剩无几。固守和狭隘的传统农民特性就是在辛劳和盘剥之下形成的。由于盛行足球文化，往往在农田耕作的间歇时候，人们便用石头在田间空地画两道线作为球门进行足球比赛。场地空间有限，只有通过短距离的默契配合才能获得比赛胜利，所以人们将水稻作业中的局部协调配合理念融入这种小区域的足球比赛中，以此来调节耕作的劳苦，人与人之间便形成了乐观向上、相互协作的民族特性。久而久之，他们将这种民族特性融入足球文化之中，从而形成了朝鲜族足球擅长区域配合的文化特性。这种足球文化与当今足球界流行的 TiKi-taka 足球风格十分相似，运用短传攻破防线，以及高压逼抢获得比赛的主动权。朝鲜族球员的身材较之于其他地区球员相对矮小，为了弥补身高和体格上的劣势，将农耕文化影响下形成的区域小范围内的短传配合渗透，以及用娴熟技术快速反击的足球风格作为朝鲜族足球的一大特点，逐渐形成了一种标志，并在全国范围内得到认可。

1949 年新中国成立后，在中国共产党的领导下，东北地区大力发展工业和农业生产，东北的经济迅速发展起来。经济的发展自然会带动文化的繁荣，农耕文化作为朝鲜族足球文化特性形成的基础，在重视农业发展的时代背景下迎来了发展黄金期。

[①] 舒展：《中国朝鲜族的形成与贡献》，《中央民族大学学报》（哲学社会科学版）2007 年第 3 期，第 5~11 页。

吉林省足球代表队在新中国成立初期就是以延边球员为主的球队，在1950年沈阳举办的全国足球运动会东北区选拔赛上获得了第二名的成绩，成就了一段辉煌的征程。1964年，在重庆举办的全国足球乙级联赛上，吉林省足球队获得了第二名。在升入甲级联赛第一年的1965年，吉林省足球代表队在上海举办的中国足球甲级联赛获得冠军，成功地实现了至今被世界足坛津津乐道的"凯泽斯劳滕神话"（前一年在低一级别联赛，在升入高一级别的联赛后的第一年直接获得了冠军），而这一神话整整比凯泽斯劳滕早了33年。从此，朝鲜族球员的快速灵活、区域快速配合的技战术打法更被国人熟知，彰显了自身的足球文化特性。以延边球员为代表的吉林省足球队独特的特点为主要战术打法，在全国范围内的足球比赛中不仅收获了成绩，还展现了自己的足球文化特性，加深了与全国各地各族人民的友谊，并且得到了中华民族各少数民族的认可和赞扬，增强了朝鲜族对中华民族的认同感。

（二）学校教育的推动传播

传统的儒家教育注重道德修养的提高，较为忽视体育的重要作用。体格健壮的男子会被认为是"赳赳武夫"或者"一介莽夫"而为人不齿，而熟读经典的人即使弱不禁风也会得到人们的尊重。然而，晚清以来，伴随西风日渐，东亚国家先后革新教育，将体育提升到与智育并重的地位上来。延边虽然地处东北边疆，但同样也与时俱进，在重视智育的同时，也逐渐重视体育。1908年和龙县私立明东书塾（后更名为"明东学校"）把体育纳入教学内容，并且在金跃渊校长的指导下，由来自朝鲜的教员向学生传授足球运动，[①] 标志着延边足球运动的诞生。从此，各个学校也相继开设足球课程，并且组织学校代表队与其他学校进行友谊赛。从1910年起，明东学校与智新子乡长洞村长洞学校之间，每年春、秋季都举行足球比赛。当时所用的足球都是用"破布"制成的，一直到1917年高京先生从日本留学回来时带来"皮制足球"，学生们才第一次踢到了日后成为主流的皮制足球。学校体育的发展，也推动了社会上成立体育民间组织，如

---

① 金龙哲、朴京姬主编《中国延边体育运动史》，延边大学出版社，1995，第8页。

1922~1926 年，学校的"学友会"以及社会革命青年团。这些社会体育组织频繁地举办足球比赛，同时让学校代表队积极参与其中，从 1910 年到 1931 年"九一八"事变之前，延边地区学校组织和民间组织的足球大赛共有 10 余次，这还不算一些局部学校和体育组织的小型足球比赛。延边人民热爱足球的文化风尚由此传开，最终深入延边人民的生活，成为延边人民最喜爱的一项体育运动。

新中国成立后，朝鲜族人民开始注重女性的自由权利，让女性参与到朝鲜族最喜爱的足球运动当中来。1977 年延边大学体育系（当时并没有成立现今的体育学院）崔东摄老师开始尝试对 1975 级体育系的女学生教授足球课，1978 年体育系正式开始开设女子足球课程，由此，现代延边女子足球运动在延边大学开始。[①] 1983 年举办的第二届全国女子足球邀请赛上，以延边女子为主的吉林队一路过关斩将，最终获得冠军，这让许多还固守传统观念的延边民众改变了女子不能从事足球运动的思想。总而言之，对教育的重视促使延边球员非常注重对自身行为的约束，恪守低调谦逊的态度，同时理性看待比赛的公平。

正是延边"尊师重教""宁啃树皮，也要让儿女读书"的教育理念，才塑造了延边足球动循矩法的文化特性，并在中超比赛中得到了展现。其尊重比赛、尊重裁判和尊重对手的态度充分体现了延边队固有的精神面貌和文化底蕴，而这种文化是一直支撑延边足球前进的动力。

（三）反日抗争的凝聚传承

1931 年日本发动"九一八"事变，全面占领东北，建立了伪满洲国，随后取消了大部分民间体育组织，成立了"大满洲国体育协会"，全面接管东北三省的体育活动，这一殖民手段严重阻碍了包括足球在内的体育运动的发展。学校体育随之被转变成军事训练课。即便在这样的情况下，延边人民对足球的热情也没有消减。足球是能引起一种强烈的集体倾向的体育运动，它所展现的是一种情感和勇气。在中国共产党的领导下，延边地区抗日根据地经过艰苦的努力，办起了游击学校，进行新民主主义教育，

---

① 金青云：《延边足球后备人才培养现状及影响因素分析》，《中国体育科技》2006 年第 4 期，第 34~36。

并且通过开展足球比赛，联络各个地区朝鲜族爱国团体，传递重要的信息。虽然遭受日本侵略者的打压和制止，甚至一些优秀的足球运动员被逮捕（如1942年日本宪兵为阻碍上海延边爱国人士的足球比赛，逮捕了文士哲等两名队员），但延边人民反日救国的信念从未动摇。他们在中国共产党"农村包围城市"的号召下，将城市体育向农村体育发展，在中国共产党抗日游击区内建立学校，在爱国人士的领导下开展足球运动，旨在通过足球比赛凝聚各方力量，提高农村青年的民族自信心和凝聚力。在那种艰苦和危险的环境下，延边足球运动员通过彼此的"护腿板"藏匿信息进行传递，为中国共产党抗日斗争做出了突出的贡献。[①] 在这特殊的历史时期，延边人民形成了同甘共苦、不屈不挠的民族特性，并将这种民族特性融入足球运动中，逐渐塑造了延边足球顽强拼搏的文化特性。

作为"足球之乡"，1993年延边被中国足协列为全国12个足球改革试点地区之一。1994年中国足球职业联赛开始，延边足球队连续七年跻身全国甲A行列，并于1997年获得了联赛第四名。[②] 坚持固有战术打法，能在当时激烈竞争的中国甲A联赛获得这些成绩实属不易。但是随着职业联赛的深入，延边足球深陷资金短缺等多方面的泥淖，2000年不幸降入乙级联赛，并将一线队出售给了浙江杭州绿城。这并没有打消延边足球队的意志，从第二年开始，延边足球队以二线队员为主力，坚持使用自己标志性的技战术打法，卧薪尝胆，经过不懈努力，时隔15年终于重新回归中国足球顶级职业联赛——中超联赛。

2015年延边足球队以优异的成绩获得中超联赛的参赛资格。作为一支没有大量资金投入的平民球队，可谓是一个奇迹。而这一奇迹的产生，是球员们坚持不懈努力的结果。

三 延边足球文化启示

在中国足球的整体打法中，防守意识高于进攻意识，也就是"防守反击"战术。这种战术在不同的对手面前会有不同的作用，多用效果不

---

① 《延边朝鲜族足球史》编写组编《延边朝鲜族足球史》，东北朝鲜民族教育出版社，1992，第75页。

② 牛志伟：《长白虎啸》，延边大学出版社，2005，第315页。

会太大，所以应该形成多种不同的比赛风格。延边足球在发展过程中，不断地学习世界先进的足球文化风格，在原有"防守反击"的基础上，又加入了"全攻全守"的战术变化，从而使延边足球在近几年迅速崛起，成为了中国足坛的一段佳话，而这一改变应该值得中国国家足球队借鉴。2016 年 12 月 19 日，中国国家队主教练里皮公布的国家队集训名单中，出现了 4 名延边籍球员，体现了延边足球在新时代对中国足球事业发展做出的贡献。

延边足球在发展过程中一直伴随着与中国社会的交融和互进，曾经为延边足球做出突出贡献的韩国教授崔殷泽在其做球队主教练期间，将韩国先进的足球理念和训练方法以及技战术融入延边足球队中，并率队在当年的甲 A 联赛中获得了第四名的好成绩，刮起了"长白虎"旋风，高举全攻全守的大旗，其极富激情的打法给中国足球注入了清新的空气，使国内足坛掀起了引进外教的热潮。崔殷泽教授曾这样评价中国足球，"足球并不仅仅是身体上的对抗，更主要的是精神方面的斗智斗勇……中国足球在精神方面要投入活力，而精神力的缺失也是我所发现的中国足球最大弱点"。除去商业因素的影响，缺乏精神力是中国足球面临的重大问题，中国足球应该在这方面从延边足球队汲取有益的经验，延边足球队队员为什么有充沛的体力满场奔跑？为什么比赛净时间最多？这些并不是先天就具备的素质，而是通过后天的努力，对自身的约束和对待比赛的职业习惯所形成的。中国职业球员应该取长补短，学习延边球员的职业精神，合理规划自己的日常行为习惯，在高收入的情况下，更要加强自身的职业素质建设，时刻牢记为中国足球事业发展贡献力量的使命，只有责任思想意识得到了巩固和提升，中国足球才会将自己的优势转化成胜势，推动整体的发展。

延边足球队一直传承独特的足球文化特性，是对延边民族文化的坚守，也是对中华文化的自信。他们相信在当今良好的中国足球环境下，延边队特有的技战术方式会为中国足球的发展带来亮点。2017 年党的十九大顺利召开，更是将文化自信作为发展中国特色社会主义道路"四个自信"的重要一环。习近平总书记在报告中提出："没有高度的文化自信，没有文化的繁荣兴盛，就没有中华民族伟大复兴。"① 中国足球在起起落落的发展历程中，经历过辉煌，也跌进过低谷，中国足球应该从延边足球文化中受到启示，要坚守中华文化的优秀传统，发挥我们自身的优势，形成属于中国足球的文化符号，从而实现中国足球的再度崛起。

---

① 李成龙、王春荣：《城镇化进程中朝鲜族摔跤运动的传承与发展》，《延边大学学报》（社会科学版）2018 年第 1 期，第 72~77 页。

后 记

笔者涉猎民族体育研究多年，但对于拙作能够忝列学校重点学科建设资助项目，仍颇感荣幸。在拙作出版之际，回顾既往的研究历程，深感既系偶然，又似有必然。

2004 年 8 月，首次应邀参加"民族传统体育的回顾与展望"的国际学术会议。笔者以攻读硕士学位期间的资料为依据，在会上宣读了《民族体育的传承与保护》一文，这是笔者参加的第一个国际学术会议，从此开启了这一课题的研究之路。

2006 年 2 月，笔者去韩国国立首尔大学攻读博士学位。经过一番思考，笔者博士学位论文的研究方向选定为民族体育。此后，虽然一直在从事民族传统体育学、体育人文社会学等学科方向的课题研究，但一直没有放下研究延边足球的念头。因为，笔者本科阶段所学专业就是体育教育专业足球方向，再加上延边素有"教育之乡""足球之乡""歌舞之乡"的美誉，足球在延边有着百余年的历史文化，延边是中国最早开展足球运动的地区之一。足球悠久的历史渊源，已深深融入延边的政治、经济和百姓的文化生活中，足球底蕴极为浓厚，而且延边足球一直以来都在中国足坛占据着重要位置，为国家队培养了很多优秀的足球运动员。延边足球是一支令人尊重的球队，它延续着延边大地足球的薪火，依靠自己的努力顽强地生存着，它的骨子里渗透着的傲气和顽强，没有哪个对手可以将它彻底击倒，这就是延边足球的骄傲，中国足球的自豪。

2018 年 12 月至 2022 年 12 月，笔者潜心研究本课题，克服了原始资料严重不足等多方面的困难，与研究生们同甘共苦，采用访谈、实地考察、田野调查等方式，尽最大努力收集了大量的相关史料，并开启整理与撰写等各项复杂的工作，使得本书最终成编。

牛顿说过："如果说我比别人看得更远的话，那是因为我站在巨人的肩膀上。"本课题的圆满完成得益于前人的研究基础，没有前人的研究与指点，本课题会面临很大的困境，甚至可能寸步难行，在这里，笔者向他们表示诚挚的感谢。撰写过程中，笔者多次向诸多教授请教，获得老教授们的帮助，如许俊镐教授、金龙哲教授、姜允哲教授、金英雄教授、方仁权教授，特别要感谢民族研究院金春善教授的精心审阅，谨表谢忱。此外，还要感谢金雄哲、金成辉等老师以及李成龙、严昌亮、李学范、李怡、任通、韩永勋、池龙浩、徐嘉璘、崔永杰、金超等徒弟们的辛勤付出！感谢你们！

谨此感谢陕西师范大学冯立君教授、感谢社会科学文献出版社城市和绿色发展分社任文武社长的帮助，他们认真细致的工作为本书的出版增色不少。

笔者的点滴成就，与他们的奉献和支持分不开，在此谨表深深的谢意！并将此书献给他们，聊作点滴回报。此外，本书难免有疏漏之处，望各位专家、学者、球迷提出宝贵的批评意见，以便笔者再接再厉，继续前行。

金青云

2022 年 12 月于延吉

图书在版编目（CIP）数据

延边足球文化发展及其中国特色 / 金青云著. -- 北
京：社会科学文献出版社，2023.12
ISBN 978-7-5228-2561-8

Ⅰ.①延…　Ⅱ.①金…　Ⅲ.①足球运动-体育文化-
研究-延边　Ⅳ.①G843

中国国家版本馆 CIP 数据核字（2023）第 188474 号

延边足球文化发展及其中国特色

著　　者 / 金青云

出 版 人 / 冀祥德
组稿编辑 / 任文武
责任编辑 / 王玉霞
责任印制 / 王京美

出　　版 / 社会科学文献出版社·城市和绿色发展分社（010）59367143
　　　　　　地址：北京市北三环中路甲 29 号院华龙大厦　邮编：100029
　　　　　　网址：www.ssap.com.cn
发　　行 / 社会科学文献出版社（010）59367028
印　　装 / 三河市尚艺印装有限公司

规　　格 / 开本：787mm×1092mm　1/16
　　　　　　印张：18.75　字数：300 千字
版　　次 / 2023 年 12 月第 1 版　2023 年 12 月第 1 次印刷
书　　号 / ISBN 978-7-5228-2561-8
定　　价 / 98.00 元

读者服务电话：4008918866